Laura Waco

VON ZUHAUSE WIRD NICHTS ERZÄHLT

Eine jüdische Geschichte aus Deutschland

P. Kirchheim Verlag

Meinen Schulkameraden gewidmet

FREISING

1.

Der Papa wollte, daß ich Leie heißen soll, weil die gottselige Mutter
von dem Papa so hieß, aber so einen Namen gibt es in Deutschland
nicht. Da hat man das Nächstbeste, nämlich Laura, auf meine Geburtsurkunde geschrieben, aber der Papa, wenn er mich ganz besonders lieb hat, nennt mich Leierle.

Der Papa hieß einmal Majer Steger. Daraus entstand Max Stöger, ein
guter deutscher Name, aber die Mutti ruft ihn Majer. Meine Mutti
ist eine geborene Mandelbaum und ihr Vorname, Hela, paßt nach
Deutschland rein, und so ruft sie der Papa auch, aber meistens nennt
er sie »Ojzerl«, das bedeutet Schatzi. Ich bin die Erste, die in unserer
Familie geboren wird.

In der kleinen Stadt Freising, wo Trümmerhaufen an den Zweiten
Weltkrieg erinnern, komme ich am letzten Sonntag im April 1947
in einem Städtischen Krankenhaus zur Welt. Noch am Tag vorher
geht meine Mutti mit dem Papa auf einen Boxkampf, und am folgenden Morgen, am 27. April, als meine Mutti das Fenster öffnet,
fliegt ein grauer Spatz ins Zimmer und schwirrt herum bis er wieder
hinaus findet ins Freie. Da sagt der abergläubische Papa zur Mutti:
»Heute kommt das Kind!«

Um halb Acht abends macht sich meine Mutti mit einem Hand-
koffer zu Fuß auf den Weg zum Krankenhaus. Eine halbe Stunde
später hat die Frau Schrieker, eine kleine, rundliche Hebamme,
meine Mutti entbunden.

»Da, Frau Stöger, schaun Sie her! Ein kleines süßes Töchterchen
haben Sie!« Die Frau Schrieker ist entzückt von meiner verrunzelten
Schönheit.

Die Mutti traut sich nicht recht, mich in ihren Armen zu halten,
und der Gedanke, mich in einer Schüssel baden zu müssen, jagt ihr
einen Schrecken ein.
»Frau Schrieker, ich habe Angst daß das Kind mir im Wasser ent-
gleitet. Ich werde mir nicht helfen können.«
»Verlassen Sie sich auf mich, Frau Stöger, machen Sie sich keine

Sorgen.« Die Frau Schrieker lacht. Ihre Backen färben sich noch röter als gewöhnlich, und ihre Brillengläser laufen mit Dunst an. »Meine Lieblingsspeise ist übrigens Rührei, Frau Stöger.«

Ein Jahr lang kommt die Frau Schrieker jeden Abend zu uns und badet mich für ein Rührei oder was die Mutti und der Papa für Rationsmarken und im Schwarzhandel gerade auftreiben können. Bei der Frau Flexl in der Bahnhofstraße 10 wohnen wir in einem Zimmer mit Küche als Untermieter.

Wir haben zu essen, aber weiche Windeln sind teuer und rar, und ich strample mich blutig in den rauhen Windeln aus Papier bis der alte Levkovich der Mutti drei kostbare Stoffwindeln in seinem Krämerladen in Freising verkauft. Dreimal am Tag werde ich gefüttert und gewickelt, und als ich im Alter von drei Monaten mit einem frühen Zahn im Mund nicht mehr ganz hilflos in die Welt blicke, ruft der Papa »schau mal her, Laura!« und wirft etwas in den Ofen. Da ist mein gelber Schnuller weg.

Mein erster Geburtstag wird mit Kuchen und Wein gefeiert, mit Tante, Onkel und Bekannten in unserer Einzimmerwohnung im Flexl-Haus.
Die Tante ist die jüngere Schwester von der Mutti. Sie ist hübsch, aber nicht so schön wie die Mutti, sagt der Papa. Sie hat einen dicken Bauch, und wenn das Baby kommt, dann will sie mit dem Onkel nach Amerika auswandern.

Jetzt hat die Mutti bald keine Geschwister mehr in Deutschland, weil ihre ältere Schwester, Ida, die Gute, vor einem Jahr nach Kanada ausgewandert ist und ihr Bruder, Pinje, der Schlechte, ganz weit weggegangen ist, nach Kalifornien zu den Palmen. Und der Papa hat überhaupt keine Verwandten.

Eine Woche nach meinem Geburtstag, bringt der Papa ein rundes weißes Emailletöpfchen mit schwarzem Rand nach Hause und die Mutti setzt mich drauf. »Mach!«

Ein Jahr lang sitze ich zu bestimmten Zeiten regelmäßig auf dem Töpfchen. Um mich herum klatscht der graue Putzlumpen mit dem schmutzigen Wasser vom Blecheimer. »Rosamunde,« singt die Mutti mit dem Radio mit, »schenk mir dein Herz und dein Ja«, und schrubbt den Fußboden. Gong – Adenauer – Gong – Musik.

2.

Wir leben nun zu viert in einem Zimmer bei der Frau Flexl, denn am 14. Februar 1949, habe ich eine Schwester bekommen, die Berta Matla genannt wird nach der gottseligen Mutter meiner Mutti. Ein wichtiger Name, sagt die Mutti, und ist stolz darauf.

Der Papa hat einen amerikanischen Soldaten kennengelernt. Der kennt ein Geschäft, wo es schöne Sachen gibt und er kauft für den Papa dort ein. Die Pi Ex nennt er es. Die haben schon gutes Zeug, die Amerikaner. Weiße, weiche Windeln für die Berta bekommen wir jetzt und für mich Taschentücher in durchsichtigen Zellophanpäckchen. Kleenex steht drauf in blau weiß. Ein Kleenex ist weich und es riecht gut und es teilt sich in zwei, wenn ich es anhauche und auseinanderziehe, ganz vorsichtig damit es nicht zerreißt. Der Papa findet, daß Kleenex viel besser ist als ein Taschentuch aus Stoff, da man es wegwerfen kann, anstatt mit einem mit Rotz verklebten und verkrusteten Tuch in der Hosentasche rumzugehen. »Nur noch Kleenex benützen«, rät der Papa, »das ist hygienischer.« Der Papa und die Mutti sollen mit uns nach Amerika auswandern, aber als die Berta sieben Monate alt ist, verunglückt der Papa mit seinem besten Freund, dem Herrn Jossele Wertheimer, bei einem Autounfall auf der Straße von München nach Freising. Der Herr Wertheimer ist tot. Der Papa liegt im Krankenhaus. Die Mutti weint. Wir können nicht nach Amerika fahren und bleiben in Freising. Der Papa wird wieder gesund, aber wir sind arm, weil uns ein Freund vom Pinje, der gemeine Jack, das letzte Geld weggenommen hat und damit abgehauen ist, nach Amerika. Die Mutti schwört, daß sie es dem Pinje nie verzeihen wird, daß er ihr einen Gonif geschickt hat.

Wenn wir Hunger und nichts zu essen haben, wandern die Berta und ich im Haus von der Frau Flexl von Tür zu Tür, Brot betteln. Bis wir zurück zur Mutti kommen, haben wir schon das Innere der Brotscheiben gekaut und runtergeschluckt, aber wir bringen die Rinden mit und die Mutti bewahrt sie in einer Schuhschachtel im Küchenschrank auf. Dann kommt ein dicker Briefumschlag mit ganz vielen bunten Briefmarken drauf an. »Die Tante Ida hat Geld geschickt!«, verkündet die Mutti. Die Mutti und der Papa reden viel von der Tante Ida. Sie lebt in Montreal, wo der Schnee sich so hoch türmt, daß er mich ganz zudecken würde. Die Tante hat der Mutti im Lager das Leben gerettet, und die Mutti und der Papa sagen, daß die Tante ein guter Mensch ist. Jetzt wird viel von Kanada gesprochen und ob wir dort vielleicht hinziehen sollen. Die Mutti und der Papa schreiben jeden Abend auf großen Bogen Papier und machen Pläne, aber wir gehen auf kein Schiff und wir fahren nicht weg.

3.

Im Jahre 1951 ziehen wir um von dem kleinen Untermieterzimmer in eine große Wohnung mit hohen rechteckigen Fenstern in einem Haus schräg gegenüber vom Bahnhof. Unsere neue Adresse ist die Münchner Straße 26, erster Stock, und ich muß es auswendig lernen, denn die Mutti und der Papa haben Angst, daß ich verloren gehe. Jeden Tag wiederholt sich dasselbe. Der Papa fragt, »Laura, sag mir, wo wohnst du?«
»Ich wohne in der Münchner Straße 26, im ersten Stock«.
Der Papa sagt: »Gutes Kind.«
Und dann geht meine Schwester Berta verloren. Sie klettert aus dem Kinderwagen raus, den die Mutti in der Sonne vor dem Haus geparkt hat, und marschiert in Richtung Stadtmitte, wo wir bei der Frau Flexl gewohnt hatten.

Als die Mutti aus dem Fenster schaut, den leeren Kinderwagen erblickt und keine Berta sieht, rennt sie zur Polizei und meldet ein verlorenes Kind. Nach einer zermürbenden Stunde, in der die Mutti bittere Tränen weint, klingelt es an der Haustür, und ein Mann, den wir noch nie gesehen haben, steht da, mit der Berta auf dem Arm.
»Ja, i hab die Kleine ganz allein auf der Straße g'sehn und hab sie g'fragt, wo sie denn wohnt,« erzählt er uns, »und sofort hat sie g'sagt, ›Münchner Straße 26, erster Stock‹. Da hab i natirli glei g'wußt, wo i hingehn muß.«

Vor dem Haus ist ein Garten mit Blumen und mit Schnittlauch und Tomaten und Radieschen. Dieser Garten gehört den Leuten vom Haus und nicht uns. Die wohnen im Parterre. Hinten ist auch ein Garten. Der ist voller Hühnerscheiße. Der gehört uns und dort dürfen wir spielen.

Die Mutti ist krank und müde und sie hat einen Ausschlag; das nennt man Ekzem. Wenn sie ruht, dürfen wir sie nicht stören, sonst bekommen wir Schläge vom Papa. Die Mutti trägt eine weiße Maske von stinkender Salbe auf dem Gesicht und oft weint sie und dann wird die Maske verwischt und sie sieht lustig aus.

Am Nachmittag, wenn die Berta schlafen muß, spiele ich allein im Garten, und einmal kommt ein Nachbarjunge vorbei und schmeißt mich in die Hühnerscheiße und wirft sich auf mich drauf und schnauft in mein Gesicht und drückt sich gegen mich, daß mir die Luft ausgeht, und als ich den Mund aufmache zum Schreien, verschlucke ich meinen Kaugummi und muß schrecklich weinen, weil der Kaugummi im Bauch bestimmt alles zusammenkleben wird und ich deshalb sterben muß, aber als ich zur Mutti in das verdunkelte Zimmer renne mit meinen Befürchtungen, sagt sie nur, daß ich mir keinen Bub auf mich drauflegen lassen soll, weil ich davon dreckig werde, und sie regt sich auf, daß ich sie wegen sowas aufgeweckt habe.
Abends, wenn es dunkel wird, stehe ich im kalten Zimmer beim nackten Fenster und starre auf das Bahngleis und die fernen Lichter der Züge.

Die Mutti bekommt eine Stellung als Verkäuferin in einem Textilwarengeschäft in der Bahnhofstraße. Ein junges Mädchen paßt auf uns auf, während die Mutti bei der Arbeit ist. Die Mutti bringt zwei blaue Bleylekleider mit langen Ärmeln für die Berta und mich nach Hause. Die Kleider jucken, aber sie sind schön und sie riechen gut.

Nach einem Streit mit dem Geschäftsbesitzer wird die Mutti entlassen. Es geht ihr schlecht. Sie leidet an Koliken.
Der Dr. Helldörfer kommt jeden Abend mit seiner schwarzen Tasche und zieht eine ganz lange Spritze heraus. Dann ist die Mutti ruhig und schläft ein.

Im Juni 1951 wird die Mutti in München an der Gallenblase operiert. Der Papa hat Angst und ist nervös. Während die Mutti im Krankenhaus liegt, wohnen die Berta und ich eine Zeitlang bei dem Ehepaar Roßbach in München am Effnerplatz 1. Der Herr und die Frau Roßbach sind mit der Mutti und dem Papa gut befreundet. Sie sprechen anders als wir, richtig fein. Man nennt das Hochdeutsch. So spricht man in Berlin und dort haben sie mal gelebt. Vor dem Krieg waren sie mit einem Berliner Onkel vom Papa gut befreundet gewesen. Der hatte ihnen viel von der Familie vom Papa in Polen erzählt. Nach dem Krieg suchten die Rößbachs den Papa und als sie ihn fanden, freuten sie sich und der Papa freute sich auch. Der Herr und die Frau Roßbach haben den Papa gleich dazu überredet, aus dem »e« in Steger ein »ö« zu machen, weil Stöger vornehmer klingt als Steger.

Die Frau Roßbach ist eine elegante Dame mit guten Manieren. Der Herr und die Frau Roßbach haben zwei Kinder, den Peter und die Elke, die beide viel größer sind als die Berta und ich. Die spielen mit uns und passen auf uns auf. Ich will so hübsch sein wie die Elke. Die bekommt schon einen Busen.

Roßbachs Haus hat eine schmale Eingangshalle, die in das Wohnzimmer führt. Rechts, neben der Eingangshalle, steigt man ganz viele Treppen steil nach oben zu den Schlafzimmern und zum Badezimmer. Überall im Haus hängen so viele Ölgemälde in verschnörkelten Rahmen, daß weder im Keller noch im Speicher oder am Treppengeländer entlang ein Stückchen Wand zu sehen ist. Der Papa hat mir gesagt, daß sich die Kunstsammlung von dem Herrn Roßbach während der Kriegszeit vergrößert hat. Mein Papa liebt die Bilder und überlegt sich, ob er vielleicht eins kaufen kann. »Wenn ich Parnuße habe, Lauruschka. Jetzt haben wir nicht genug Geld. Vielleicht wird der Herr Roßbach mit dem Preis runtergehen.«

Vom Wohnzimmer geht man in die Küche und hinter der Küche liegt ein Garten mit Blumen und Gras, und vom Ahornbaum hängt eine breite, knarrende Brettschaukel. In den Himmel fliege ich, und die Frau Roßbach lächelt mir vom Fenster zu, während sie das Mittagessen zubereitet. Klein und rund mit einer blonden Dauerwelle ist die Frau Roßbach und sie zwinkert mit ihren Augen, wenn sie lacht. Die Frau Roßbach umarmt mich und schimpft nicht. Ich will, daß die Frau Roßbach meine Mutti sein soll und daß die Mutti im Krankenhaus bleibt.

Die Mutti kommt nach Hause. Man hat ihr den Bauch mit einem Messer aufgeschnitten und die Steine rausgeholt und die Gallenblase auch, so ähnlich wie beim bösen Wolf, als er die Großmutter und das Rotkäppchen gefressen hat.

Bleich und müde sieht die Mutti aus und sie bringt einen ganzen Haufen von schwammeligen grauen Gallensteinen in einem Glasfläschchen heim. Das stellt sie auf ihren Nachttisch und redet nur von den Gallensteinen und wie so etwas möglich ist. Mir graust es.

Der Arzt verschreibt eine strenge Diät für die Mutti. »Keine fette Hühnersuppe mit Augen, Frau Stöger. Auch keine Sülze und keine Gänsehaut. Und ganz besonders kein Hühnerfett mit Grieben.« Die Mutti ist traurig.

Der Papa will, daß die Mutti ruht. Er stellt ein junges Dienstmädchen an. Als sie mich baden soll, vergißt sie, ihren Ellenbogen in das Badewasser zu tauchen, um die Temperatur zu messen, so wie man es tun soll. Nein, stattdessen taucht sie meine Füße ein und verbrennt meine Fußsohlen im brühheißen Wasser. Ich schrei. Der Papa ruft den Arzt, und der Dr. Helldörfer schmiert eine scheußlich riechende Salbe auf meine Füße und wickelt einen weißen Verband herum, und obwohl er vorsichtig ist, tut es weh.

Der Papa haut dem Dienstmädchen seine hölzerne Schuhputzzeugschachtel über den Kopf und schreit, sie soll abhauen, auf der Stelle.

Ein neues Dienstmädchen kommt zu uns. Die bringt Läuse mit. Die Berta und ich weinen, weil der Läusekamm so weh tut und weil die Mutti so schrecklich weint beim Läuseeiersammeln mit dem scharfen schwarzen Kamm, mit dem sie unsere Kopfhaut blutig kratzt.

»Oj, Gott im Himmel! Hab ich nicht im Lager Läuse gehabt? Ist das nicht genug? Wann wird es genug sein? Warum bin ich so gestraft, daß meine Kinder Läuse haben müssen? Warum, warum, ich frage dich, warum?« Die Mutti schluchzt. Ihre Brust hebt sich auf und ab und dicke Tränen rollen über ihre Backen und prallen auf meiner rohen Kopfhaut auf wie Regentropfen auf dem Pflasterstein.

Das Lager muß ein schlimmer Platz sein, denn wenn davon die Rede ist, dann fängt die Mutti an zu weinen und der Papa nimmt vorsichtig die Brille ab und drückt ein Taschentuch gegen seine Augen. Dann wird sein Gesicht rot und ich habe Angst, daß er auch zu weinen anfängt.

Der Papa schreit das neue Dienstmädchen an, sie soll sich gefälligst sofort schleichen, sonst haut er ihr seine hölzerne Schuhputzzeugschachtel über den Kopf. Sie packt ihren Koffer in großer Eile und rennt aus dem Haus.

Der Papa und die Mutti schleppen uns zum Herrenfriseur in der Nähe von der Mariensäule in der Unteren Hauptstraße. Der Friseur hat fettige, schwarze Haare und trägt einen kurzen, hellblauen Kittel. Er legt mir einen steifen Papierkragen um den Hals und da drüber schnürt er einen Plastikumhänger, daß ich kaum atmen kann. Der Papa hebt mich hoch und setzt mich auf einen schwarzen gepolsterten Stuhl, und der Friseur stellt sich ganz nah an mich dran und fragt mich, ob ich größer sein will als er, und dann stampft er mit dem Fuß auf ein Pedal bis ich so hoch in der Luft bin, daß ich runterspringen muß, falls ich wieder zum Boden zurück will. Dann spritzt er Wasser auf meine Haare und kämmt und schneidet und tanzt um mich rum und kommt ganz nah an meine Ohren mit der spitzen Schere; hoffentlich schneidet er die Ohren nicht ab. Er bürstet an meinem Gesicht und am Hals rum, daß ich niesen muß, und dann hält er eine Tube unter meine Nase, die riecht sehr gut, und von der drückt er einen Tupfen in seine Handfläche, reibt die Hände zusammen und schmiert das auf meinen Kopf. Ich rieche gut und meine Haare glänzen, aber meine Zöpfe sind weg. Zu Hause wühle ich in der Schachtel, wo die Mutti Fetzen und Stoffreste und Schleifen aufgehoben hat, und knote mir zwei lange Bänder an meine kurzen Haare an und tu so, als ob ich Zöpfe hätte.

4.

Der Papa hat schreckliche Angst vor einer Krankheit. Zum Schutz vor Erkältungen trifft er gewisse Vorsichtsmaßnahmen. Deshalb müssen wir jeden Vormittag dunkelroten Johannisbeersaft trinken, der so sauer ist, daß mir die Tränen kommen. Am Nachmittag bekommen wir weißen Traubenzucker zum Lutschen. Der ist so süß, daß es mir zum Kotzen übel wird. Und jeden Abend vor dem Schlafengehen heißt es, »aah, Mund aufmachen«, und wir schlucken einen Eßlöffel dicken, braunen Lebertran. Der ist nicht schlecht.

Die Mutti und der Papa machen sich Sorgen um meinen Hals. Sie reden hin und her von einem Kropf, den eine gräusliche alte Verwandte in Polen hatte und wie häßlich das war und wie die Leute sich über sie lustig gemacht haben und sie eine Kröte nannten und vielleicht werde ich auch so einen Kropf bekommen.

Sie rufen den Dr. Helldörfer und der bringt gleich eine Salbe mit, die in einer Dose ist so wie Papas Schuhkrem, nur riechen tut sie nicht so gut, sie stinkt ganz abscheulich und schwarz ist sie noch dazu, und das schmiert man auf meinen Hals, wo vielleicht ein Kropf wachsen wird. Es macht nichts, sagt der Papa, daß ich stinke, wenn ich schlafen geh, und daß das Kopfkissen schwarz wird von der Salbe, solange man den Kropf verhindern kann.

Nachts im Bett starrt mich eine Teufelsfratze an. Da schrei ich bis der Papa in mein Zimmer kommt. »Träume sind Schäume, Lauruschka«, tröstet er mich und er hält eine leuchtende Münze zwischen dem Zeigefinger und dem Daumen. »Schau, hier ist eine Mark für deine Sparbüchse«, und es klimpert. »Jetzt schlaf und schrei nicht mehr!«

Der Teufel kommt oft in der Nacht und deshalb spare ich Geld und als meine Sparbüchse schwer ist, hebt der Papa mich in die Luft und setzt mich in den Korb vor der Lenkstange am Fahrrad und radelt mit mir in die Stadtmitte zu einem großen grünen Gebäude. Dort muß ich meine Münzen hergeben, aber ich bekomme ein dunkelgrünes Büchlein, in dem kleine Ziffern schön und sauber in einer senkrechten Reihe eingetragen werden. Das ist mein eigenes Sparbuch von der Städtischen Sparkasse in Freising.

Bei den Mahlzeiten müssen wir gut aufpassen, daß wir den Papa nicht aufregen. Die Kinder dürfen nicht mit den Erwachsenen am Tisch sitzen. In eine Ecke der Küche sind wir verbannt. Dort sitzen wir uns gegenüber an einem niedrigen Tischlein in hölzernen Lehnstühlchen.

»Kein Wort! Ruhe beim Essen! In den Mund nehmen, gut kauen und runterschlucken!« so sagt der Papa und das vom gut kauen und runterschlucken betont er besonders stark und schreit die letzten Silben von kauen und runterschlucken so laut, daß wir uns vor Aufregung verschlucken. Aber die Berta sieht so lustig aus mit ihrem Milchbart, daß ich quietschen muß, und die Berta quietscht auch, und die Milch rinnt aus meinen Nasenlöchern raus und die Berta kippt ihre Tasse Milch um.

»Aus Versehen, Papa, aus Versehen!« Die Berta weint.
Ich rase zur Küchentüre. Die Berta sitzt und starrt mit Entsetzen auf die Milch, die sich über den Tisch ergießt, und über ihr Kleid und auf den Boden rinnt.
»Berta, Hosen runter, bücken!« Das Gesicht vom Papa ist rot, seine Stirnader schwillt an, seine Glatze ist auch rot und seine Hand

klatscht nieder auf Bertas runden Popo. Mein Herz klopft ganz laut.
»Was sagst du?« keucht der Papa.
»T'schuldigung, T'schuldigung«, schluchzend.
»Aufpassen das nächste Mal!« und der Papa betont die letzte Silbe
vom Wort aufpassen, daß mein Herz noch schneller klopft.
»So!« Der Papa wischt sich den Schweiß von der Stirne.

Der Papa reist viel in seiner schwarzen PKW-Kiste. Wir sind froh,
wenn er nicht zu Hause ist.

Die Berta und ich werden in den katholischen Kindergarten von der
Tante Maria eingeschrieben. Dort gibt es viele Puppen und die
Berta reißt ihnen gleich am ersten Tag die Köpfe ab.

Von unserem Haus zum Kindergarten ist es eine halbe Stunde zu
Fuß. Am Anfang kommen die Mutti und der Papa mit uns mit,
aber bald weiß ich den Weg, und die Mutti und der Papa bleiben zu
Hause, nachdem ich hoch und heilig versprochen habe, daß ich die
Berta nicht von meiner Hand weglassen werde, weil ich die
Verantwortung für sie habe als die Ältere.

5.

Weihnachten 1951. Die Tante in Kanada hat mir ein Paar weiße
Pelzstiefel in einem Paket geschickt, und sie passen mir sogar. Mir
tut die Berta leid, weil sie keine bekommen hat. Die Tante hat nur
ein Paar geschickt und für die Berta sind sie zu groß. Als der
Nikolaus und der Knecht Rupprecht uns im Kindergarten besuchen, trage ich die neuen Stiefel und neue Gamaschenhosen unterm
juckenden Kleid, und im kurzen Haar auf der rechten Seite, eine
steife, weiße Schleife, halb so groß wie mein ganzer Kopf. Ich hab
schon Kopfweh von der Schleife.

Der Nikolaus blättert im goldenen Buch, wo die Namen von den
guten Kindern verzeichnet sind. Hinter meinem Rücken steht die
Berta und heult, weil sie sich vor dem Knecht Rupprecht fürchtet.
Ich mich auch, aber ich heul nicht gleich.

»Laura, laß' mich nicht in seinen Sack rein.« Sie zappelt hinter mir
und zieht an meinem Ärmel.
»Berta Stöger,« der Nikolaus räuspert sich, »artiges Kind!«

Hinter mir höre ich einen erleichterten Seufzer.

»Aber was steht da, mein liebes Kind?« fragt der Nikolaus.

»Muß sich bessern im Umgang mit Puppen«, sehe ich. »Willst du mir das versprechen, Berta?«

»Ganz bestimmt, Herr Nikolaus, ganz bestimmt!« Die Berta nickt eifrig mit Tränen in den Augen.

Der Nikolaus läßt sich schwerfällig auf einem Stuhl nieder und verteilt Geschenke an alle artigen Kinder und brummt in seinen weißen Bart, daß er noch niemals so viele Namen auf der guten Liste gesehen hat.

»Lieber Nikolaus, als Dank für deine Güte werden die Geschwister Laura und Berta Stöger ein Gedicht vortragen«, verkündet die Tante Maria und lächelt mir aufmunternd zu. Was für ein Gedicht? Ich kann mich an kein Gedicht erinnern. Der Nikolaus ist vom Stuhl aufgestanden. Warum hat er eigentlich so komische Schuhe an? Die sehen aus wie Stöckelschuhe. Die Berta sagt ein langes Gedicht auf. Ich stehe da wie eine blöde Kuh und halte meinen weißen Kragen mit beiden Händen fest. Der Nikolaus merkt nicht, daß meine Lippen zu sind und legt seine Hand auf meine Schulter. Das goldene Buch klappt er zu und schaut ganz verwundert auf die Berta, die mit Mund und Händen spricht. Dann fragt sie den Nikolaus, ob er vielleicht ein Lied hören will. Jetzt erinnere ich mich auf einmal an das Gedicht, aber es ist zu spät, die Berta singt ein Lied, und an das Lied kann ich mich nicht erinnern. Jeder sagt, daß die Berta ein gescheites Kind ist.

Der Papa kommt an einem Abend als Nikolaus verkleidet zu uns und bringt uns einen roten Omnibus und eine blaue Straßenbahn mit einem weißen Streifen zum Spielen. Das finden wir sehr schön, weil die zwei Sachen so viel Krach auf dem Fußboden machen, wenn man sie mit der Hand anschubst, und die Straßenbahn klingelt sogar, aber die Mutti kann den Lärm nicht vertragen und fragt den Papa wozu wir das gebraucht haben.

Am nächsten Abend zünden die Mutti und der Papa zwei blaue Kerzen auf einem Leuchter an und erklären uns, daß wir Hanukkah feiern, weil wir keine Christen sind und, weil wir keinen Christbaum haben, sondern eine Menorah. Der Papa liest aus einem Gebetbuch, als er die vordere Kerze anzündet und erklärt uns, daß in Hebräisch alles von rechts nach links geht anstatt von links nach rechts, und deshalb muß man die Kerzen auf der Menorah von rechts nach links aufstellen. Die vordere Kerze ist die wichtigste, weil man mit der die anderen anzündet. Als der Papa fertig ist mit dem Beten, legt er das Gebetbuch weg und singt ein fröhliches Lied zusammen mit der Mutti und will, daß wir mitsingen. Am achten Abend bei der achten Kerze ist das Hanukkah-Fest zu Ende und deshalb gibt der Papa uns Geld, mir mehr als der Berta, weil ich die Ältere bin.

Im Kindergarten steht ein Christbaum und nebenan im Hort auch und im Wohnzimmer bei der Familie im Parterre von unserem Haus steht auch einer. Der ist mit silbernem Lametta und leuchtenden Kugeln geschmückt, und leckere Süßigkeiten in farbigem Silberpapier verpackt hängen an schimmernden Fäden von den Tannenzweigen. Es ist so schön, aber wir haben keinen Baum.

Unten bei der Familie mit dem Christbaum gibt es viele Geschenke und die Wohnung duftet nach Tannen und Kerzen und nach gebratener Gans und es ist warm und gemütlich. Die Leute sind nett zu uns und lassen uns mit dem neuen Puppenhaus spielen.

6.

Ich bin bald fünf. Dann bin ich ganz groß. Leider muß ich immer noch wollene Strümpfe und lange Bleyle-Unterhosen tragen. Die Strümpfe jucken und der Straps ist widerlich und die Mutti tut mir weh, wenn sie alle vier Strumpfhalter so gewaltsam runterzieht über meinen Popo und die Oberschenkel, daß die Träger vom Leibchen an meinen Schultern zerren, und wenn sie die Strümpfe so hoch nach oben reißt über meine Beine, daß sie mit ihren Fingerknöcheln in mein Pontele reinstößt. Außerdem sind die metallenen Haken von den Strumpfhaltern so eisig, daß ich eine Gänsehaut bekomme in der kalten Küche. »Pfui«, sagt die Mutti und sie schnüffelt an ihren Händen. Ich beeile mich mit den Unterhosen, damit ich mich nicht so schämen muß.

Ohne Unterhosen mag ich nicht vor der Mutti stehen, aber wenn ich die Unterhosen vor dem Straps anziehe, dann kann ich später nicht aufs Klo gehen, wenn ich muß, weil ich dann die Strumpfhalter wieder aufmachen muß, damit ich meine Unterhosen runterziehen kann und das ist zu umständlich, und noch dazu kann ich sie sowieso weder aufmachen noch zumachen und muß die Tante Maria bitten, daß sie mir hilft, und das trau ich mich nicht.

»Daß ich so einer großen Mot noch helfen muß«, seufzt die Mutti, als ich endlich angezogen bin in meinem Kleid und weißer gestärkter Schürze. »Jetzt geh' schon runter in den Garten und bring mir Schnittlauch. Aber laß dich nur nicht sehen«. Die helle Gardine am Wohnzimmerfenster im Parterre bewegt sich, aber niemand erwischt mich beim Schnittlauchstehlen.

Im April liegt die Berta mit Fieber im Bett und ich marschiere allein zum Kindergarten. Einmal, auf dem Weg nach Hause, bekomme ich schreckliches Bauchweh und alles fällt aus mir raus und in die Hose rein, und mit dem warmen Matsch komme ich zu Hause an und ich weiß gar nicht, was ich machen soll, und die Mutti hat eine Wut und sie schimpft mich und nennt mich eine große Mot, und eine große Mot ist bestimmt nichts Gutes.

Der Sommer rückt heran. Die Dult kommt nach Freising. Wir drücken uns durch die Menschenmassen zwischen den Buden und manchmal, wenn ich eine Lücke zwischen den Erwachsenen finde, kann ich sogar vielerlei Zeug bewundern, das auf langen Tischen ausgebreitet liegt. Überall riecht es nach Zuckerwatte und Erdnüssen. Die Mutti kauft uns Windradln und Armbänder mit viereckigen bunten Steinchen an einem doppelten Gummizug. Und wenn wir zu Hause angekommen sind, nachdem wir unsere Armbänder am Heimweg oft genug rauf und runter gezogen haben vom Arm, damit wir den Abdruck auf der Haut betasten und kratzen können, dann zerreißt der doppelte Gummizug, aber das macht nichts, denn wir haben immer noch die roten und gelben und blauen Steinchen übrig und die heben wir in einer Schachtel auf.

An einem Augustabend gehen wir zum erstenmal in ein Kino. Der Papa freut sich am meisten. Er redet andauernd von einem Charlie Chaplin, über den er sich mal in Polen auf der Leinwand begeisterte. Der ist komisch und blöd und fällt immer um und trägt viel zu viel Schminke im Gesicht. Die Tochter von der Frau Flexl, die fette Anneliese, ist mit ihrer Mutter ins Kino mitgekommen und jetzt sitzt sie neben mir und muß kotzen, weil sie zuviel Salz aus der Tüte geschleckt hat. Die Musik kratzt und kreischt und dann zerreißt der Film und wir gehen nach Hause.

Ich will Ballett tanzen lernen und einen hübschen rosa Rock aus Tüll tragen so wie die Ziporah, die Tochter vom alten Levkovich, aber die Mutti und der Papa haben kein Geld für Tanzstunden, weil sie nicht reich sind.

Es regnet nicht diesen Sommer, und jeden Sonntag gehen wir mit der Mutti und dem Papa auf dem Weihenstephaner Berg in der frischen Luft spazieren und anschließend in ein verrauchtes Café, wo die Kinder Krapfen essen und die Erwachsenen ratschen.

Der Dr. Helldörfer hat gesagt, das Halseinschmieren kann aufhören, dafür darf ich jetzt aber eine Zeitlang keine Eier essen. Die Mutti und der Papa sagen, ich bin sehr empfindlich.

Die Mutti sagt, ich soll nicht in der Nase grubeln, dann wird mir gut sein, und wenn ich nicht auf sie höre, dann werde ich so ausschaun wie die alte Frau mit den schwarzen Nasenhöhlen auf der Bank in der Nähe vom Kindergarten. »Bitter wird dir sein,« sagt die Mutti und zeigt mit dem Finger auf die Frau, »so wirst du sitzen, mit so einer Nase und alle werden dich auslachen.«

7.

Im September zähle ich zu den Großen im Kindergarten von der Tante Maria. Der Papa kauft mir eine kleine braune Ledertasche mit einem Druckschloß aus Metall für meine Brotzeit und die nehme ich mit, wenn wir Ausflüge mit dem Zug unternehmen um unsere nähere Umgebung kennenzulernen. An der Grenze jeder neuen Ortschaft steht der leidende Heiland ans Kreuz genagelt. Meistens machen wir Brotzeit neben dem Friedhof auf einer Bank oder im Gras unter einer Eiche.

Als der Winter anrückt, wird es zu kalt für Ausflüge. Am Nachmittag ist es schon früh dunkel. Im Kindergarten brennen die dicken roten Kerzen am Adventskranz und in einer Ecke des Spielzimmers steht der Weihnachtsbaum in voller Pracht. In ihren Bettchen liegen die Puppen zugedeckt und gut versorgt und wir singen: Leise rieselt der Schnee, still und starr ruht der See, weihnachtlich glänzet der Wald, freuet euch, 's Christkind kommt bald.

Mit Uhu, Schere und Papier basteln wir eifrig und mit heißen Bakken. Bleibt der Uhu auf Händen und Gesicht kleben, so ziehen wir ihn ab wie eine alte Haut nach einem Sonnenbrand. Die Tante Maria hängt unsere weißen Schneeflocken und goldenen Sterne an den Fenstern vom Kindergarten auf, damit die Mütter und Väter unsere Leistungen bewundern können, und zur Belohnung schenkt sie uns durchsichtige Hauchbilder in lila und rosa und grün.

Wenn es mal viel Schnee hat, holt uns der Papa mit dem Schlitten ab. Es ist ein großer brauner Holzschlitten mit gerundeter Rückenlehne, die man abschrauben kann. Auf dem Schlitten liegt ein grauweißer Katzenfellsack ohne Futter. In den schlüpfen wir rein und »Eins, Zwei, Drei, Letzgo« ruft der Papa, und mit einem Ruck geht es vorwärts und wir sausen los durch den blitzenden Schnee in der weißen Abendlandschaft und möchten gar nicht ankommen, aber der Papa schon, denn er hat Pferd spielen müssen und den Schlitten gezogen.

Vor Weihnachten kommt Hanukkah. Jetzt können wir Papas Lied, das Maos Zur, auswendig in Hebräisch singen. Der Papa lacht und freut sich. Er singt voller Inbrunst und schwankt mit seinem Oberkörper vorwärts und rückwärts und nach rechts und nach links.
Der Papa bringt uns hebräische Gebete bei, eins für Gemüse und Früchte, eins für Brot und Kuchen und eins für Wein, und alle haben denselben ersten Teil aber einen verschiedenen zweiten. Vor jeder Mahlzeit müssen wir die Gebete sagen und bald können wir sie im Schlaf herunterleiern. Im Kindergarten bei der Brotzeit murmeln wir sie schnell vor uns hin, ganz leise damit es niemand hört. Aber das Vaterunser können wir auch auswendig und das sagen wir jeden Morgen laut im Kindergarten mit den anderen Kindern und wir falten die Hände dabei und am Ende vom Beten machen wir viermal das Kreuz mit dem rechten Daumen, zweimal senkrecht und zweimal waagrecht, und sagen: »Im Namen des Vaters, des Sohnes und des Heiligen Geistes, Amen.« Das ist so feierlich, daß wir nach dem Amen nicht so laut reden wollen.

Wenn die Mutti und der Papa spät nach Hause kommen, gehen wir rüber zu den Nonnen im Hort gleich neben dem Kindergarten. Dort schauen wir den älteren Schulkindern bei den Proben für das Weihnachtsspiel zu.

In einer Reihe stehen die Engel in weißen langen Kleidern mit goldenen Gürteln und goldbestickten Krägen. Die traurige Maria mit ihrem seidigen blonden Haar und blauen Augen ist die Allerschönste. Der Joseph ist der einzige Knabe in dem Krippenspiel.

Das Jesuskind ist eine Puppe. Die Nonnen finden, daß die Berta wie geschaffen ist für die Rolle vom Engel, der den Josef und die Maria mit einer Laterne in der Hand in der finsteren Nacht zur Herberge führt, weil sie klein ist und gescheit und gut reden kann. Außerdem fehlt ein schweigender und schüchterner Engel, der dastehen und singen und schön aussehen soll. Das bin ich.

Nach einigem Hin und Her sind die Mutti und der Papa mit unserer Schauspielerei einverstanden und wir dürfen zur Kostümanprobe, wo ich ein langes weißes Kleid mit einem goldenen Gürtel und kurzen Ärmeln bekomme. Die Berta trägt ein ähnliches, aber ohne Gürtel und mit langen breiten Ärmeln und goldener Borte. Auf den Köpfen haben wir Reifen mit goldenen Sternen.

Am Abend der Aufführung ist der Saal im Hort vollgestopft mit Zuschauern und in der ersten Reihe sitzen die Mutti und der Papa. Jeder fragt, wer die zwei Kleinen sind. Die Neuen. Die gehören doch gar nicht zum Hort. Wer sind denn die? Die sind ja so hübsch. Die Stöger Mädels. Vom Kindergarten nebenan. Jüdische Kinder? Ja sowas. Aber goldig sans doch, die zwei.

Die Berta ist die geborene Schauspielerin. Wenn sie das Märchen vom Rotkäppchen oder Schneewittchen erzählt, lachen sich die Leute kaputt. Oft, wenn am Abend Gäste da sind, weckt der Papa uns auf und holt eine verschlafene Berta ins Wohnzimmer, um zu zeigen, was für eine gescheite Tochter er hat. Alle sind begeistert von der Berta und von mir sagen sie nur, daß ich hübsch bin.

Die Mutti und der Papa hören viel Radio. Die Mutti mag Musik, der Papa dreht den großen Knopf ganz schnell, daß es quietscht und kracht bis er Eisenhower und Adenauer hört, und es wird ihm nie langweilig dabei. Ich freu mich auf den schönen Gong. Es ist dann so feierlich im Zimmer. Gleich nach dem Gong kommen Adenauer und Eisenhower, und da sagt der Papa immer: »Ssssch, Ruhe«, obwohl wir schon ganz still sind.

Im Kindergarten tauchen wir Pinsel in Wasserfarben und malen bunte Blumen und Kreise und Schnörkel und Kleckse auf hartgekochten Eiern. Die Tante Maria versteckt sie im Garten und wir dürfen suchen. Ich trage neue schneeweiße Kniestrümpfe und bin befreit vom Straps und den rauhen Wollstrümpfen. Die laue Frühlingsluft streichelt meine Oberschenkel und meinen Popo unter den dünnen Unterhosen. Wenn wir Fangen spielen, stehe ich immer in einer Ecke vom Garten und starre die Tante Maria ganz fest an und innerlich bete ich stark und innig, lieber Gott, bitte mach, daß die Tante Maria mir nachrennt und mich erwischt, und, bitte, bitte, lieber Gott, mach daß sie mich ganz eng umarmt und mich an sich drückt und mich lieb hat. Bitte, bitte, lieber Gott.

Die Tante weiß nichts von meinem Gebet und ich trau mich nicht, sie zu bitten, daß sie mich umarmen soll, aber ich habe es meiner Freundin gesagt, und die flüstert es der Tante Maria ins Ohr. Es ist schon schwer, wenn man so schüchtern ist wie ich, weil man nicht bekommt was man sich wünscht, wenn man es nicht sagen kann. Aber manchmal fängt mich die Tante doch und hält mich eng an sich gedrückt, als ob sie mich lieb hätte, und dann tut mein Herz nicht so weh.

Zu Hause hauen die Berta und ich uns rum und zanken und treiben Unfug. Die Mutti ärgert sich.
»Bonkes! Wartet nur bis der Papa nach Hause kommt. Dann wird's was geben! Hunde hätte ich haben sollen, nicht Kinder, Hunde!«
Wenn der Papa abends müde nach Hause kommt, erzählt die Mutti, was für böse Kinder wir waren.
»Die Mutti ärgern?« schreit der Papa, »Ich werd euch zeigen, was es heißt, die Mutti zu ärgern!«

Der Vormittag, wo wir böse waren, ist schon weit weggerückt aus unserer Erinnerung. Was haben wir nur angestellt? Aber der Papa holt den Schepatz aus dem Schrank, rollt seine Hemdsärmel hoch und schlägt auf uns ein wo er gerade hintrifft. Wir flehen und betteln und rennen im Kreis um ihn herum. Er hört aber nicht auf, und die Mutti steht in der Türe und ruft: »Hack' rein so viel es geht, Majer! Mehr. Noch mehr!« bis der Papa außer Atem ist.
»Entschuldigt euch bei der Mutti! Sofort! Und fertigmachen, ins Bett!«

Später schleichen wir uns zögernd, unsere zu langen Flannelnachthemden am Boden schleifend, ins Wohnzimmer zum Gutenacht sagen.
»Geliebte süße Kinderloch, ich habe euch doch so lieb«, der Papa schmatzt laute Küsse auf unsere geschwollenen Backen und die Mutti hält uns ihre kühle Wange entgegen zum Kuß.

8.

Das letzte Kindergartenjahr neigt sich seinem Ende zu. Nachmittags spielen wir Blinde Kuh, kriechen durch's Gras auf der Suche nach viereckigen Kleeblättern, oder sitzen im Kreis unterm Ahornbaum und nagen mit den Vorderzähnen kleine Löcher in die dünnen Stengel von Gänseblumen, damit wir Kränzchen flechten können, für die beste Freundin. Im Mai und Juni geht es mit meiner Klasse im Zug nach Landshut und nach Wasserburg. Ich komme mir sehr groß vor, wenn ich auf dem Bahnsteig auf die Eisenbahn warte, aber auf der Heimfahrt, in der Dämmerung, lehne ich mich an die Tante Maria im Zugabteil und wünsche, sie wäre meine Mutti.

Ende Juni verteilt die Tante Maria breite Bogen aus silberner Folie an die Großen für die Anfertigung der Schultüten. Und als sie alle in einer Reihe stehen, ist der Kindergarten zu Ende.

Die Sommernachmittage im Garten sind endlos langweilig. Wir klammern uns an die Zaunpfosten im Garten, schreien lauthals die schlimmsten Schimpfnamen, die uns bekannt sind, auf die Straße hinaus. Die Berta weiß die besten. Am lautesten brüllen wir, wenn ein gewisser Bub am Haus vorbeigeht. Die Berta macht dann auch noch eine lange Nase und ich strecke die Zunge so weit raus bis ich denke ich muß brechen.
»Wart's nur, ich derwisch euch schon«, schreit der Junge.

Mitte Juli fahren wir in einem roten Schnellzug nach Bad Mergentheim zur Kur. Dort wohnen wir in der Pension von der Frau Rotberger.

»Ihr müßt schön ruhig sein, Kinder!« flüstert die Frau Rotberger. »Meine Mutter ist sehr krank. Sie liegt im Sterben.«

Im Sterben? Wir gehen auf Zehenspitzen umher. Wie sieht denn jemand aus, der sterben wird? Ist sie traurig, weil sie sterben muß? Wird sie immer dünner und dünner wie der Suppenkaspar? Und wo wird sie dann sein, wenn sie tot ist?

»Befaß dich nicht mit solchen Gedanken, Laura, geh' spielen, es ist ein schöner Tag draußen. Raus.« Der Papa will seine Ruhe haben. Aber ich will drinnen bleiben und die Frau, die bald tot sein wird, anschauen. Und noch etwas gibt es, was mich im Haus hält. Ein dunkelbraunes glänzendes Klavier steht neben dem großen Fenster mit den durchsichtigen Gardinen am Ende des Wohnzimmers gegenüber vom Kachelofen. Da schleiche ich mich hin und da stehe ich und starre und sehe mich selbst im polierten Holz. Und dann kommt die Frau Rotberger mit ihrem grauen Knoten im Haar, setzt sich auf den gepolsterten Stuhl, öffnet den Deckel vom Klavier und fängt an zu spielen.

Hänschen Klein ging allein in die weite Welt hinein, Stock und Hut steht ihm gut, ist ganz wohlgemut. Aber Mutter weinet sehr, hat ja nun kein Hänschen mehr. Da besinnt sich das Kind, eilet heim geschwind. Und: Alle meine Entchen schwimmen auf dem See, Köpfchen unter's Wasser, Schwänzchen in die Höh.

Die Frau Rotberger zieht einen zweiten Stuhl heran.
»So, Laura, jetzt setz' dich mal.« Sie beugt sich über mich und mit meiner rechten Hand in ihren zwei Händen, drückt sie meine steifen Finger auf die Tasten, nur die weißen.
»Die schwarzen brauchen wir vorläufig nicht.«

Ich bin nicht ungeschickt. Bald kann ich Hänschen Klein mit der rechten Hand ohne Hilfe auf dem Klavier spielen. Die Frau Rotberger lobt mich und holt den Papa ins Wohnzimmer.
»Ihre Tochter hat Talent, Herr Stöger. Hörn Sie mal zu.«

Der Papa strahlt und schmatzt Küsse auf meine Backen. Nach ein paar Tagen spiele ich Hänschen Klein mit beiden Händen und lerne Alle meine Entchen mit der rechten Hand und übe bis ich es auch mit zwei Händen spielen kann, aber leise, damit die alte Frau in Ruhe sterben kann.
Der Arzt mit seiner schwarzen Doktortasche meldet sich jeden Tag und geht mit langen Schritten durch das Wohnzimmer, wo ich am Klavier sitze. Als er einmal vergißt, die Tür zum Schlafzimmer zu schließen, muß ich zur Türspalte hinschauen, und, weil ich nicht so genau sehen kann von der Ferne, rutsche ich vom Klaviersessel runter und schleiche mich auf Zehenspitzen näher zur Türe hin. Zwischen den hohen Kissen liegt ein dünner Schädel mit schwarzen Augenhöhlen. Vielleicht ist sie schon tot?

»Möchtest du gern meine Mutter besuchen, Laura?« flüstert die Frau Rotberger. Erschrocken drehe ich mich um.

»Komm, ich werde dich vorstellen.« Sie nimmt mich bei der Hand und führt mich ins Zimmer.
»Schau mal, Mutter, wer hier gekommen ist? Die Laura, die so schön Klavier spielt. Gib mal schön die Hand, Laura.«
Vielleicht wird sie jetzt gleich sterben und mich mitnehmen. Sie hat nur noch paar Haare auf dem Kopf. Ihre Hand ist eiskalt und knochig. Ihre schmalen Lippen verziehen sich zu einer Grimasse. Ich glaube sie lächelt, aber Zähne hat sie keine.

Am nächsten Morgen riecht es nach Weihrauch im Haus und die Frau Rotberger ist schwarz angezogen. Ich darf nicht Klavier spielen und muß draußen bleiben bei den Löwenmäulchen am Gartenzaun bis die Männer mit der Tragbahre kommen.

Nachmittags gehen die Berta und ich mit der Mutti und dem Papa im Kurpark auf den Kieswegen spazieren. Die Mutti und der Papa gehen hinter uns und trinken das stinkende Wasser aus riesigen Glaskrügen. Papas Bauch ist so dick geworden, daß er seine graue Anzugjacke kaum noch zuknöpfen kann. Aber die Mutti sieht hübsch aus, und der Papa findet, daß sie noch schöner ist als vorher.

Andere Kinder zum Spielen gibt es nicht in Bad Mergentheim, nur alte Leute, die Wasser trinken und Zigaretten rauchen und uns in die Backen zwicken. Wir haben Angst vor dem Spazierengehen, weil die Leute immer Oj Oj schreien und unser Backenfleisch umdrehen bis wir rote Flecken haben. Ich weiß nicht, warum sie sich nicht beherrschen können. Ich soll so schön wie die Mutti sein und die Berta so lustig wie der Papa, meinen alle, die uns treffen, wenn sie Deutsch zu uns reden, aber wenn sie mit der komischen Zisch- und Loch-Sprache anfangen, dann verstehe ich fast nichts außer ein paar Wörtern, die ich errate, weil ich die Gesichter beobachte und wie sie sich aufführen beim Reden, und deshalb weiß ich, daß *pienknie wyglonda* etwas Gutes ist, weil die Männer es mit Begeisterung sagen, wenn sie mich in die Backen zwicken.

Bis auf die Schuhe, denn die Berta muß geschnürte, braune orthopädische Stiefel tragen, sind wir wie Zwillinge angezogen, aber ich bin die Größere, weil ich älter bin, und ich bin auch schöner, weil ich blaue Augen habe, und die Berta hat braune, so wie der Papa. Wir haben unsere neuen roten Strandkleider mit den weißen Tupfen an. Von mir aus hätte die Tante Jaga die Boleros nicht ins Paket legen müssen, weil sie mich stören, aber die Mutti behauptet, daß sie zum

Kleid gehören, weil das die Mode in New York ist. Dort wohnt die Tante Jaga, die einen Sohn hat, dem sie keine Kleider kaufen kann. Die Jaga weint wegen jedem Dreck, sagt die Mutti, und wenn ich heule, dann heißt es, ich pische so wie die Jaga.

9.

In Freising wartet meine Schultüte im Schrank vom Kinderzimmer und nach unserer Rückkehr von Bad Mergentheim werde ich in die Evangelische Volksschule am Ende der Unteren Hauptstraße eingeschrieben. Eigentlich ist die katholische Schule viel näher als die evangelische, aber die Mutti und der Papa wollen mich nicht zu den Nonnen schicken.
Wir müssen uns im Turnsaal anstellen. Es geht laut zu und es dauert eine Weile bis wir an der Reihe sind vor einem langen Tisch, hinter dem eine kleine Frau mit Brille sitzt. Sie stellt Fragen und kritzelt mit der Feder. Name der Mutter. Name des Vaters. Geburtsort. Geburtsdatum. Beruf. Muttersprache. Religion. Nationalität. Geburtsurkunde. Kennkarte. Wohnsitz. Wie lange? Seit wann? Von wo? Wo ist das? Oberschlesien, aha! Also gut. Die Frau lächelt und drückt ein grünes Löschblatt auf den Bogen Papier. Dann haut sie einen Stempel drauf und weist mit dem Zeigefinger zum Ende des Turnsaals, wo wir uns jetzt wieder in einer Reihe anstellen müssen. Das dauert aber nicht lange und die Mutti bekommt eine Karte mit dem Namen meiner Lehrerin und eine Liste mit allem drauf, was der Erstklassler im Schulranzen haben muß.

Wir sind froh, als wir wieder draußen sind, in der Sonne. Die Mutti muß beim Metzger einkaufen. Der ist so nett und schenkt mir immer ein Radl von der Gelbwurst. Heute auch, und ich lutsche dran, damit es reicht bis wir zu Hause ankommen.

Am nächsten Tag bekomme ich einen steifen, funkelnagelneuen, braunen Schulranzen, der nach Leder riecht. Da hinein kommen meine rosa und blau gestreiften Griffel in einer hölzernen Griffelschachtel und meine Schiefertafel mit hellbraunem Holzrand und Loch an der rechten Ecke, wo ich den roten Schwamm hinhängen kann. Für den Schwamm habe ich eine rote, runde Büchse. Und dann ziehe ich mein rotes Dirndlkleid mit der weißen Schürze an, weiße Kniestrümpfe und die Spangenschuhe, und mit dem Schulranzen auf dem Rücken, der Schultüte im rechten Arm, der

weißen Schleife am Bubikopf geht es zum Fotografen, wo ein Foto
mit Blitzlicht geknipst wird. In einer Woche fängt die Schule an.

Am ersten Schultag im September scheint die Sonne. Meine Schultüte ist vollgestopft mit Süßigkeiten. Die Mutti begleitet mich bis
zum Klassenzimmer im ersten Stock und sagt Grüß Gott zu meiner
Lehrerin. Die ist hübsch und jung und hat einen schwarzen Schopf
und sie teilt uns mit, daß sie Fräulein Rössl heißt. Meine Schulbank
ist in der dritten Reihe neben dem Fenster.

Unten auf der Straße steht die Mutti und winkt zu mir rauf.
Hoffentlich wartet sie auch auf mich. Der erste Schultag dauert nur
eine Stunde, damit wir Kinder anschließend genug Zeit haben, die
Schleckereien in der Schultüte zu begutachten. Zum Mittagessen
habe ich keinen Hunger mehr und zum Abendessen auch nicht. Am
nächsten Tag stehe ich früh auf und mache mich auf den Weg zur
Schule. Ein bißchen bange wird es mir, ganz allein zu gehen, aber
ich tu so, als ob ich eine ganz wichtige und berühmte Person bin,
nach der sich alle Leute umschauen. Wenn ich viel nachdenke beim
Gehen, dann ist der Schulweg kürzer.

Um acht Uhr schrillt die Glocke, wir müssen beten, und dann fängt
der Unterricht an. Die erste Stunde ist Religionslehre und anschließend Deutsche Sprache. An der Wand über der Tafel und
ringsherum um das Klassenzimmer hängen kleine und große
Buchstaben mit Farbbildern. Lesen ist leicht, Schreiben ist schwieri-
ger, und bald sieht meine Tafel nicht mehr so neu aus wie am
Anfang. Am schönsten ist es, wenn wir Lieder singen oder basteln.
Um 10 Uhr ist Pause im Hof mit den dreckigen Pfützen und es ist
langweilig, denn ich habe keine Freundin und stehe ganz einsam
rum. Und wenn die Schule aus ist, muß ich den ganzen Weg zurück
nach Hause alleine gehen.

Manchmal, wenn ich aus der Schule komme, überrascht mich die
Mutti vor dem Tor und dann gehen wir zusammen zum Fischmarkt
einkaufen. Nach einigem Anschauen und Vergleichen, sucht sich
die Mutti einen blutigen Karpfen mit glotzenden Augen aus und
läßt ihn in Zeitungspapier einwickeln. Den tragen wir nach Hause
zusammen mit dem Gestank vom Fischmarkt.
Die Mutti schabt die Schuppen mit einem scharfen Messer ab,
während sie den Fisch beim Schwanz festhält. Wenn er noch ein
bißchen zuckt, dann haut sie ihm geschwind den Kopf mit dem

Hackmesser ab, drückt die Ohren mit einem Löffel aus und schmeißt sie in den Abfalleimer, wäscht den Fischkopf und den kopflosen Fisch unter fließendem, kaltem Wasser und hackt den Körper in zwei Zentimeter dicke Scheiben. Das alles wird in einen großen Topf geschmissen, daß es klatscht, und mit gelben Rüben und Zwiebelscheiben und ganz viel Zucker und Wasser auf dem Herd gekocht. Die Mutti hat Erfahrung im Fischkopfessen von zu Hause, und deshalb bekommt sie immer den Kopf zum Ablutschen. Für den Schwanz muß man ein Fachmann sein, weil er so viele Gräten hat. An dem kann die Mutti auch rumnagen, aber die anderen Teile bekommen der Papa und ich, und die Berta mag lieber eine Scheibe Brot.

Einmal, auf dem Heimweg von der Schule in der Nähe vom Kino, sehe ich einen Buben, den kenne ich doch von irgendwoher. Schon kommt er herübergerast von der anderen Straßenseite. Der Verspottete ist es, zu dem wir im Sommer so gemein waren und, ach, wie tut es mir jetzt leid. Und noch mehr leid, als seine Fäuste auf meinen Rücken niederprasseln. Bevor er mich totschlagen kann, rase ich davon, mit nassem Rücken und Schmerzen in der Brust. Zu Hause stürze ich durch die Türe, und während ich nach Luft schnappe, erzähle ich dem Papa alles, aber von den Beleidigungen hinter'm Gartenzaun erwähne ich kein Wort.

Am nächsten Tag wartet der Papa auf mich vor dem Schultor und auf dem Nachhauseweg, in der Nähe vom Kino, zeige ich dem Papa ganz aufgeregt »Da, Papa, da ist er!«
»Der ist es?«
»Der, Papa, ja, der, der hat mich geboxt.« Ich bin atemlos vor Aufregung. Schon hat der Papa ihn am Kragen gepackt und schleift ihn am Gehsteig entlang in Richtung Polizeirevier. Rauf die breiten Treppen, durch die Glastüre und in die qualmende Wachstube. Der Papa schreit und schreit. Lümmel. Meine Tochter. Schulweg. Überfallen. Geschlagen. Sowas darf nicht vorkommen. Was geht hier vor? Schimpfwörter? Namen? Was? Meine Tochter? Sieht die so aus? Fragende Blicke richten sich auf mich.

Ich schiebe die ganze Verantwortung auf die Berta, die mich am Gartenzaun verdorben hat. Es war ja alles ihre Schuld. Alleine wäre ich nicht auf solch eine Idee gekommen. Solche Namen hatte ich ja eigentlich noch niemals gehört.
»Kein Grund ein unschuldiges Kind zu schlagen!« schreit der Papa und knallt seine Faust auf den Tisch.

»Schämst du dich nicht? Du bist doch viel größer? Was fällt dir denn ein?«
Der Bub ist rot im Gesicht und heult. Er wird es nicht mehr tun. Der Papa und ich gehen nach Hause und die Berta bekommt eine Predigt und ich höre gut zu dabei.

10.

In den Weihnachtsferien gehen wir oft zu Papas Freund zu Besuch. Der wohnt auch in Freising und ist steinreich, weil er Autos verkauft. Er heißt Martin Schatzkammer und hat ein großes weißes Haus. Der Papa sagt, daß er mal ein Auto bei ihm kaufen will, wenn er genug Geld hat.

Der Herr Schatzkammer ist mit einer Schikse verheiratet, erzählen die Mutti und der Papa, und was für eine Schande das ist. Die Schikse ist aber nett und hübsch und die hat dem Herrn Schatzkammer viel geholfen, als er aus dem Lager rauskam und so ausgedörrt war wie ein Muselmann.

»Was ist ein Muselmann?« will ich wissen.
»Das ist jemand, der so aussieht wie ein Bettler.«
Ich stelle ihn mir vor in Lumpen und mit zerrissenen Schuhen und unrasiert mit toten Augen so wie die alten Männer mit den Geigen und den gelben Armbinden, wo schwarze Punkte drauf sind, aber es ist schwer, denn der Herr Schatzkammer sieht sehr gesund aus, jetzt.

Im Krieg war die Frau Schatzkammer schon mal verheiratet, mit einem alten Nazi, erzählen die Mutti und der Papa, einem reichen alten Nazi, der jetzt tot ist. Und dann hat sie sich gleich nach dem Krieg in den armen Muselmann, Schatzkammer, verliebt. Das ist aber nett. Und jetzt ist er reich. Ich verstehe nicht warum die Mutti und der Papa die Frau Schatzkammer nicht gern mögen, wenn sie ihrem Mann doch so viel geholfen hat.

Der Papa erzählt, daß er auch eine Schikse hätte heiraten können, als er in Dachau befreit wurde. Der Papa war ja auch krank und dünn. Er sagt, er hat nur 80 Pfund gewogen und nichts hat er gehabt bis auf eine graue Wolldecke.
Dann kam er zu einer deutschen Familie mit einer hübschen Tochter und die hat ihn gesund gepflegt und sich in den Papa verliebt und

ihn gebettelt, er soll sie heiraten. Aber der Papa wollte sie nicht heiraten, sogar nicht mal verloben wollte er sich mit ihr. Der Papa hat die Mutti gesucht und nur die wollte er heiraten. Er hat sie dann auch bald gefunden, auf dem Weg zum öffentlichen Hallenbad. Die Mutti ging zu Fuß und der Papa saß hinter dem Lenkrad der PKW-Kiste, die er im Hof von einem Nazi stehen gesehen hatte. Er fuhr die Mutti zum Schwimmbad und dann verlobten sie sich gleich.

Im Krieg war die Mutti schon mal mit jemandem verlobt und zwar mit dem dicken Schapps, der ihr extra Lebensmittelrationen besorgte. Die Mutti behauptet, daß der Schapps sehr hübsch war und viele schwarze Haare auf dem Kopf hatte. Das ärgert den Papa immer. Der Schapps hat ihr sogar eine echte goldene Uhr als Verlobungsgeschenk gekauft. Aber jetzt kann man den Schapps nirgends finden.

Den Papa hat die Mutti noch in ihrer alten Heimat gekannt, aber sie hat ihn nicht mögen und einmal hat sie ihm sogar eine Ohrfeige runtergeknallt, als er hinter einem Busch auf sie gelauert hat und versucht hat, sie zu küssen.

Die Ohrfeigengeschichte höre ich oft und die Mutti tut immer sehr wichtig damit und daß sie schon verlobt war und eine goldene Uhr hatte. Ich glaube, sie hat dem Papa einen großen Gefallen getan, daß sie ihn geheiratet hat. Alle Männer waren verrückt nach ihr, versichert sie uns, weil sie die Schönste in der Stadt war, das weiß jeder. Frag nur! Jetzt hat sie aber keine Freundinnen und Freunde mehr, jetzt hat sie nur den Papa und der Papa liebt sie bestimmt mehr als der Schapps, denn er schmatzt ihr den ganzen Tag Küsse aufs Gesicht und packt sie von hinten und schmuselt an ihrem Hals rum und sagt oj, oj.

Der Herr Schatzkammer will mir und der Berta immer ein paar Münzen zustecken, aber der Papa erlaubt das nicht.
»Kein Geld annehmen, egal von wem. Schön nein danke sagen.«

Die Mutti und der Papa haben Leute kennengelernt, denen das Restaurant mit Bar in der Unteren Hauptstraße gehört, direkt gegenüber von meiner Schule. Mit diesen Leuten gehen wir oft zum Krapfenessen während der Faschingszeit, und die Erwachsenen unterhalten sich über geschäftliche Angelegenheiten, von denen wir nichts verstehen.

Dieses Jahr dürfen die Berta und ich uns Kostüme ausleihen. Ich bin ein Kasperl im glänzenden Hosenanzug mit roten Backen, Lippenstift und weißen Rüschen am Hals. Meine Füße stecken in schwarzen Gummistiefeln und auf dem Kopf trage ich einen schwarzweiß gewürfelten Kasperlhut. Die Berta ist ein Prinz mit dunkelrotem Mund, einem galanten Federhut auf dem Kopf, im kurzen Samtkostüm mit weißer Flaumborte über wollenen Strümpfen und in braunen orthopädischen Lederstiefeln. Vor dem Hexenhaus aus Lebkuchen stehen wir und lächeln für den Fotografen.

Nach dem Fasching fängt der Schnee in den Gärten an zu schmelzen und auf dem matschigen Schulweg, wenn der Föhn bläst, dann kann ich meinen Mantel aufknöpfen, damit jeder mein Pepitakleid mit dem schwarzen Lackgürtel bewundern kann. Neue weiße Schürzen habe ich auch. Nur meine Zöpfe fehlen. Wenn ich die hätte, dann wäre ich die Allerschönste und müßte die anderen Mädchen mit den Schwänzln in der Schule nicht so beneiden.

Am letzten Tag im März verkündet der Papa, daß ich heute nicht zur Schule gehen muß. Stattdessen darf ich mit der Mutti und dem Papa und der Berta im Auto nach München fahren. Der Papa sagt, er will uns eine Wohnung zeigen, in die wir umziehen werden.

DIE BORSTEI

I.

Das Auto läßt der Papa in der Dachauerstraße stehen und zuerst müssen wir alle in die Verwaltung von der Wohnsiedlung und in das Büro vom Fräulein Nothaft gehen, damit uns der Papa vorstellen kann. Das ist vorne im Parterre in der Dachauerstraße gegenüber der Straßenbahnhaltestelle von der Linie 1.

Das Fräulein Nothaft ist sehr nett und höflich zum Papa. Ich glaube, sie ist in ihn verliebt, trotz seiner Glatze. Der Papa kennt viele Leute, die hier wohnen und das Fräulein Nothaft schreibt sich die Namen auf. Sie schreibt überhaupt sehr viel auf einem gelben Notizblock auf.

Das Fräulein Nothaft sagt, daß sie uns jetzt die Borstei zeigen wird. Sie nimmt mich bei der Hand und wir gehen die hölzernen Stiegen hinunter und anstatt nach vorne in die Dachauerstraße, gehen wir noch eine Stiege hinunter und durch eine andere Türe hinten in einen Hof. Das ist der Verwaltungshof, sagt das Fräulein Nothaft. Sie führt uns am Brunnen vorbei und nach rechts durch ein Tor, das uns in die Ladenstraße bringt.

Zur rechten Seite ist das Schreibwarengeschäft Betge direkt unter dem Torbogen an der Ecke Ladenstraße und Dachauerstraße. Nach links in der Ladenstraße sind alle Geschäfte aneinandergereiht. Aber vorläufig überqueren wir die Ladenstraße und gegenüber vom Verwaltungshof ist der Rosengarten und der Papa strahlt vor Glück und ich weiß warum. Rosen sind noch keine da, aber auch ohne Rosen ist es schön. Es sind grüne Bänke da zum Hinsetzen und Steinpfade unter Laubengängen zum Wandern. Ruhe herrscht hier.

Am anderen Ende vom Rosengarten zeigt uns das Fräulein Nothaft die Wäscherei. Durch den Torbogen kommen wir in die Hildebrandtstraße, wo der Herr Senator Borst wohnt. Auf der rechten Seite gegenüber der Hildebrandtstraße ist eine Kastanienallee und daneben reihen sich Rasenflächen mit Blumenbeeten – für Stiefmütterchen, sagt das Fräulein Nothaft – und Brunnen mit nackten Frauen, wo man die Busen sehen kann. Nackte Männer gibt es auch, aber die stehen oder liegen in einem anderen Garten, vielleicht im Paul-Bürck-Garten, meint das Fräulein Nothaft.

Wieder durch einen Torbogen gehen wir, ein bißchen bergab und hier gefällt es mir am besten. Das Fräulein Nothaft behauptet, daß dieser Hof der friedlichste ist, der Hengelerhof, und deshalb steht am Messingschild am Eingang die Aufschrift »Ruhegarten«. Ein Goldfischteich ist da mit geschlossenen Teerosen und Bänke stehen ringsherum am Rande von Kieswegen. Wir setzen uns hin auf eine Bank und das Fräulein Nothaft hebt mich hoch und setzt mich auf ihren Schoß wie ein Baby und es macht mir nichts aus, daß sie einen schlechten Atem hat.

Der Papa steht neben einer splitternackten Frau, die auf einem Steinsockel ausgestreckt mit dem Kopf in die Hand gestützt ruht. Sie hat einen großen runden Busen und auf dem liegt jetzt die Hand vom Papa und er lacht.

Das Fräulein Nothaft erzählt uns, daß der Herr Senator Borst, der die Borstei gebaut hat, ein Liebhaber und Gönner der schönen Künste ist und daß es noch viele schöne Figuren in der Borstei gibt, die der Papa streicheln kann. Außer einem Haus, auf das eine Bombe fiel, sagt sie, erlitt die Borstei keinen Schaden im Krieg.

Heute gibt es keine Schutthaufen mehr in der Borstei, kein einziges Loch im Dach, keine Ruinen und alles ist wie vor dem Krieg. Drum hat die nackte Frau noch ihren Busen und drum hat der Hirsch in der Hildebrandtstraße noch sein Geweih.

Als nächstes spazieren wir zur Anlage, gegenüber von der Laden-straße. An einem Ende der Anlage ist der Kindergarten. Da geht die Berta jetzt mit der Mutti hinüber. Mitten durch die Anlage führt ein Ziegelsteinweg zur Schattenbank und dahinter, auf einem Rasen, steht ein Erbsenbaum. Beide Seiten der Anlage sind von niedrigen Hecken umgeben, hinter denen Springbrunnen plät-schern. Gegenüber vom Kindergarten, neben den zwei gelben Telefonzellen in der Ecke, ist der Getränkeladen Müller.

Der Papa will, daß ich ihm was zum Trinken hole und gibt mir drei Zehnerl für eine Flasche Apfelsaft. Das Fräulein Nothaft muß zurück in die Verwaltung, aber wir bleiben in der Anlage und setzen uns auf eine Bank und der Papa verabredet sich mit ihr für später, um uns die Wohnung in der Voitstraße 8 zu zeigen. Als ich mit dem Apfelsaft zurückkomme, sitzt ein dünner kleiner Mann auf der Bank mit dem Papa.

»Das ist der Herr Potok, Laura. Der Herr Potok hat uns Protektion gegeben, damit wir in die Borstei einziehen können.« Der Herr Potok blinzelt und nennt mich ein gutes Kind, weil ich dem Papa was zum Trinken geholt habe, und findet, daß er so ein gutes Kind noch nie gesehen hat. Seine Tochter, Ruth, könnte sich von mir ein Beispiel nehmen.

Dann gesellt sich ein anderer Herr zu uns. Der sieht sehr gepflegt aus, so wie der Papa. Das ist der Herr Gelber und der hat uns auch Protektion gegeben, damit wir in der Borstei wohnen können. Der Herr Gelber sagt, er hat einen Sohn für mich, den Bubi, und daß ich den heiraten soll, wenn ich groß bin. Der Bubi geht in die 1. Klasse vom Fräulein Framing und zu der werde ich auch kommen.

Ich will mir die Läden anschauen und der Papa läßt mich. Neben dem Getränkeladen ist das Postamt mit einem ganz großen Fenster. Daneben im Milchladen stinkt es gewaltig nach Käse und hinter dem Kasten mit den Eiweckerln, Brezen, Wassersemmeln, Salzstangen, Mohnsemmeln, Hörnchen und Kaisersemmeln steht eine rothaarige, kleine Frau mit dicken Klotzbeinen in schwarzen, geschnürten Halbschuhen und fragt mit einer mürrischen Stimme und einer vergrämten Miene, was ich will.

Dann kommt die Reinigung und Färberei und nebenan der Friseur. Neben dem Friseurladen sind die Drogerie, der Gemüseladen, und das Radiogeschäft. Dann die Bäckerei, da gehe ich rein. Mir läuft das Wasser im Mund zusammen bei all den Schaumrollen und Bienenstichen und Mohrenköpfen. Nebenan ist die Metzgerei, wo es so riecht wie beim Metzger in Freising. Der letzte Laden vor dem Torbogen ist ein großes Lebensmittelgeschäft.

Über den Läden sind die Wohnungen. Alle Häuser in der Borstei sind aneinandergereiht und haben außer dem Parterre und dem Keller vier Stockwerke. Das vierte ist unter dem Dach. Manche Häuser haben ein rotes Kreuz auf der Hausnummer. Der Papa sagt, das Kreuz bedeutet, daß ein Doktor im Hause wohnt, oder ein Zahnarzt. Wir haben Glück, denn in der Voitstraße 8 steht ein rotes Kreuz auf der Hausnummer.

Ein Haus weiter ist die Leihbücherei. Ich will jetzt gleich in die

Borstei einziehen und der Papa sagt, es wird nicht mehr lange dauern.

Das Fräulein Nothaft kommt zurück zur Anlage, und die Mutti und die Berta auch und wir sagen Auf Wiedersehen zum Herrn Potok und zum Herrn Gelber und gehen zum Haus Nummer 8. Die Türklinke ist aus Messing und die Türe ist aus Holz. Im ersten Stock riecht es gut, nach Bohnerwachs. Unsere Wohnung ist auf der linken Seite, wenn man die Treppen raufkommt. Die Türe ist weiß und hat einen goldenen polierten Schlitz für den Briefträger.

Das Fräulein Nothaft holt einen Schlüssel aus ihrer Manteltasche und öffnet die Türe zu einem Gang mit einem glänzenden braunen Linoleumläufer.

Das erste Zimmer zur linken Seite ist eine kleine Küche mit einer Speisekammer unter dem Fenster und einem Besenschrank mit Vorratskammer neben dem Fenster in der Wand. Daneben steht ein schwarzer Backofen und Herd und das Spülbecken. An der gegenüberliegenden Wand steht ein Kühlschrank und ein Schrank für das Geschirr. Vom Fenster aus sieht man die Anlage, den Kindergarten und die Geschäfte und die Männer, die beim Müller im oberen Zimmer hocken und trinken und rauchen. Den Hof sieht man und die Nachbarfenster, den Elch im Hof und den Aschentonnenraum.

Neben der Küche ist das Badezimmer mit einer großen weißen Badewanne auf der linken Seite, einem Klo beim Fenster, noch einem zusätzlichen ganz niedrigen Klo ohne Deckel, zum Windelnwaschen und zum Füßewaschen, sagt die Mutti, und einem Waschbecken mit Medizinschrank und Spiegel.

Dann kommt die Kammer mit einem schmalen Fenster auf die Anlage hinaus und am Ende des Ganges ist ein Zimmer, das soll das Kinderzimmer werden, sagt die Mutti, aber jetzt wohnt ein Ami-Fräulein mit Namen Lucy drin, die ihre Unterhosen zum Fenster raushängt zum Trocknen, daß sie jeder sehen kann, besonders die Männer, die beim Müller hocken, und das ist nicht schön und von der Borstei-Verwaltung verboten, sagt das Fräulein Nothaft, deshalb wird sie bald rausgeschmissen.

Auf der anderen Seite sind noch drei Zimmer, die einen Ausblick

auf die Voitstraße bieten und von denen man sogar die Straßenbahnhaltestelle auf der Dachauerstraße sehen kann.

Im vorderen Zimmer wohnt eine dünne Frau mit einem grauen
Schopf, die täglich ihre Federbetten zum Lüften aus dem Fenster
hängt. Die wird auch nicht lang bleiben, denkt das Fräulein Nothaft. Das soll das Eßzimmer werden, sagt die Mutti.
Im mittleren Zimmer wohnt ein pensionierter Herr Professor, und
wenn der auszieht, dann werden die Berta und ich da drin schlafen.
Das letzte Zimmer ist leer und sobald einer von den Untermietern
auszieht, können wir einziehen.

Das Fräulein Nothaft erwähnt, daß die Borstei Regeln und Vorschriften hat, an die sich die Bewohner halten müssen, aber ausnahmsweise wird sie es gestatten, daß der Papa die Mesusahs an die
Türpfosten von jedem Zimmer in der Wohnung nagelt, wenn er es
unbedingt tun muß.

Jeden Abend macht ein Wächter die Runde durch die Straßen und
Anlagen der Borstei, damit die Kinder unter zehn Jahren nicht
draußen sind, wenn es dunkel wird. Diejenigen, die nicht auf den
Nachtwächter hören, müssen darauf gefaßt sein, daß sie der wilde
Wurzelsepp erwischt und sie verschleppt, wer weiß wohin, denn
einige sind schon verschwunden. Das Fräulein Nothaft schaut die
Berta ganz ernst an, als sie das erzählt.

Waschmaschinen sind nicht erlaubt. Dafür gibt es eine Wäscherei.
Lärm ist auch nicht erlaubt, besonders Kinderlärm, und jetzt schaut
das Fräulein Nothaft die Berta wieder ganz ernst an.

Zu Ostern findet eine Parade statt, erzählt sie uns. Ob wir in der
Parade mitmarschieren und in der Borstei-Verwaltung Geschenke
abholen wollen? Der Papa denkt, daß sowas möglich sein könnte.

2.

Viel haben wir nicht zum Mitnehmen. Beim Einzug ist die Frau mit
den Federbetten noch da und die Amerikanerin, Lucy, auch, trotz
der Sache mit der Unterwäsche. Sie sagt, sie wartet auf eine
Wohnung in der grünen Wohnsiedlung in der Nähe vom Wirtshaus
in der Baldurstraße gegenüber der Borstei. Sie verspricht uns, daß

die Berta und ich sie dort besuchen dürfen, wenn sie umgezogen ist, denn sie mag uns gern, weil wir ihr bei ihren Kunststücken zuschauen.

Sie kann ihren Mittelfinger und ihren Daumen abbeißen und zurückstecken und weh tut es ihr nicht, denn sie verzieht keine Miene. Der Berta und mir wird es schlecht, aber wir betteln, daß sie es langsamer macht, damit wir es genau beobachten können.
Manchmal zieht sie ihre Vorderzähne aus den Kiefern, einen nach dem andern, und das scheint ihr auch nichts auszumachen. Und wenn sie sie zurücksteckt, dann bleiben sie von selber im Zahnfleisch kleben. Ich rate ihr, daß sie doch ihre Unterwäsche im Zimmer trocknen lassen soll, aber sie findet, daß das nicht möglich ist, denn sie will ihre Unterhosen, ihren Straps und Büstenhalter und ihre Nylonstrümpfe in der frischen Luft aushängen. Sie sagt, daß die Menschen das in Amerika machen und zur Hölle mit der Borstei-Verwaltung, die können sie alle am Arsch lecken.

Dieses Jahr kommt der Winter nochmal unerwartet im April und die Osterparade findet im Schnee statt. In der Verwaltung bekommen die Berta und ich harte Eier, Zahnpasta und Zahnbürste und paar Guttel. Bei uns im Haus wohnen die Monika und der Rainer, die geben mir ihre harten Eier und der Bubi Gelber gibt mir auch eins und mit meinem habe ich dann im ganzen vier Eier, die ich alle esse und von denen ich schreckliches Bauchweh bekomme.

Die Monika und der Rainer sind große Zwillinge mit gekräuselten Haaren. Die Mutti sagt, sie sind nicht normal. Sie können nicht ganz deutlich reden, aber ich verstehe sie schon und die Berta versteht sie auch. Dem Rainer rinnt die Spucke vom Mund, wenn er was sagt, und der Monika auch, aber nur ein bißchen. Sie sind zwei Jahre älter als ich, aber sie spielen mit uns. Wenn jemand dem Rainer was antut, dann wird er von der Monika verprügelt, denn sie hat eine Bärenkraft. Zu uns in die Wohnung dürfen sie nicht kommen, aber wir dürfen zu ihnen und bei denen riecht es anders als bei uns und es gefällt mir besser, weil es gemütlich ist und niemand schreit.

Der Bubi Gelber ist steckerldürr und hat Sommersprossen und rabenschwarze grade Haare. Wir gehen oft von der Schule zusammen nach Hause und der Majk Wiener von der Voitstraße 10 kommt auch mit. Der hat noch mehr Sommersprossen als der Bubi und der ist dick und hat breite Lippen und Glotzaugen. Eigentlich sieht er aus wie ein Karpfen und er riecht sauer. Der schöne Eddie Garbarski wohnt weiter vorne in der Voitstraße und der ist eingebildet und den kann ich nicht leiden. Die Mutti und der Papa finden, daß alle drei nette Buben sind.

3.

Ich gehe jetzt in die Volksschule an der Leipzigerstraße. Die ist ziemlich weit weg von der Borstei, zwei Haltestellen mit der Trambahn. Der Papa will, daß ich zu Fuß gehe, weil er zittert, mich mit der Trambahn fahren zu lassen. Ich könnte auf die Schienen fallen und von den Rädern zerquetscht werden.

Es ist ein gerader Weg an der Dachauerstraße entlang. Zuerst kommt die Hanauerstraße und dann die Feldmochingerstraße. An der Hanauerstraße blühen wilde Rosenbüsche, wo die Bienen rumschwirren, und an der Ecke Feldmochingerstraße wimmelt es von rotem Klatschmohn und blauen Kornblumen auf einem breiten Feld. Quer gegenüber von der Straßenbahnhaltestelle ist das Standl.

Da gibt es Dubble-Bubble eingewickelt in Comicstreifen aus Wachspapier zum Sammeln, schwarze Bärendreckpfeifen, lange, flache Kaugummis in verschiedenen Farben, Karamellen in gelbem Papier mit dem Wort Kraft in orangener Farbe, Filmschauspielerbilder in schwarzweiß zum Sammeln, und weiße Eisguttel, die den Gaumen aufreiben und Brausepulver in kleinen Tüten. Wenn man nur ein Zehnerl hat, muß man gut überlegen, damit man nicht das Falsche wählt und es später bereut.

Die Berta hat die Ate Ehrhardt im Kindergarten kennengelernt. Die Ate hat einen älteren Bruder, den Karli, das ist ein Verbrecher, und einen jüngeren Bruder, den Detti, der wird mal ein Verbrecher. Der Karli ist zwei Jahre älter als ich, groß wie eine Stange und gemein. Der Detti ist viel jünger, aber so gemein wie der Karli. Die Mutter von denen ist eine arme, geschiedene Frau, die jeden Morgen zur Arbeit geht und am Abend nach Hause kommt. Deshalb hat die Ate eine verrotzte Nase und ein verschmiertes Gesicht und deshalb sind der Karli und der Detti wilde Tiere, so behaupten der Papa und die Mutti. Jedesmal, wenn die Mutti zum Einkaufen durch die Anlage geht, lacht der Karli sie aus, weil sie so einen dicken Bauch hat.

»Die Frau Stöger, die sieht ja aus wie eine Kuh!« schreit er so laut, daß es alle Leute hören können, und er zeigt mit dem Finger auf die Mutti.

Die Ate wohnt im 3. Stock im Haus neben uns, und wenn der Detti oder der Karli zu Hause sind, dann können wir nicht mit ihr spielen, weil sie uns sonst verprügeln. Manchmal kommt die Ate zu uns, aber sie hat Angst vor dem Papa, weil er sie anschaut.

Im Parterre in unserem Haus wohnt der Peter Leidlein mit seinem Vater und seiner Großmutter. Der Peter ist ein Jahr älter als die Berta. Anstatt uns zu verprügeln, holt er seinen Zipfel aus der Hose raus und rennt uns nach, damit er uns anpieseln kann. Die Berta hat er schon erwischt und ihr rotes Faltenkleid vorne angespritzt. Sein Zipfel ist ganz käseweiß und weich sieht das Ding aus wie eine gekochte Nudel. Es ist zum Ekeln. Sein Vater ist selten zu Hause und die Großmutter in ihrem schwarzen Kleid sitzt den ganzen Tag beim Fenster und grübelt und schaut raus in die Voitstraße mit einem Gesicht voll Runzeln. Sie stinkt ganz schrecklich und deshalb stinkt das Erdgeschoß in unserem Haus in der Voitstraße 8.

Im selben Stock wie wir wohnt die dünne, blonde Uschi Drechsler, die so alt wie die Berta ist, aber sie traut sich nicht reden wegen ihrer Schüchternheit.

Der Arzt in unserem Haus ist kein Mann, sondern eine Frau Doktor. Sie ist eine Kinderärztin und heißt Frau Dr. Obermayer und hat ihre Praxis auf der rechten Seite des 2. Stockwerks und ihre Wohnung direkt über uns auf der linken Seite. Wegen der Kinderlähmung hat sie ein steifes Bein. Der Papa sagt, daß wir das Wort »Kinderlähmung« nicht in den Mund nehmen dürfen, und wir sollen es nicht wagen, die arme Frau Dr. Obermayer nachzuahmen, so wie wir es mit der Milchfrau machen.

Der Mann von der Frau Dr. Obermayer ist ein Musikprofessor und er spielt auf einem Flügel. Das können wir bei uns in der Wohnung hören. Er hat lange weiße Haare, die ihm ins Gesicht hängen und er sieht zerstreut aus. Die Leute nennen ihn Herr Doktor, obwohl er nur auf dem Klavier spielt.
Die Frau Dr. Obermayer ist nett und sie wird der Mutti helfen, wenn das Baby kommt.

4.

Der Papa schleppt mich zum Augenarzt, weil er sagt, daß mein
rechtes Auge schielt, und, weil das Fräulein Framing behauptet, daß
ich die Tafel nicht lesen kann. Wir müssen ganz weit mit der
Straßenbahn zu diesem Doktor fahren. Der Papa sagt, der Mann ist
eine Kapazität aus Indien. Wahrscheinlich wird er so aussehen wie
die wilden Indianer in den Karl-May-Büchern vom Karli, mit
Federn auf dem Kopf, roter Haut und gefährlichen Schlitzaugen.

Im Wartezimmer sind die Läden geschlossen, es riecht scheußlich
und zum Hinsetzen ist kaum ein Platz da, weil überall Katzen rumliegen. Die starren mich alle an, und der Papa sagt, ich soll keine
Angst haben, obwohl ich weiß, daß der Papa keine Tiere leiden
kann. Die Mutti mag auch keine Viecher und macht einen großen
Bogen, wenn sie einen Hund sieht, und Katzen sind falsch, sagt die
Mutti, ich soll sie nicht streicheln. Pfui.

Wie ich den Katzengeruch kaum mehr ertragen kann, geht endlich
eine Tür auf und der Arzt holt uns raus und entschuldigt sich, daß
kein Platz zum Sitzen da ist. Eigentlich sieht er nicht aus wie ein
Indianer, sondern eher wie ein heiliger Mann. Schuhe trägt er keine,
nur Sandalen, er hat ein weißes Kleid an, so wie ein Nachthemd,
und einen weißen Turban auf dem Kopf.

Während er mit einem Licht in meine Augen reinleuchtet, muß ich
die Luft anhalten, weil er so nach Knoblauch stinkt, und fast muß ich
ersticken in dem Haus voll Katzen und Knoblauch und Heiligtum.

Der heilige Mann sagt zum Papa, daß ich eine Augenbinde über
dem linken Auge tragen muß, damit das rechte stärker wird. Ohne
das linke kann ich aber nicht gut sehen und deshalb falle ich oft um
und bin ständig bei der Frau Dr. Obermayer zum Jodschmieren und
Verbinden und ich habe die besten Bilderbücher in ihrem Wartezimmer so oft gelesen, daß ich sie auswendig weiß.

Da geht der Papa mit mir zu einer anderen Kapazität, einem
Augenarzt, der keinen Turban auf hat und der mir eine Brille verschreibt, damit ich die Tafel in der Schule besser lesen kann als vorher, aber häßlich schau ich aus und die Berta nennt mich ein schie-
lendes Schwein und der Karli und der Detti auch.

5.

Das Fräulein Framing hat ein Lieblingskind, das sie in der Pause an
der Hand im Schulhof rumführt. Das Fräulein Framing ist jung und
hat ein angeschmiertes Gesicht. Ihre Lippen glänzen feucht in einer
grellen orangenen Farbe und der Lippenstift geht über die Lippen
drüber, so daß sie aussieht, als ob sie ganz fette Lippen hätte. Ihre
Augen sind grün und ihre Haare manchmal gerade und manchmal
gewellt und immer rot; sie sieht aus wie eine Schlange.

Das Fräulein Framing schlägt den Schulkindern mit dem Stock auf
die Finger. Der Papa muß mit mir in die Schule gehen und ihr die
Meinung sagen. Ich weiß nicht was er ihr gesagt hat, aber sie hat
den Stock im Schrank verschlossen.

In der Schule geht ein Hausmeister rum. Der trägt einen grauen
Kittel mit großen Knöpfen, und dem haben wir es zu verdanken,
daß wir die allerbesten und allerknusprigsten Brezen bekommen.
Brezen und Apfelsaft sind mein Lieblingsessen in der Schulpause.

Am meisten von allen Fächern hasse ich die Handarbeit, noch dazu
wo ich nur wegen dem Häkeln an einem Nachmittag in der Woche
extra in die Schule muß.
Mein Lieblingsfach ist die Religionslehre, weil ich da keine Hausaufgaben bekomme und nie aufgerufen werde und es so interessant
ist, die Geschichten von der Bibel und vom Jesus und den Engeln zu
hören, und am allerbesten gefallen mir die bunten Bilder im
Religionsbuch von meiner Nachbarin auf der Schulbank.

Gegenüber von uns in der Voitstraße, wohnt im dritten Stock die
Handelsmann-Familie. Die Frau und der Herr Handelsmann liegen
jede Woche von Freitag abend bis Samstag abend den ganzen Tag im
Bett. Die Tochter, Muschi, ist so alt wie ich und der Sohn, Harry, ist
so alt wie die Berta. Die dürfen mit uns spielen und wir besuchen sie
oft in ihrer Wohnung, weil es dort so gemütlich ist. Ein Baby haben
sie auch, das ist immer ganz rosa angezogen und hat schwarze Lok-
ken so wie die Muschi und der Harry und heißt Naomi. Bald wollen
sie weg von hier und die Muschi und der Harry müssen in ein Internat in die Schweiz.
Der Papa sagt, daß wir bald auch so ein Baby haben werden wie die
Naomi.

6.

Am 29. Juni 1954, mitten in der Nacht, kommt der Papa in unser Zimmer und verkündet, daß wir eine Schwester haben, die elf Pfund wiegt. Sie heißt Friede und wir dürfen sie am nächsten Tag im Krankenhaus besuchen. Der Papa sagt, wir sollen uns freuen und wir tun so und klatschen in die Hände und jauchzen und springen auf den Matratzen rum, aber eigentlich ist es uns egal.

Im Krankenhaus dürfen wir das Baby mit dem Namen Friede Stöger bewundern. Der Papa winkt mit beiden Händen, damit die Schwester hinter der Glaswand uns das Baby zeigt, ganz vorne, wo wir stehen. So ein Riesentrum habe ich noch nie gesehen. Die Mutti dürfen wir nicht besuchen.

Während sich die Mutti im Krankenhaus ausruht, laufen wir tagsüber in der Borstei im Regen rum, und die Frau Gelber und die Frau Potok passen auf uns auf bis der Papa nach Hause kommt. Eigentlich paßt die Frau Gelber auf uns auf. Die Frau Potok liegt immer in der Badewanne. Die Frau Gelber und die Frau Potok sind Geschwister und leben mit dem Herrn Gelber und dem Herrn Potok und dem Bubi und der Ruth in einer Zweizimmerwohnung hinter dem Elch im selben Hof wie wir.

Die Frau Gelber erinnert mich an den Elch, weil ihre Stimme ganz tief ist und, weil sie große, hervorquellende Augen hat und hervorstehende Zähne. Die Frau Potok hat auch rausgesetzte Zähne und ganz kleine Schlitzaugen und schwarze, glatte Haare. Ich glaube, die Frau Potok ist japanisch.

Die Frau Potok möchte gern, daß wir sie besuchen, weil es ihr so stinklangweilig in der Badewanne ist, aber wir schenieren uns, mit ihr zu reden, wenn sie nackt im Badewasser liegt. Da hauen wir gleich wieder ab. Aber auf ihren Busen werfe ich ab und zu einen Blick und ich finde, er ist nicht so groß und rund wie der von der Figur im Hengelerhof.

Als die Mutti nach Hause kommt, liegt sie tagelang im verdunkelten Schlafzimmer im Mahagony-Bett und das Baby Friede liegt neben ihr.
»Ruhe,« zischt der Papa, »es muß Ruhe sein!«

Damit die Mutti nachts gut schlafen kann, wird das Baby in das Eßzimmer ganz vorne befördert und der Papa schleppt eine Matratze hinein und liegt am Boden neben dem Kinderbett wie ein armer Muselmann.

»Die Mutti ist das Teuerste auf der Welt!« versichert uns der Papa mit Tränen in den Augen. »Die Mutti muß man schonen, nur schonen, Kinder, hört ihr? Eine Mutter kann man nicht ersetzen«, und er fängt an »Eine Jiddische Mamme« zu singen und die Mutti schluchzt, »es gibt nichts Bessres in der Welt« singt der Papa weiter, und die Mutti schluchzt noch mehr, »Eine Jiddische Mamme, oj,« schreit der Papa und singt weiter, »es ist bitter, wenn sie fehlt.« Jetzt hat sich der Papa richtig reingesteigert und ist rot im Gesicht und mit den Augen schaut er zur Decke. Die Mutti weint. Wie schön und licht es im Hause ist, wenn die Mamme da ist, singt der Papa, und wie traurig und finster es wird, wenn Gott sie uns wegnimmt. Mir wird es ganz bange ums Herz und ich will auch, daß es der Mutti gut geht und daß sie aufsteht und nicht stirbt.

Der Papa singt, daß eine Jiddische Mamme durch Wasser und Feuer für ihr Kind laufen würde, und sie nicht zu schätzen, das wäre die größte Sünde. Der Papa hat seine Brille abgenommen, weil er so schwitzt vom Singen oder vielleicht weint er sogar mit der Mutti mit, nein, er singt weiter, oj, wie glücklich und reich der Mensch ist, der so eine kostbare Seele von Gott geschenkt bekommen hat, so eine, er singt, »altitschge Jiddische Maaaamme, ohohohohoho, Mamme, Mahammehe!« Es wär viel besser, wenn er das Lied gar nicht erst angefangen hätte, denn die Mutti kann sich nicht beruhigen vor Schmerzen und Leid.

Als die Schulferien anfangen, hebt sich die Mutti endlich vom Bett auf und schlurft im lila Schlafrock und gelben Badeschuhen aus Frottee langsam durch den Gang und seufzt.

Die Friede wird den ganzen Tag ein- und ausgewickelt und liegt rum wie eine Mumie. Im kleinen Klo, »Bidet heißt es«, erklärt uns der Papa, weichen die stinkenden Windeln und in der Wohnung riecht es nach Puder, Baby-Öl und Scheiße. Manchmal schließt sich der Papa im Badezimmer ein und raucht eine Zigarette.

Der Name Friede gefällt mir nicht, aber der Papa erklärt mir, daß das Baby eigentlich Frymet heißt, nach der geliebten Babtsche von der Mutti, aber in Deutschland will man den Namen Frymet nicht, sondern einen guten deutschen Namen wie Friede, und die Bedeutung von Friede ist eine besonders schöne, meint der Papa. Ich mag den Namen trotzdem nicht.

Der Papa regt sich jetzt noch schneller auf als früher, weil er so müde ist vom Baby-Füttern in der Nacht.
»Ein Schnuller? Das fehlt noch. Ein Schnuller kommt überhaupt nicht in Frage. Sowas kann dem Kind nur schaden. Gar nicht erst dran gewöhnen,« sagt der Papa, »es ist schädlich für den Oberkiefer.«
»Aber Papa, die Naomi hat ihren rosa Schnuller immer noch, und die läuft schon rum, und er paßt zu ihrem rosa Strickkleid und sie sieht so lustig aus.«
Der Papa schaut mich wütend an.
»Was andere Leute machen, geht mich nichts an. Ich schaue nicht auf andere! Was geht mich an was andere Leute machen? Was kümmert mich das? Du sollst nur auf die Mutti und den Papa hören!«

Eine rosa Schachtel mit Zellophan überzogen von der Pi Ex hat der Papa nach Hause gebracht. In der Mitte liegt das schönste Badetuch, das ich je in meinem Leben gesehen habe. Es ist weiß mit einer breiten lila Borte und einem rosa und lila Blumenmuster mit kleinen grünen Blättern und zierlichen Stengeln. Rings um das Badetuch herum sind amerikanische Pflegemittel in Dosen und Flaschen mit Kindergesichtern drauf, die alle Johnson heißen. Sogar eine kleine Haarbürste mit durchsichtigem Griff und weißen Borsten ist da und zwei Sicherheitsnadeln und ein rosa Schepperl. Das alles hat der Papa für die Friede gekauft. Der Berta und mir gibt der Papa ein Zehnerl, damit wir uns Jopa-Eis holen können.

7·

Das Ami-Fräulein ist umgezogen in das grüne Wohnhaus in der Baldurstraße, wo man Wäsche zum Fenster raushängen darf. Jetzt haben die Berta und ich unser Zimmer zur Anlage raus.

Neben den Betten sind Nachttischchen mit quietschenden Türen zum Aufmachen; in die schmeißen wir alles rein, was wir nicht aufräumen. Zwischen den Betten stehen unser alter Kindertisch und die zwei Stühle und ein weißes Puppenbett mit Holzgittern und paar Spielsachen liegen rum.

An der Wand zur linken Seite vom Fenster ist ein Schrank und daneben ein Toilettentisch mit einem dreiteiligen Spiegel, damit wir uns von allen Seiten bewundern können. Die Möbel sind elfenbeinfarben und poliert. Am Boden neben unseren Betten haben wir einen Läufer. Auf dem stehen unsere pelzgefütterten Hausschuhe mit Tigermuster und Reißverschluß.

Jeden Abend kommt der Papa zur Kontrolle, um sich zu überzeugen, daß unsere Hausschuhe so grade beieinander stehen, daß kein Millimeter Unterschied zwischen dem rechten und dem linken ist. Bei dem Bett von der Berta steht immer noch ein Stuhl mit der Lehne gegen das Bett, damit die Berta nicht rausfallen kann.

Der Sommer ist kühl, es regnet oft, aber wir haben immer was zu tun in der Borstei unter den Häuserdächern und auf den Kellerstufen und spielen Krieg und Watten und die Monika bläst Blasen aus Spucke.

Ein Bub, der im 4. Stock vom Haus mit dem Aschentonnenraum wohnt, ist gerade mit seiner Familie aus Amerika angekommen und hat Tuben mit klebrigem Zeug in verschiedenen Farben mitgebracht. Das allerwichtigste ist, daß wir nett zu ihm sind, damit er uns die Tuben bringt. Die Monika muß keine Spucke mehr sammeln, weil man aus diesem Gummizeug von Amerika bessere Sachen machen kann als zitternde Spuckeblasen, die platzen.

Man muß nur ganz unten auf die Tube drücken, und schon kommt vorne ein Ball raus oder eine Birne oder eine lange Banane. Die Berta macht Würste bis die Tube leer ist, und weil das nicht lang dauert, tut sie dann so scheinheilig und bettelt, bis der Bub ihr eine neue bringt, und so bekommt sie die meisten Tuben. Ich traue mich nicht zu betteln und deshalb bin ich sehr sparsam und schaue lieber den anderen zu und hebe mir meine Tube auf so lange ich kann.

Zu unserem Unglück bleibt der Bub aus Amerika nicht in der Borstei, aber eine Frau Weiss mit viel Geld ist mit dem Ozeandampfer aus New York eingetroffen und sobald wir erfahren haben wo sie wohnt, machen wir uns auf, die Berta, die Ruth Potok, der Bubi Gelber, der Majk Wiener, der Eddie Garbarski und der Daniel Zelkovich, der seine kleine verkrümmte und geplagte Mutter in den Busen gebissen hat, und ich und gehen rüber in die Hildebrandtstraße. Im 3. Stock wohnt die Frau Weiss, und wie die sich über unseren Besuch freut! Sie klatscht in die Hände mit den knallroten Fingernägeln und tut so, als ob sie noch nie in ihrem Leben irgendwelche Kinder gesehen hätte.

Irgend etwas muß sie uns doch schenken. Ob wir Kaugummi mögen, will sie wissen, und geht zum Schrank und schleppt einen schweren braunen Lederkoffer raus. Den stellt sie waagerecht auf den Tisch mit der gehäkelten Tischdecke im Wohnzimmer und drückt mit beiden Daumen auf die goldenen Schlösser und als sie aufspringen, da wird es uns schwindlig von den Reihen und Reihen mit roten Ovalen, wo draufsteht »Dubble« und blauen Ovalen, wo draufsteht »Bubble«. Mindestens hundert Schachteln liegen im Koffer und in jeder Schachtel sind nochmal mindestens 100 Stück von Dubble Bubble in Stößen aufgereiht.

Der Bubi und die Ruth bekommen eine Schachtel zum Teilen, weil sie Cousins sind und zusammen wohnen. Die Berta und ich bekommen auch eine Schachtel zum Teilen, weil wir Geschwister sind. Der dicke Majk bekommt eine ganze Schachtel für sich allein, denn er ist ein Einzelkind und der schöne Eddie auch und der verwöhnte Daniel auch. Schade, daß ich kein Einzelkind bin, aber ich bin froh, daß die Friede noch keine Zähne hat, und wenn ich jedes Stück Dubble Bubble in der Mitte in Hälften teile, dann habe ich genau so viel wie die Einzelkinder.

»Kommt so oft ihr wollt, Kinder!« ruft die Frau Weiss von der Türe her, als wir die Treppen runterpoltern und wir versprechen es hoch und heilig.

Die Mutti hat mir erzählt, daß die Frau Weiss uns so gern mag, weil sie keine Kinder kriegen kann. Auch die schwarze Frau Glücksmann kann keine kriegen. Die ist keine Negerin, aber sie hat schwarze Haare und deshalb nennen die Mutti und der Papa sie so. Die Frau Glücksmann wohnt im 3. Stock im Haus auf der linken Seite von der Anlage, und jeden Tag, wenn es nicht regnet, schaut sie zum Fenster raus und beobachtet uns beim Spielen. Sie hat traurige Augen, weil sie so gern ein Baby will. Wenn man aber sterilisiert ist, kann man keines bekommen. Die Mutti und der Papa reden in Jiddisch über andere Leute und Sachen, die ich nicht wissen soll, aber ich weiß doch, was sie sagen. Die Mutti sagt, daß die Frau Glücksmann eine Madscharin ist, und redet recht abfällig von den Madscharen und daß sie sich nicht oft waschen. Aber mir tut die Frau Glücksmann sehr leid.

Zur Frau Dr. Obermayer im 2. Stock gehen wir jede Woche, die Mutti, die Friede und ich, und schenieren tu ich mich jedesmal, weil die Friede ausgerechnet dann in die Windeln groß macht, wenn sie zum Messen und Wiegen kommt.

Die Frau Dr. Obermayer ist größer als die Mutti, aber sie hat keine Figur und sieht eher aus wie eine Schachtel. Sie trägt eine kurze braune Dauerwelle und hat lange, hervorstehende Vorderzähne, dicke Lippen, eine kräftige Stimme und ein breites, steifes Stampfbein wegen der Kinderlähmung. Das steife Bein steckt in einem braunen, dicken, elastischen Strumpf und der Fuß von dem steifen Bein ist so geschwollen, daß er aus dem schwarzen Klotzschuh überall rausquillt. Die Frau Dr. Obermayer zieht das steife Bein nach beim Gehen und es tut bestimmt weh, aber sie beklagt sich niemals darüber und sie ist immer freundlich zu mir und zu der Mutti.

Die Friede findet sie besonders reizend, auch wenn sie noch so stinkt beim Auswickeln und da liegt wie eine gedämpfte Bockwurst im Senf. Die schmutzigen, pitschnassen Windeln darf ich runtertragen zum Bidet in unserem Badezimmer und hin- und herschwenken im warmen Wasser, aber die Senfflecken gehen nicht raus, sogar die Frauen in der Wäscherei können da nichts machen.

8.

Die Berta will ihre orthopädischen Stiefel nicht mehr tragen, weil sie findet, daß sie wie ein Trottel damit aussieht, und klagt, daß die andern im Kindergarten sie verspotten. Aber der Papa macht sich viel Sorgen um unsere Gesundheit und will das Ärgste verhüten und krumme Füße vermeiden. Da er große Stücke auf die Ärzte hält, und noch größere auf die Spezialisten, meldet er die Berta und mich zur Untersuchung bei einem Orthopäden in der Dachauerstraße an.

Der weiße Kittel vom Arzt genügt, um die Berta aus dem Gleichgewicht zu bringen, und bevor der Herr Doktor noch Grüß Gott sagen kann, heult sie schon. Der Arzt hat ihren Fuß noch nicht mal angelangt, da geht's los, »aua«, und nochmal, »aua«, als unsere Füße in eine kühle flüssige Masse in einer Wanne aus Zinn eingetaucht werden.

»Tut ja gar nicht weh«, versichert der Arzt.

»Aua«, schreit die Berta trotzdem.

»Nimm dir doch ein Beispiel an der Laura«, sagt der Papa ganz deutlich.

Wir müssen eine Weile still sitzen bis der Wecker schrillt und die Schwester meine Füße und Bertas Füße mit einem schnellen Ruck aus dem Teig in der Wanne rauszieht, daß es laut schmatzt. Als sie uns ein weißes Emaille Becken mit warmem Wasser bringt, zum Füßewaschen und ein hartes Frotteehandtuch zum Abtrocknen, sagt der Papa, »nicht faul sein, gut trocknen zwischen den Zehen.«

Der Doktor will, daß wir barfuß hin und her spazieren, von der Türe bis zum Fenster, damit er unsere Gangart studieren kann durch seine dicken Brillengläser.

»Die Laura hat Hammerzehen«, verkündet er dem besorgten Papa.

»Aber das werden wir korrigieren, keine Angst.«

»Mit der Berta werden wir sehen, wenn der Gipsabdruck fertig ist.«

Zum Abschied bekommen wir Lutscher, die Berta einen gelben und ich einen roten, meine Lieblingsfarbe. Jetzt heult die Berta nicht mehr. Der Papa sagt, daß wir in guten Händen sind und freut sich schon auf die nächste Woche, aber ich mich nicht, weil ich leider Hammerzehen habe und das habe ich bis jetzt nicht gewußt.

Als wir eine Woche später zum Arzt gehen, will die Berta wieder einen Gipsabdruck in der Wanne machen, obwohl sie das letztemal so geheult hat. Der Doktor zeigt uns die fertigen Gipsfüße. Die Höhle von meiner Fußsohle ist ausgeprägter als die von der Berta.

»Die Berta hat eine Neigung zum Plattfuß, Herr Stöger, wie Sie sehen können.« Der Doktor zeichnet einen schwarzen Bogen auf Bertas weißen Gipsfuß. »Wir werden eine neue Stütze für die Berta anfertigen, und ich rate dringend, daß sie die orthopädischen Stiefel weiterhin fleißig trägt zur Korrektur, damit jeglicher Schaden für die Zukunft vermieden wird.«

Jetzt ist er endlich fertig mit seiner intelligenten Rede und glotzt die Berta an, die nur das mit »orthopädischen Stiefel weiterhin fleißig trägt« kapiert und losheult.

»Ich will nicht«, schreit sie und stampft mit dem linken Fuß, und »du mußt«, schreit der Papa, und schaut sie streng an, da heult die Berta noch lauter. Zur Gymnastik will sie nicht gehen und ich habe auch keine Lust, aber der Papa sagt, daß die Gesundheit wichtiger ist als alles andere und daß wir dankbar sein müssen und daß sich andere Eltern nicht so um ihre Kinder kümmern wie die Mutti und der Papa.

»Das Allergesündeste ist Barfußgehen, Kinder«, meint der Papa und ist überzeugt davon, denn er spricht aus Erfahrung.
»Ihr sollt nur auf die Mutti und den Papa hören und alles andere ignorieren, das kann ich euch nur raten, denn wir wollen das Beste für euch. Was andere sagen, soll euch nichts angehen.«
Der Papa weiß was er sagt, denn er zahlt schweres Geld für unser Barfußgehen und die Übungen in der Gymnastikstunde, damit wir lernen wie man einen Ball im Liegen mit den Füßen einander zuwirft und auffängt und wie man mit den Zehen einen Bleistift und ein Lineal anpackt und vom Fußboden aufhebt, so wie es die Affen machen im Tierpark Hellabrunn.

9.

Am Nachmittag des ersten Schultags nach den Sommerferien stauen sich die Schüler beim Betge und das winzige Schreibwarengeschäft ist dermaßen überfüllt, daß wir uns im Schatten vom Torbogen in einer Reihe anstellen müssen. Das dünne Fräulein Paula mit den zu großen Zähnen, die immer lächelt, weil sie den Mund nicht zumachen kann, rennt rum wie ein gehetztes Wild, um die Kunden zufriedenzustellen.

»Es ist alles genug da«, versichert sie uns lächelnd, »keine Angst, wir haben alles.«

Der Vorratsraum vom Betge ist bestimmt größer als der Laden selbst, denn die Radiergummis und die Bleistifte No. 2, und die linierten und karierten Hefte, die Mappen und die weißen Schildchen zum Aufkleben sind alle da, als ob die Frau Betge selbst heute früh bei dem Fräulein Framing in der Klasse gewesen wäre und mitgehört hätte, was sie uns diktiert hat.

Die Frau Betge, die aussieht wie eine dicke Nudel mit verkniffenen Lippen, gibt dem Fräulein Paula Befehle, während sie selbst bei der Kasse steht und das Geld einsteckt. Die Mutti und der Papa sagen, der Betge-Laden ist eine Goldgrube.
Als ich mit meinen neuen Schulsachen zu Hause ankomme, steht

ein Mann, der viel jünger aussieht als der Papa, im Gang von unserer Wohnung. Schön ist er mit seinen schwarzen gewellten Haaren und gut riecht er auch. Die Mutti und der Papa stellen ihn vor als den Herrn Mottl Wohlhändler, unseren neuen Untermieter. Den brauchen wir, damit wir uns die Wohnung leisten können.

Mit der Berta hat er bereits Bekanntschaft gemacht, die Mutti und der Papa rufen ihn beim Vornamen, obwohl sie ihn nicht duzen, und zur Berta und zu mir sagt er, wir sollen ihn Mottl nennen und »du« sagen, das wäre ihm sehr angenehm.

Er hat feine Manieren, der Herr Mottl, und er redet leise zu uns, nicht so laut wie der Papa. Die Berta und ich sind ganz aufgeregt, daß wir so einen netten Untermieter bekommen haben. Der Mottl sagt, wir können ihn jederzeit in seinem Zimmer besuchen, nur anklopfen sollen wir vorher, das wäre höflich. Der Mottl spricht Jiddisch so wie die Mutti und der Papa und wenn sie sich unterhalten, dann reden sie viel über mich, weil sie denken, daß ich es nicht verstehe, aber ich verstehe fast alles und tu nur so, als ob mir das Gespräch gleichgültig wäre.

Beim Mottl im Zimmer steht ein Plattenspieler und an der Wand entlang hat er seine Platten senkrecht aufgereiht. Er hat herrliche Tangos, Opern-Arien, Lieder von der Synagoge und von der Edith Piaf und jiddische Lieder aus seinem Heimatland Polen.

Unter der Woche müssen die Berta und ich um 19 Uhr nach dem Betthupferl im Radio schlafen gehen. Am Mittwoch abend ist das Wunschkonzert im Radio und da läßt die Mutti ausnahmsweise die Türe von der Küche und die Kinderzimmertüre offen, damit wir in unseren Betten zuhören können. Aber am Nachmittag nach den Hausaufgaben und am Sonntag darf ich in Mottls Zimmer und Platten hören. Der Mottl weint nicht bei der Musik, obwohl er auch ein Waisenkind ist so wie die Mutti und der Papa. Der Papa weint aber nur, wenn er nicht singt. Drum sag ich ihm gleich, er soll mitsingen mit den Platten.

Die zwei Lieblingslieder vom Papa und von mir sind »Belz« und »Vi is dus Gässele«. »Belz« singt eine Männerstimme und das »Gässele« singt eine Frauenstimme, und, weil beide von der verlorenen Heimat erzählen, ist es kein Wunder, daß die Mutti und der Papa weinen müssen.

Wenn der Mottl genug hat von der Sehnsucht und vom Heimweh, wischt er die traurigen Platten behutsam mit einem weichen Poliertuch ab und stellt sie zurück in ihr Fach und sucht die Platten mit den Witzen aus und legt sie auf, gleich drei aufeinander. Dann hole ich den schweren, gläsernen Aschenbecher aus der Küche und die Mutti, der Papa und der Mottl zünden ihre Zigaretten an und lachen sich tot.

Die Berta hat gehofft, daß der Papa vergessen hat, daß sie eine schlechte Angewohnheit hat und ihre Nägel beißt. Leider hat er sich auf einmal erinnert, was ihn so gestört hat, und jedesmal, wenn er auf das Nägelbeißen aufmerksam wird, haut er der Berta auf die Hände; umsonst, denn sie beißt weiter und tiefer bis zum Blut.

»Jetzt ist Schluß mit dem Beißen.« Der Papa bringt eine grüne Tünke an und zusammen mit der Mutti schmiert er die bittere Galle mit einem Pinsel auf Bertas stumpfe verstümmelte Fingernägel. Manchmal vergißt die Berta, daß ihre Nägel nicht gut schmecken, und wenn der Papa sie erwischt beim Nagen, rennt er ihr mit der scharfen Papierschere nach bis der Mottl die Berta vorm Abschneiden der Finger rettet und dem Papa die Türe vor der Nase zuhaut.

Vor den Hohen Feiertagen müssen wir zum Gepure Schlugn gehn, hat der Papa gesagt, damit uns kein Unglück passiert im neuen Jahr. Wir fahren mit der Straßenbahn in die Möhlstraße, wo die Männer in dunklen Anzügen und Hüten auf und ab gehen und von Gesundheit und Parnuße sprechen.
Zuerst gehen wir spazieren und bekommen Wrigley's Kaugummi von den Erwachsenen, damit wir sie nicht stören beim Verhandeln, wenn sie sich streiten und mit den Händen rumfuchteln. Als der Papa fertig ist mit seinen Bekanntschaften, und dem Begrüßen und dem Verabschieden, schleppt er uns durch einen Hintereingang in ein Geschäft, wo im düsteren und verstaubten Lagerraum stinkende Hühner hinter einem Netz rumgackern.

»Kinder, stellt euch in die Mitte und rührt euch nicht vom Fleck.« Der Mann mit dem Bart, der auf einem Schemel in der Ecke ein Buch gelesen hat, packt ein Huhn mit beiden Händen, stellt sich vor uns hin und kreist die Henne, die hysterisch mit den Flügeln rumschlägt, daß die Federn fliegen, über unseren Köpfen dreimal rum, wobei er in einer weinerlichen Stimme irgendwas in Hebräisch jammert und mit den Augen rumkugelt.

50

Als er fertig ist mit seinem ganzen Getue, kommen die Mutti und die Friede dran. Die Friede schreit lauter als die Henne. Für den Papa holt der Mann einen Gockel, und als er fertig ist mit dem Rumkreisen und Rumweinen, will er, daß der Papa ihm sogar noch Geld gibt, weil er für uns gebetet hat.

10.

In der Schule an der Leipzigerstraße habe ich keine Freundin, aber der Bubi und der Majk sind in meiner Klasse. Mit denen gehe ich zu Fuß zur Schule und nach Hause und das ist ein Glück, denn sonst verhaut mich der Karli. Auf dem Heimweg schließt sich uns manchmal die Marianne Kellermann mit den Schleifen auf dem Kopf an. Die wohnt auch in der Voitstraße. Die Marianne hat immer Kleingeld und deswegen kann sie sich mehr Sachen am Standl kaufen. Meistens gibt sie mir was von ihrem Kaugummi. Die Mutter von der Marianne wird in der Borstei geschätzt und verehrt, weil sie eine richtige Dame ist.

Manchmal sieht man die Frau Kellermann, wie sie in einem feschen Kostüm die Anlage überquert, und elegant schaut sie aus in ihrem Hut mit dem Netz. Aber wahrscheinlich ist sie so häßlich, daß sie ihr Gesicht verbergen muß hinter dem großtuerischen Netz. Da ist meine Mutti bestimmt tausendmal schöner als die hochtuende Frau Kellermann mit den blauen Haaren. Die Marianne mag ich aber gern, obwohl ich sie nur am Heimweg von der Schule sehe, weil ihre Mutter sie mit der Berta und mit mir nicht spielen läßt.

Der Papa hat beschlossen, daß ich alt genug bin, die zwei Halte-stellen zur Schule mit der Straßenbahn zu fahren. Aber vorher muß ich die Verkehrsregeln und die Verkehrszeichen lernen.

»Das gelbe Licht ist am wichtigsten, Laura. Niemals bei Gelb über-queren, nur bei Grün und nie rennen, sondern große Schritte machen.«

Als der Papa zufrieden ist mit meinen neuerworbenen Kenntnissen, läßt er mich auf den Vorstadtverkehr los und wählt für meine erste Trambahnfahrt auf der Linie 1 nach Moosach einen Nachmittag, an dem ich zur Handarbeit in die Schule muß.

Mit Fünferl und Zehnerl im Portemonnaie mache ich mich auf zur Dachauerstraße, vorbei beim Zahnarzt Gregg und beim Gemüsestand. Bei der Verkehrsampel bleibe ich stehen und warte auf das grüne Licht, drehe den Kopf, und nicht nur die Augen, nach links und nach rechts und überquere die Straße in einer geraden Linie zur Haltestelle. In der Ferne sehe ich die weiß-blaue Trambahn anschleichen wie eine Raupe, die größer wird, je näher sie kommt, bis sie quietschend und kreischend vor mir anhält.

»Baldurstraße – Borstei!« schreit der Schaffner und reißt die schwere Tür auf, daß ich einsteigen kann. An seinem dicken Bauch ist ein Münzenapparat angeschnallt. Mit dem klimpert und klirrt er herum und drückt auf metallene Knöpfe, daß die Zehnerl und Fünferl und Fuchzgerl rausschießen.

Draußen steht der Papa hinter einem Baum. Ich schau weg und tu so, als ob ich ihn nicht gesehen hätte. Der arme Papa. Rast er jetzt vielleicht den ganzen Weg zur Schule mit der Straßenbahn mit?

Bei der Feldmochingerstraße steige ich aus und geh am Standl vorbei zur Leipzigerstraße. Die ist ganz schmal und hat keine Verkehrsampel. Ich dreh meinen Kopf so wie es der Papa befohlen hat. Da seh ich ihn schon wieder hinter einem Baum lauern. Wie kann er so schnell rennen? Ich tu so, als ob nichts wär und geh zu meiner verhaßten Handarbeitklasse. Später, auf dem Heimweg, als ich an der Haltestelle warte, springt auf einmal der Papa hinter einem Baum hervor, kommt schnell rüber über die Schienen und lobt mich in den Himmel, weil ich so ein gutes Kind bin und dem Papa gefolgt habe. Zusammen fahren wir mit der Straßenbahn nach Hause und der Papa schenkt mir eine Mark.

11.

»Was soll ich sagen, Papa, wenn die anderen Kinder wissen wollen, was ich bin, evangelisch oder katholisch?«
Wir sitzen am Küchentisch, und der Papa putzt seine Brillengläser mit Andacht. Der Papa überlegt.

»Sage, du bist musikalisch.«
»Aber Papa ...«,

»Laura, sage, du bist musikalisch und Schluß!«

»Papa, bitte mach dich doch nicht lustig, die lachen mich doch alle aus, wenn ich sowas sag.«

»Wer lacht dich aus, Laura, wer?«

»Alle, Papa, alle lachen mich aus.«

»Sollen sie lachen.«

»Die Kinder sagen, ich bin überhaupt nichts, wenn ich nicht katholisch oder evangelisch bin.«

»Dann bist du eben nichts.«

»Aber an was glauben wir denn, Papa? Die Kinder wollen wissen, ob ich an Gott glaube.«

»Ja, sage, du glaubst an Gott.«

»Aber an welchen denn, Papa? Wir glauben doch nicht an Jesus. Die Kinder sagen, daß die Juden die Mörder vom Jesus sind, und im Religionsunterricht hab ich gehört, daß die Juden den Jesus gekreuzigt haben.«

»Schmarrn, Laura. Die Römer haben den Jesus gekreuzigt, nicht die Juden. Das kannst du den Kindern sagen.«

Der Papa hat keine weitere Antwort. Einige Tage später, fährt er mit mir in der Straßenbahn zur Möhlstraße und schreibt mich dort in den Hebräisch-Unterricht ein. Jetzt kann ich jeden zweiten Sonntag Vormittag nicht mehr in die Anlage zum Spielen gehen, weil ich lernen muß wie man hebräische Hieroglyphen schreibt, und langweilig ist das zum Kotzen.

Der Lehrer hat einen hellgrauen Bart und trägt zu kurze Hosen mit zerrissenen Taschen und grübelt und glotzt zum Fenster raus. Nach der Stunde holt mich der Papa ab und geht bissl spazieren mit mir in der Möhlstraße, wo mich alle seine Bekannten in die Backen kneifen und mich ein scheines Meidl nennen. Manchmal holen wir noch Gänsewurst beim koscheren Metzger ab, wo es ganz furchtbar stinkt, aber die Wurst riecht prima, die mag ich gern, und dann bin ich froh, wenn ich wieder zu Hause bin und spielen kann oder lesen oder Platten hören beim Mottl im Zimmer.

Die Frau Gusta Schmaye hat der Berta und mir Halsketten von einer ihrer Reisen mitgebracht. Es sind Anhänger mit einem silbernen Davidstern auf rundem Perlmutt, das mit einem Kränzchen von glänzenden Edelsteinen umrahmt ist. Es ist mein allererster Schmuck.

Die Frau Schmaye ist klein und mollig und wohnt mit ihrem Mann, dem Herrn Schmaye, der groß und dünn ist, in der Ladenstraße vor dem Torbogen; und sie warten auf ihr Visum nach Brasilien. In der Zwischenzeit fährt die Gusta Schmaye von einem Kurort zum anderen und schickt uns farbige Ansichtskarten aus der Schweiz und Österreich, während ihr Mann mit dem Baby und der Hanni und der Kinderschwester zu Hause bleibt in der Borstei.

Die Hanni ist ein Jahr jünger als ich und muß viel Griesbrei essen und wird immer noch gefüttert wie ein kleines Kind, und ohne die Schwester darf sie nicht aus dem Haus.

Wenn die Frau Schmaye von ihren Kuren zurückkommt, liegt sie im Bett und lutscht Schokolade. »So ein Mann wie der Herr Schmaye ist Gold«, sagt die Mutti.

Der Herr Schmaye erzählt dem Papa viel von Brasilien und will, daß sich der Papa gut überlegt, ob wir auch dorthin ziehen sollen. Der Herr Schmaye schwärmt, daß das Leben dort nicht teuer ist, und daß die Dienstmädchen in Brasilien fast kein Geld kosten.

Der Papa zweifelt, daß er dort Parnuße haben könnte, und außerdem sagt er, daß er lieber im friedlichen Tannenwald von Deutschland spazieren geht, als im Urwald vom Amazonas mit den schwatzenden Papageien. Auf das erklärt ihm der Herr Schmaye, daß er nach Sao Paulo zieht, und daß dort gar kein Urwald ist, aber der Papa hat Angst, daß er jetzt zu alt ist um Portugiesisch zu lernen, und deshalb bleiben wir in Deutschland.

Einmal schickt uns der Herr Schmaye einen ausgedörrten Mann in einem schwarzen Lumpenmantel, der Geld für Erez Israel zusammennimmt. Der Papa gibt ihm viel zu viel und die Mutti schreit und regt sich auf, weil der Papa ein gutes Herz hat und fremden Leuten Geld gibt.

Fast jeden Sonntag klingeln zwei Zeugen Jehovas bei uns an der Wohnungstüre. Die wollen kein Geld, die wollen nur, daß wir aufwachen von der Finsternis, und die Zeitschrift »ERWACHET« halten sie vor ihre Gesichter wie die Tafeln von den Zehn Geboten. Sie beschwören die arme geplagte Mutti, die keine Zeit hat zum Zuhören, weil sie kochen muß, und obwohl sie die Türe zumacht, bleiben die aufdringlichen Zeugen im Hausgang und hören nicht auf zu reden vom Sinn des Lebens und der Gnade Gottes.

12.

Die Tage werden kürzer. Allerheiligen und Allerseelen gehen vorbei und die Mutti kauft uns einen neuen Adventskalender, noch größer und noch prächtiger, als der vom vorigen Jahr.

Am 6. Dezember kommt der Nikolaus in die Schule, aber ich weiß genau, daß es nur der Hausmeister ist. Hanukkah feiern wir beim Mottl im Zimmer und zünden die Kerzen an und singen mit den Platten mit.

Die Berta und ich haben immer noch keine warmen Stiefel für den Winter. In meiner rechten Schuhsohle ist ein Loch und das wird noch größer, als wir den vereisten Abhang vor dem Goldfischteich runterrutschen, und so tun, als ob wir Schilaufen können.

Wenn die Mutti und der Papa mal spät ausbleiben, dann treiben wir uns in der Ladenstraße rum, wenn es dämmert, und drücken unsere roten Nasen an den erleuchteten Schaufenstern platt, wo es weihnachtlich glitzert und schimmert. Zu Hause ist es dann aber doch am schönsten, weil es warm ist in der Wohnung von der Dampfheizung und, weil wir froh sind, daß wir nicht draußen in der Kälte schlafen müssen, wo die Anlage leer steht und kahl, und nur die dicken rostigen Schrauben zwischen den Ziegelsteinen an die Bänke von der Sommerzeit erinnern.

Kurz vor Weihnachten kaufen uns der Papa und die Mutti gefütterte Halbstiefel beim Schuhe Braun in der Nähe vom Marienplatz. Braun ist ein ganz modernes Geschäft, weil es einen Durchleuchtungskasten hat. Das ist was Neues, sagt der Papa, der beeindruckt ist vom Fortschritt, und sich im grünen Licht vom Guckfenster vergewissert, daß die Schuhe nicht zu klein für unsere Füße sind.

Während die Berta im Sessel hocken muß beim Messen und Tasten und Drücken für ihre neuen Winterstiefel, sause ich vorne bei der Eingangstüre im Karussel rum bis mir ganz schlecht ist und ich brechen muß.

Am Heiligen Abend hören wir, wie oben die Frau Dr. Obermayer und der Herr Professor »Stille Nacht, Heilige Nacht« am Flügel singen. Schade, daß ich keine Christin bin, denn ich würde so gerne auch Weihnachten feiern, nicht wegen den Geschenken, sondern wegen dem Christbaum mit den Kugeln und wegen den andachtsvollen, langsamen Liedern.

Und dann kommt der Sylvester-Abend und da geht es lustig und laut zu beim Müller, wo sich die Leute besaufen und eine Gaudi machen und bis spät in die Nacht zum Fenster raus grölen, um den Einwohnern der Borstei ein gutes neues Jahr zu wünschen, daß niemand einschlafen kann.

Beim Mottl im Zimmer wird geraucht und Sekt getrunken, aber wir Kinder müssen ins Bett. Als um Mitternacht die Raketen draußen rumschießen und die Anlage beleuchten, bin ich noch auf und schau durch die Ritzen der Fensterläden und freu mich auf das Jahr 1955.

Am Neujahrstag ist es ganz ruhig im Haus, weil sich die Leute ausruhen müssen. Aber eine Woche später, am Tag der Heiligen Drei Könige, da geht es wieder zu. Die Türglocke klingelt fast ohne Unterbrechung, so viele Könige aus dem Morgenland kommen, damit die Mutti ihnen Geschenke gibt. Manche singen ein Lied und manche stehen nur da und strecken die Hände aus.

Und dann steht in der Zeitung und auf jeder Plakatsäule, daß der Zirkus Krone auf der Theresienwiese sein Zelt aufgeschlagen hat, und der Papa kommt aus der Stadt mit Karten für die Loge zurück.

Draußen schneit es, aber im Zelt ist es warm und als wir in unseren blauen Plüschsesseln sitzen, verkündet der Papa, daß er heute eine Ausnahme macht und in der Pause Langnese-Eis holt für uns, aber daß wir uns nicht bekleckern dürfen. Obwohl mir außer der Blasmusik und den Affen in Kinderkleidern nichts am Zirkus gefällt, weil mir die armen, gepeitschten Elephanten und die schnaubenden Pferde mit den traurigen Augen so leid tun und, weil die Zuschauer über die Clowns lachen, wo sie doch so unglücklich sind und noch blöd dazu, wenn sie sich beim Rumstolpern und Rückwärtsgehn die Knochen anhauen, so bleibt nur das Eisessen im Winter als eine schöne Erinnerung an einen unerhörten Luxus.

Im Fasching liege ich mit vereiterten Mandeln und Fieber im Bett, während die Berta als böse Hexe mit einem Besen und die Ate in der Borstei rumrennen und Unfug treiben. Die Berta ist gesund wie ein Pferd, sagen die Mutti und der Papa mit echter Bewunderung. Mir geben sie den scheußlichen Kamillentee zum Trinken und aufgelöstes Bayer Aspirin auf einem Teelöffel mit Wasser. Dreimal am Tag steckt die Mutti mir einen Fiebermesser mit Vaseline in den Popo und wenn sie es rauszieht, wischt sie es mit einem Kleenex ab und zeigt es dem Papa zur Begutachtung. Zweimal am Tag bekomme ich heiße Kartoffelwickel um den Hals gelegt und zweimal am Tag werde ich nach dem Abwickeln gewaschen und die Mutti bringt mir ein frisches Nachthemd. Halsweh-Tabletten muß ich lutschen und ich kann nicht zur Ruhe kommen während meiner Krankheit wegen dem Fiebermessen, den zerquetschten Tabletten, den Zäpfchen, den Halswickeln, dem Vick-Vaporub-Einschmieren, dem Zudecken und dem Aufdecken, dem Medizineinnehmen, dem Safttrinken, dem Teetrinken und dem Schwitzen und dem Waschen. Wie soll ich da meine Micky-Maus-Hefte vom Betge lesen?

Drei Tage muß ich fieberfrei sein, bevor ich wieder in die Schule darf. Die Mutti gibt mir einen Entschuldigungszettel für die Lehrerin mit einer Mitteilung vom Papa, daß ich zwei Wochen nicht turnen darf, damit ich nicht überhitzt werde. Das ist das einzig Gute am Kranksein, weil ich das Turnen so hasse wie die Handarbeit.

Die Mutti und der Papa bestellen Matze in der Möhlstraße für Pessach. Zum Seder bei Bekannten dürfen wir dieses Jahr noch nicht mitgehen, weil es unter der Woche ist und zu spät wird am Abend für Kinder. Der Papa sagt, wenn ich zehn Jahre alt bin, dann darf ich beim Seder aufbleiben.

Der Flieder blüht schon in der Anlage und es ist so warm, daß wir am Ostersonntag unsere neuen weißen Kniestrümpfe anziehen dürfen, und die neuen, dunkelblauen Faltenröcke mit den gestreiften Pullis, die die Mutti beim Oberpollinger gekauft hat.

Der Papa schenkt der Frau Dr. Obermayer eine Packung Matze und dem Fräulein Nothaft in der Borstei-Verwaltung auch, und weil die Ate bei der Berta so bettelt, bekommt sie auch eine.

Während der Osterferien spielen wir Räuber und Schandi. Ich bin lieber der Räuber, weil ich dann den ganzen Nachmittag im leeren Brunnen am Ende der Borstei in der Dachauerstraße sitzen kann und ein Buch lese während die Schandis überall rumrennen und mich suchen. Meistens sitzen wir aber auf der kleinen Mauer beim

Elch in unserem Hof, wo die Marienkäfer und Raupen rumkriechen.

Die Ate und die Monika und der Rainer betteln, daß ich ihnen unser Baby zeigen soll. Ich kann sie kaum die Treppen runterschleppen, so schwer ist die Friede, und als sie von allen wegen ihrer Größe und ihrem Gewicht bewundert worden ist, trage ich sie zurück, die steinernen Treppen rauf zum Hauseingang. Da fällt sie mir runter und haut sich den Kopf an und blutet und muß gleich zur Frau Dr. Obermayer rauf, wo sie ein Pflaster auf den Kopf kriegt und ich eine Watsche vom Papa.

Der Bubi und der Majk wollen uns ihre Zipfel zeigen, aber nur, wenn wir unsere Unterhosen runterziehen und uns auf die Bank in der Anlage legen, in der Nähe von den Treppen zum Hof, und uns von ihnen untersuchen lassen. Untersuchen lassen wollen wir uns aber nicht, die Berta und ich, nur schnell hinlegen, und der Bubi und der Majk müssen die Augen zumachen bis wir uns hingelegt haben, dann dürfen sie schauen, aber nicht zu lang. Der Bubi und der Majk sind mit allem einverstanden und ihre dünnen Zipfel, die aussehen wie gespitzte Bleistifte, lassen sie uns auch anlangen und es macht ihnen gar nichts aus, sogar nicht, wenn ich ein bißchen drauf drücke.

Die Frau Gelber hat die Mutti angerufen und ihr mitgeteilt, daß der Bubi mit mir ins Kino gehen will.
»Welches Kino?« will die Mutti wissen, und »Kennt er denn den Weg?«
Die Frau Gelber schreit so laut durchs Telefon, daß ich jedes Wort verstehe.
»Der Bubi kennt sich gut aus, Frau Stöger, machen Sie sich keine Sorgen.« Die Frau Gelber freut sich, weil sie mich als Schwiegertochter haben will, für die Zukunft.
»Und was für ein Film wird gespielt?« fragt die Mutti.
»Etwas amerikanisches«, schreit die Frau Gelber.

Der Bubi holt mich am Sonntag Nachmittag ab und wir fahren mit der Trambahn zur Feldmochingerstraße. Von dort müssen wir einen ganz langen, staubigen Weg in der Hitze zu Fuß gehen. Das Kino ist in der Pelkovenstraße in einem alten, baufälligen Gebäude, das aussieht als ob es jeden Moment zusammenbrechen würde. Vorne, auf der Reklame ist ein Farbbild von einer Frau mit wilden, lockigen schwarzen Haaren und einem ganz großen Busen, der aus dem Kleid vorne raushängt.

Drinnen im Kino ist es kühl und kein Mensch ist da. In der Wochenschau sehe ich die Königin Elizabeth aus einem Flugzeug aussteigen und dann fängt der Film an, etwas Spannendes, wo Männer von Dach zu Dach springen und sich jagen. Am Ende spielt Geigenmusik und zwei große Köpfe küssen sich auf der Leinwand. Als der Bubi und ich zu Hause ankommen, freut sich die Frau Gelber noch mehr als die Mutti, daß wir schon so erwachsene Kinder sind.

Anfang Juli ist das Wetter so schwül, daß die Lehrer mehr auf das Barometer schauen als auf die Tafel und niemand mehr ans Lernen denkt. Wenn es zu heiß ist, bekommen wir keine Hausaufgaben und manchmal haben wir sogar hitzefrei. Am 15. Juli steht in meinem Zeugnis, daß ich eine gewissenhafte und fleißige Schülerin bin und daß mein Betragen sehr lobenswert ist. Im Singen habe ich einen Einser bekommen. In Deutscher Sprache, Schrift, Heimatkunde und Rechnen habe ich einen Zweier, und im Turnen und in der Handarbeit einen Dreier. Der Papa gibt mir Geld für mein Zeugnis.

Während der Schulferien dürfen wir sogar noch nach dem Abendessen in die Anlage, weil es hell draußen ist. Aber gegen neun Uhr, wenn die Mutti noch nicht zum Fenster rausgeschrien hat, »Laura, Berta, rauf«, schickt uns der Nachtwächter nach Hause, weil man den Wurzelsepp in der Umgebung gesehen hat.

Ausgerechnet an dem Samstag, wo ich mit der Berta und der Ate zur Flugzeug-Schau auf dem Oberwiesenfeld gehen wollte, sind Gäste aus Israel bei uns eingetroffen und sitzen im Eßzimmer rum, während ich auf die Friede aufpassen muß, damit die Mutti und der Papa ihre Ruhe haben. Endlich trägt der Papa den Sportwagen runter, damit ich ihn mit der Friede auf und ab schiebe in der Voitstraße und in der Dachauerstraße, aber weiter weg darf ich nicht, sagt der Papa. Kaum ist er im Haus verschwunden, rase ich mit der Friede im Wagen den ganzen Weg zum Oberwiesenfeld, wo die Berta und die Ate beim Seil an der Rollstrecke stehen.

Die Fliegerkunststücke sind ganz toll und damit die Friede sie auch bewundern kann, hebe ich sie aus dem Kinderwagen raus und lehne

mich an das Seil mit ihr, aber, weil sie so schwer ist, fällt sie mir
schon wieder runter und knallt mit der Stirne auf den heißen Beton.
Die Ate, die Berta und ich rennen mit der verwundeten schreienden
Friede im Kinderwagen zurück in die Borstei, wo die Mutti und der
Papa schnell ein Hackmesser aus der Küche holen und es dem
armen Kind auf die geplatzte Stirnhaut drücken. Die Gäste verabschieden sich in Eile, und, weil sich der Papa bis jetzt beherrscht
hat, ist seine Wut vorbei und Prügel bekomme ich keine, sogar
nicht, als bei der Friede eine Beule zum Vorschein kommt, die so
groß ist wie ein Apfel.

Wenn die Schule anfängt, werden wir wieder nach Freising umziehen, weil die Mutti und der Papa das Restaurant in der Unteren
Hauptstraße neben dem Bäcker Lachner gepachtet haben. Das Gute
daran ist, daß die Berta und ich erst um Viertel vor Acht in der Früh
aufstehen müssen, weil die Schule gegenüber vom Restaurant ist
und wir im 1. Stock über dem Restaurant wohnen werden. Sonst
finde ich überhaupt nichts Gutes an diesem Umzug. Der Papa hat
gesagt, daß er die Wohnung in der Borstei behalten wird, und daß
wir im nächsten Jahr wieder zurückziehen werden nach München.

Der Sommer ist fast zu Ende, und die Berta, die Ate und ich treiben
uns im schwülen Wetter am Bahndamm rum, obwohl es der Papa
verboten hat. Wenn man neben dem Kohlenhof von der Borstei
über die Mauer steigt und den Abhang raufklettert, ist man gleich
am Bahndamm. Der Papa hat gesagt, daß es dort gefährlich ist, aber
das macht uns nichts aus, weil es auf der Wiese am Bahndamm viel
schöner ist als bei den langweiligen Besuchen bei den Bekannten.

Die Roßbachs haben uns eingeladen, und weil wir wieder am
Bahndamm waren und spät und schmutzig zu Hause ankommen,
schließt der Papa die Fensterläden, rollt seine Hemdsärmel auf,
nimmt die Brille ab, packt den Teppichklopfer, der im Gang bereit
steht, und haut uns so, daß wir große Schmerzen leiden müssen. Die
arme Friede hält sich am Tischbein im Eßzimmer fest und weint
mit, aus Mitleid.
»So. Jetzt ist Schluß! Wascht euch und zieht euch an!« Der Papa
wischt sich den Schweiß von der Stirne ab und setzt seine Brille wieder auf die Nase.
»Und merkt euch eins, Kinder, von zu Hause wird nichts erzählt!«
Und wir sagen kein Wort, als die Frau Roßbach uns fragt, warum
wir geweint haben.

Die Mutti und der Papa haben eine Annonce in die Süddeutsche Zeitung gesetzt, weil sie ein Kindermädchen für uns suchen. Eine Rosi Stöckl meldet sich und der Name paßt gut zu ihr, weil sie so dünn wie ein Steckerl ist. Rausgesetzte Zähne hat sie obendrein. Wir dürfen sie Rosi nennen und sie wird in Freising bei uns wohnen und hauptsächlich auf die Friede aufpassen, weil die Berta und ich schon sehr selbständig sind, sagt die Mutti.

IN DER UNTEREN HAUPTSTRASSE

I.

Das Haus, in das wir eingezogen sind, hat drei Stockwerke. Sobald man in den düsteren Eingang reinkommt, ist das Restaurant zur linken Seite. Geradeaus geht man durch eine dunkle Halle zum Hof und nach rechts sind die Stiegen. Riechen tut es furchtbar nach Moder und nach Feuchtigkeit und nach verschimmeltem Holz.

Das Restaurant ist in zwei große Räume eingeteilt. Der Vorderraum ist der eigentliche Speisesaal, wo man Essen und Trinken bestellen kann. Der Hinterraum, durch eine Verbindungstüre getrennt, ist die Bar, wo in der Nacht Musik spielt und wo getanzt wird. Hinter der Theke vom Restaurant, wo der Papa das Bier für die Kunden einschenkt, ist eine lange, schmale Küche, in der die kleine, runde Köchin, die Emma, der Mutti die bayerische Kochkunst beibringen wird. Durch die Küche geht man durch eine Hintertüre in den Hof raus, wo die Bierfässer stehen und die Blumentöpfe mit Geranien.

An der rechten Wand vom Speisesaal sind durch Holztäfelung abgetrennte Nischen mit Tischen und Bänken. Dort machen wir am Nachmittag unsere Hausaufgaben. An der Wand gegenüber funkeln und glänzen zwei Spielautomaten, die ein dumpfes Knarren von sich geben, wenn man den Hebel runterdrückt, und wenn Zehnerl und Fünferl und Markstücke rausfallen, sind wir ganz begeistert.

Neben den Spielautomaten steht ein Zigarettenautomat und daneben der warme, summende Musikautomat, an dem man sich elektrisieren kann und wo für 20 Pfennig eine Platte spielt und für ein Fuchzgerl gleich drei. In der Mitte stehen Tische und Stühle für vier Personen und an den Fenstern entlang auch. In der Bar ist es dunkel und es stinkt nach Zigarettenrauch und Bier und wir dürfen da nicht rein.

Im ersten Stock, gleich wenn man die Treppen raufsteigt, kommt man vor eine Türe und hinter der ist das stinkende Klo, mit einem braunen Holzdeckel zugedeckt. Neben dem Klo ist eine winzige Stube, wo gerade genug Platz für ein verstaubtes Klavier ist, für mich zum Üben, weil ich Klavierunterricht bekomme, von einem Fräulein in der Oberen Hauptstraße.

Wenn man sich von der Klavierstube am Treppengeländer entlang nach links wendet, dann steht man vor unserer Wohnung. Im Vorzimmer steht an der linken Seite ein Schrank mit Schubladen, daneben ein Tisch und vier Stühle und in der Mitte ist der hölzerne Laufstall von der Friede mit ihren Spielsachen und einem dicken, rot-weiß karierten Kissen mit weißen Rüschen. Wenn ich mich über den Laufstall runterbeuge zur Friede, dann haut sie mir eine runter mit ihrer fetten Hand. Die Mutti und der Papa benützen das Vorzimmer nebenbei als Lagerraum für die Vorräte von Kaffee und Zucker und Spirituosen in gestapelten Holzkisten.

Durch eine doppelte Verbindungstüre aus Glas mit einem weißen Nylonvorhang, geht es in das Schlafzimmer von der Berta und mir. Ich schlafe auf der rechten Seite neben dem Fenster zum Hof und die Berta auf der linken Seite neben dem Bad mit der dicken, durchsichtigen Milchglasscheibentüre. Das Badezimmer hat ein Waschbecken und eine Wanne, aber kein Klo. Neben dem Badezimmer ist die dunkle, enge Schlafkammer mit dem Kinderbett von der Friede, dem Bett von der Rosi Stöckl und einem hohen Kleiderschrank, den die Rosi mit einem Schlüssel zusperrt.

Das ist unsere Wohnung, ohne eigenes Klo, ohne Küche und ohne Platz für die Mutti und den Papa. Die schlafen woanders, der Papa in einem Zimmer direkt über uns und die Mutti in einer Kammer ganz oben im dritten Stock, aber baden tun sie sich bei uns, und deshalb habe ich den Papa ganz nackt gesehen, als er gedacht hat, daß ich meine Augen zu habe und schlafe. Aber ich habe geblinzelt und gesehen, zu meinem Entsetzen, daß der Papa gleich drei Zipfel hat, ganz große, nicht nur einen kleinen dünnen so wie der Majk und der Bubi in der Borstei. Danach habe ich die ganze Nacht kein Auge zugetan, weil ich mich so erschrocken habe.

Außer wenn sie zum Baden kommen, sehen wir die Mutti und den Papa nur am Nachmittag nach der Schule, wenn wir in einer Nische im Restaurant unsere Hausaufgaben machen. Danach bringt uns die Mutti saftige Wienerwürstel, die beim Kauen im Mund krachen, und Bratkartoffel mit Sauerkraut und Senf.

In der Früh, wenn mein Wecker läutet, und die Berta sich umdreht und weiterschläft, rase ich die Treppen runter zum Bäcker Lachner, hole mir zwei Brezen und kalte Milch, rase die Treppen wieder rauf in die Wohnung, mische die Milch mit Ovomaltine für der Berta ihren Kakao und mit dem Matsch vom Kakao und der Breze und der Milch in den Backen fetzen wir rüber in die Schule, ich zum Einmaleinslernen beim dicken Wegner in der dritten Klasse, und die Berta zum Fräulein Rössl in der ersten Klasse. Meistens schaffen wir es noch vor der Glocke, aber wir sind die letzten in der Schule und die ersten raus, und, wenn wir nicht nachsitzen müssen, sind wir die ersten zu Haus. Niemand hat es so bequem wie wir, und alle sind sie uns neidisch deswegen.

Die Berta hat Glück, weil sie einen neuen Freund hat, der freigiebig ist mit den Münzen, wenn es der Papa nicht sieht. Er ist ein kleiner amerikanischer Soldat mit einem dicken Bauch und einer schiefen Mütze auf dem Kopf und heißt Jimmy. Er hat ihr einen roten Ball geschenkt und gibt ihr Zehnerl für den Spielautomat.

Ich habe eine neue Freundin, die heißt Liesl und ist Bedienung bei uns im Restaurant. Die Liesl hat einen Freund, einen Ami, der sie schlägt. Einmal, als ich aus der Schule heimkam, habe ich gesehen, wie der Ami der Liesl im Gang eine runtergehauen hat und die Liesl hat schrecklich geweint. Manchmal kommt sie nicht zur Arbeit, weil sie krank ist von den Schlägen und das macht mir große Sorgen.

Die Amis trinken viel Bier und wenn sie anfangen, sich rumzuschlagen in der Nacht, dann kommt die schwarze Militärpolizei mit den Knüppeln und nimmt sie mit. Vorher habe ich nur die Neger im Bilderbuch mit der Geschichte von den Zehn Kleinen Negerlein gesehen, aber in Freising gehen echte, große Neger in Uniform mit ihren süßen Kindern spazieren, und sie fahren in rosaroten Strassenkreuzern rum und spucken die Mutti an der Theke an, aber nur, wenn die Mutti ihnen kein Bier verkaufen will, weil sie besoffen sind.

Manchmal kommen die MPs auch unterm Tag, um zu kontrollieren, daß keine Kinder bei den Spielautomaten stehen. Wenn die Emma schreit »Polizei«, verstecken die Berta und ich uns hinter der Theke oder unter dem langen, hölzernen Tisch in der dampfenden Küche, bis die Luft wieder rein ist.

Der Papa will, daß wir jeden Sonntag Nachmittag an die frische Luft gehen, und deshalb müssen wir mit der Rosi Stöckl und der Friede im Kinderwagen spazierengehen. Die Rosi marschiert aber geradewegs zur Kirche und zum Friedhof, und das wäre dem Papa bestimmt nicht recht, darum sage ich es ihm nicht, und darum können wir die Rosi erpressen, die Berta und ich.

Am Friedhof ist es interessant, weil die Berta und ich uns manchmal hinter den Grabsteinen verstecken und die Friede sich so freut, wenn die Rosi uns findet. Wir müssen ganz leise sein und vorsichtig, damit wir auf keine Stiefmütterchen draufstampfen.

Am liebsten geht die Rosi durch den Laubengang, wo hinter einer Glaswand die toten Leute mit gefalteten Händen und geschlossenen Augen neben brennenden Kerzen und Blumensträußen aufgebahrt sind. Manchmal liegt ein schönes Kind da und sieht aus wie ein Engel, aber meistens sehen wir nur alte verrunzelte Menschen. Die Berta interessiert sich nicht für tote Leute und streut lieber Kies rum oder rennt den Eichhörnchen und den Spatzen nach oder irgendeinem Pudel.

Jeden Tag kommt der Papa in unser Vorzimmer, geht zum Schrank, macht die Schublade in der Mitte auf, nimmt einen von den großen, schwarzen, metallumrahmten Ledergeldbeuteln mit dem Verschluß, den man zwischen Zeigefinger und Daumen ganz schwer aufdrücken muß, raus, und schmeißt einen Haufen Markstücke und Fuchzgerl rein. Ich glaube nicht, daß er es merkt, wenn ich ab und zu Gebrauch mache von den Markstücken, damit die Berta und ich ins Kino gehen können, und ich der Berta Erdbeereis kaufen kann und Brezen und einen Bienenstich und einen Mohrenkopf und einen schönen Lutscher und Bärendreck und Erdnüsse und Salzstangen und Coca Cola und Brausepulver und eine Tüte Trockenmilch für mich. Die Berta kommt gern mit mir mit in die Stadt und fragt mich nie, woher ich soviel Geld habe. Die denkt, daß man für paar Zehnerl alles kriegt.

Beim Tengelmann bin ich ein guter Kunde, aber der ist vorübergehend geschlossen wegen Umbau und wird demnächst neu eröffnet als Selbstbedienungsladen, ein Zeichen des Fortschritts und des Eintritts Freisings in die moderne Welt, wie die Reklameblättchen, die im Rinnstein rumliegen, in fetten Buchstaben bekanntgeben.

Die Berta und ich waren im Kino und haben uns den Film »André und Ursula« angeschaut. Es war eine Liebesgeschichte von einem französischen Soldaten und einem deutschen Mädchen. Besonders aufregend wurde es, als der böse Bruder vom André sich der Ursula nachts im Bett aufgezwungen hat. Im letzten Moment wurde sie vom André gerettet, und am nächsten Tag sind der André und die Ursula auf dem Land auf einer Wiese gelegen, als ein Gewittersturm über sie hereinbrach. Pitschnaß haben sie sich in eine Scheune von einem Bauernhof geflüchtet, und da drinnen hat sich der André im Stroh auf die Ursula draufgelegt und sie haben sich so geliebt, daß ich starke Gefühle bekommen habe. Am Abend, wenn ich ins Bett gehe, stelle ich mir vor, daß ich die Ursula bin, und daß sich der André auf mich drauflegt und mich heiß und innig umarmt.

2.

Am Freisinger Bahnhof stehen viele schwarze Taxis, und eins von denen gehört dem schönen, blonden Stefan, der uns Kundschaft bringt, und sich mit der Mutti und dem Papa angefreundet hat. Der Stefan stammt aus Jugoslawien. Täglich sitzt er bei uns im Restaurant und raucht Zigaretten, und am Samstag Nachmittag, wenn ein Walzer im Musikautomat spielt, dann tanzt der Stefan mit mir, obwohl er sich ziemlich weit runterbücken muß. Wenn er neben mir sitzt, dann muß ich ihm in die Ohren reinstarren, weil da so viel gelbes Zeug drin ist, daß es aussieht wie in einer Schmalzgrube.

Die Mutti sagt, daß der Stefan nichts dafür kann, daß seine Ohren so stinken, weil er es selbst nicht weiß, und die Mutti traut sich nicht, ihm die Wahrheit ins Gesicht zu sagen. Ich mich auch nicht, weil der Stefan so nett ist. Die Mutti hat gesagt, daß, wenn der Stefan mal heiratet, seine Frau ihm die Ohren putzen wird. Aber wenn er sich die Ohren vorher nicht ausputzt, dann wird er gar keine Frau zum Heiraten finden. Der Stefan hilft der Mutti und dem Papa viel im Geschäft und deshalb ist es bestimmt besser, daß er ledig bleibt, weil er dann mehr Zeit für uns hat.

Die Mutti und der Papa arbeiten so schwer, daß sie sich wenig um uns kümmern können. Die orthopädischen Übungen hat der Papa ganz vergessen, den Hebräisch-Unterricht auch, und sogar an die Gebete erinnert er uns nicht, und zum Gepure Schlugn sind wir dieses Jahr auch nicht gegangen. Das Einzige, nach dem sich der Papa erkundigt, sind meine Klavierstunden. Ich habe ihm Summ, Summ, Summ, Bienchen Summ Herum vorgespielt und Schlaf, Kindlein schlaf, und der Papa war begeistert und hat mir gleich ein Fünfmarkstück geschenkt, obwohl ich genug Geld habe, aber der Papa weiß es ja nicht, und daß ich ihn nackt gesehen habe, das weiß er auch nicht, und daß wir jeden Sonntag in die Leichenhalle gehen, davon hat er keine Ahnung. Wenn der Papa nicht alles so genau weiß, dann haut er uns keine runter, und aufregen will ich ihn nicht, weil er ein schweres Leben hat und schuftet, damit es uns gut geht.

Der Papa ist für die Warenlieferungen verantwortlich und muß hölzerne Kisten mit Vorräten schleppen und lange Eisstangen im Kühlraum verstauen und schwere Bierfässer anschubsen, damit sie sich vom Fleck bewegen und er sie vom Hof durch die Hintertüre und durch die Küche bis zur Theke befördern kann. Nachts, im Bett, weckt mich das Gepolter von den Fässern auf, aber ich mag es gern, wenn der Papa das Licht im Hof anschaltet, weil es dann nicht so stockfinster im Zimmer ist, und ich mich nicht so fürchte vor dem Gesicht im Mond, das mich durch das Fenster beobachtet.

Die gedämpfte Saxophonmusik von der Damenkapelle in der Bar läßt mich nicht einschlafen, aber das ist nicht so schlimm wie das Quietschen der Autoreifen, wenn die Militärpolizei vor dem Haus anhält, und das Knallen der Wagentüren, und das Stampfen der schweren Schritte drunten in der Eingangshalle, und das Geschrei und Gegröle im Restaurant, wo die Mutti und der Papa sich nicht helfen können mit den betrunkenen Amis.

Wenn der Papa nicht so kurzsichtig wäre und alle seine Zähne hätte, wäre es nicht so gefährlich. Aber der Papa kann ohne Brille gar nicht weit sehen und mit den Gläsern auf der Nase, kaum paar Haaren auf dem Kopf und mit Zähnen zum Rausnehmen traut sich der Papa nicht, mit einem Neger zu raufen, und deshalb ruft er jede Nacht die Polizei an, und wir, in unseren Betten oben, hören den Krach und das Poltern und das Schlagen und das Gebrüll.
Wenn die Mutti nicht beim Ausschank steht, dann dünstet sie Schnitzel Natur und brät Kartoffeln und Zwiebeln mit der dicken Emma in der Küche. Die Emma hat der Mutti viel beigebracht im Kochen, aber im Rechnen ist die Mutti noch mehr begabt. So schnell wie die Mutti kann niemand zusammenzählen und abziehen, und bis zum Morgengrauen sitzt sie mit dem Papa und zählt das Geld und überprüft die Rechnungen bis alles stimmt. Dann legen sie sich ins Bett und schlafen bis nachmittags, weil sie so müde sind und die Berta und ich können die Mutti und den Papa nicht wegen jedem Dreck belästigen.

Ich habe ein Ekzem an beiden Armen bekommen. Von der Armbeuge rinnt der Eiter, und das Jucken und Brennen ist noch viel schlimmer geworden wegen dem neuen, knallgelben Rollkragenpullover aus reiner Wolle, den mir die Besitzerin vom Restaurant geschenkt hat. Die Berta hat auch einen bekommen, aber die Berta leidet unter keiner Hautkrankheit, weil die Berta ein gesunder Kerl ist.

Der Arzt in Freising sagt, daß ich allergisch bin, und, weil er nicht weiß, auf was das zurückzuführen ist, darf ich weder Apfelsaft noch Milch trinken bis er die Ursache von meinem Ausschlag gefunden hat.

Für die klebrige, entzündete Haut hat der Doktor mir eine weiße Tunke in einer braunen Flasche verschrieben, und die dicke Flüssigkeit muß ich mit einem Pinsel auf meine Armbeugen draufmalen, wobei es brennt und karbolisch riecht bis es eingetrocknet ist. Leider bröckelt die weiße Kruste von mir ab so wie die Haut von der gefährlichen Schlange bei der Tierschau für die 3. Klasse in der Evangelischen Schule.
Da hat der Tierzähmer in den hohen glänzenden Gummistiefeln und mit dem schwarzen Schnurrbart die Schüler gefragt, »wer von euch traut sich, die Schlange anzurühren?«, und eine Starke mit Kulleraugen ist von ihrem Platz aufgesprungen, hat aus vollem Hals geschrien »Ich, Ich!« und sich mit gespreizten Beinen in die Mitte vom Turnsaal hingepflanzt. Alle haben wir hinschauen müssen, als sie mit der Riesenschlange um den Hals rumstolzierte als trüge sie eine kostbare Perlenkette.

Später haben Fetzen von der Schlangenhaut an ihrem Hals geklebt und an ihrem Kleid und es hat mir gegraust und das hat sie gemerkt und die Gemeine ist mir nachgerannt und hat mich erwischt und hat mir ein Stück Schlangenhaut auf die Backe geklebt.

3.

Am Heiligen Abend haben die Mutti und der Papa die Rosi Stöckl nach Hause fahren lassen, damit sie Weihnachten mit ihrer Familie feiern kann. Unten im Restaurant spielt die Musik und die Besoffenen brüllen, und ich kapiere nicht, wie die Friede in der Kammer und die Berta neben mir schlafen können, wenn es drunten so laut zu geht. An die Anlage in der Borstei muß ich denken und an die beleuchteten Geschäfte in der Ladenstraße, und fast bin ich beim Einschlummern, als ich Geräusche im Vorzimmer höre.

»Berta, Berta, wach auf! Da ist jemand, Berta!« Die Berta rührt sich nicht und die Tür vom Schlafzimmer geht auf.
»Geh, Kloane, drah amoi's Licht auf. Dein Vater hat uns raufgschickt, die Möbl anschaun.«

Ich sitze aufrecht im Bett. »Ach so.« Das klingt schon wie der Papa. Der hat uns oft aufwecken lassen wegen den blöden Möbeln und der Angeberei mit der Berta. Die wird aber jetzt keine Märchen erzählen, weil sie schnarcht. Ich knipse meine Nachttischlampe an.
»Is ja nur's Kinderzimmer«, brummt der Kleinere von den Zweien, wobei er Bertas Sparbüchse vom Toilettentisch runternimmt und in seine Jackentasche steckt, und anfängt, alle Schubladen aufzumachen. Da hat der Papa uns aber feine Leute geschickt. Oder stimmt es vielleicht gar nicht, daß sie uns besuchen. Unten quietscht eine Türe und das Licht geht an im Hof.

»Schnell, mach's Licht aus, Kloane!« zischt der große Dünne mit der gestrickten, dunkelblauen Mütze auf dem Kopf. Jetzt weiß ich genau, daß die zwei keine Gäste vom Papa sind.

Ich knipse die Lampe aus und gleichzeitig schiebe ich meine Sparbüchse hinter die graue Katze mit den grünen Glasaugen, die auf meinem Nachttisch hockt.
»Kein Wort net, ruhig sein!« flüstert der Kleine. Die zwei bewegen sich nicht vom Fleck und ich sitze aufrecht im Bett und zittere vor Kälte. Draußen poltert und knarrt das Bierfaß, die Tür schlägt zu, das Licht geht aus. Der Papa ist weg und wir sind allein mit zwei Einbrechern im Zimmer.

»Mach's Licht wieder an, Kloane. Wir sind glei fertig«, und der mit der Mütze geht zur Kammertüre hin.

»Bitte, bitte nicht. Da ist nichts drin zum holen. Meine Schwester ist da drin. Die ist nur ein Baby und die wird sich so erschrecken. Sie ist ganz allein da drin, weil unser Kindermädchen frei hat, und da ist ja nichts drin in der Kammer, außer dem Baby und dem Bett vom Dienstmädchen, und wenn meine Schwester aufwacht, dann kriegt sie Angst und schreit. Bitte, bitte, nicht in die Kammer reingehen, bitte, bitte nicht.«

Wenn ich was vom Schrank sage, dann gehen sie bestimmt rein, und wenn sie auch so reingehen, dann werden sie den Schrank aufbrechen und mich schlagen, weil ich ihnen nicht die Wahrheit gesagt habe. Aber ich sage kein Wort vom Schrank, weil ich die Friede retten muß, sonst tun sie ihr was an; die Mutti und der Papa haben gesagt, daß ich verantwortlich bin für die Berta und die Friede.

»Machen Sie was Sie wollen, nehmen Sie alles mit, nur gehen Sie nicht in die Kammer rein, bitte nicht, da ist ja nichts drin, ich schwör's Ihnen!«
Die zwei glotzen mich an.
»Scho guat, scho guat, sei ruhig, brauchst ka Angst ham, da gehn ma net nei.«
Die Friede ist gerettet, Gott sei Dank. Die Einbrecher sind eigentlich ganz nett.

»Gehn ma, los.«

Ich sitze und sitze und sitze im Bett und starre ins Dunkle. Die Einbrecher sind schon lange weg, Stunden sind vergangen, aber ich kann mich nicht rühren.

Dann höre ich wieder Schritte und Stimmen im Vorzimmer. Die Türe geht auf und da stehen die Mutti und der Papa. »Geloibt zi Gott«, sagt die Mutti.

»Mutti, sie sind nicht in die Kammer rein. Ich hab sie nicht lassen. Meine Sparbüchse hab ich auch, aber der Berta ihre ist weg. Die Männer haben gesagt, daß der Papa sie raufgeschickt hat.«

Der Papa sagt, er muß die Polizei anrufen, die Kriminalpolizei.
Ich darf aufbleiben, die Berta auch. Wieso redet die überhaupt so viel, die hat doch die ganze Zeit geschlafen, oder hat sie vielleicht nur so getan?

Wir sitzen mit der Mutti und dem Papa am Tisch im Vorzimmer, wo keine Kisten mit Vorräten mehr stehen, weil die Einbrecher den Kaffee und den Zucker und den Tee rausgeschleppt haben, und die Mutti und der Papa hören uns zu und wollen alles genau wissen, und so schön war es noch nie bei uns in der Nacht.
Es klopft. Ein Herr Inspektor von der Kriminalpolizei in einem

Regenmantel und Hut ist da. Er setzt sich zu uns an den Tisch und redet mit der Mutti und dem Papa und dann schaut er die Berta und mich an und erzählt uns, daß er auch solche Mädelchen wie wir zu Hause hat und daß er uns paar Fragen stellen will, weil wir doch so gescheit sind und ihm bestimmt alles genau berichten können, besonders, wie die zwei Einbrecher ausgesehen haben und was sie geredet haben und was sie angehabt haben.

Mittlerweile ist die Rosi zurückgekommen und steht in der offenen Türe. Die Mutti sagt, daß die Rosi es mir zu verdanken hat, daß nichts von ihrem Zeug gestohlen worden ist. Der Herr Inspektor stellt der Rosi noch mehr Fragen als uns, obwohl sie gar nicht da war und gar nichts weiß.

Als es draußen schon hell wird, gehe ich rauf in den dritten Stock, weil ich bei der Mutti im Bett schlafen darf, und die Berta schläft im zweiten Stock beim Papa im Bett.

Am nächsten Tag geht das Leben weiter wie gewöhnlich, aber die Mutti und der Papa kümmern sich ein bißchen mehr um uns, und wir müssen der Emma und der Liesl und dem Jimmy die ganze Geschichte mit den Einbrechern erzählen.

Im Restaurant herrscht viel Betrieb mit den Vorbereitungen für den Silvester-Abend. Die Bar wird prächtig dekoriert mit zitternden Luftballons und herrlichen bunten Lampions, die man zusammenquetschen und auseinanderziehen kann wie ein Akkordeon, und der Fußboden ist voll Konfetti. Papierschlangen winden sich um Bänke und Stühle, und von einer Wand zur anderen, kreuz und quer, schweben Kreppapier und silberne Girlanden, daß es überall schillert in lila und rot und grün.

Ach, wenn ich nur erwachsen wär, dann dürfte ich auch feiern und tanzen und rauchen wie die Liesl, aber das wird nie werden. Mich wird nie jemand ernst nehmen. Niemand wird sich in mich verlieben. Der Stefan hat nur Augen für die Mutti, und ich muß ins Bett, als die Damenkapelle aufspielt und oben höre ich zu, als man singt »In München steht ein Hofbräuhaus, oans, zwoa, gsuffa«, und ich singe mit im Dunkeln; es ist so schön. Am nächsten Tag ist es totenstill in der Stadt Freising. Die Läden sind verriegelt und die Kirchenglocken läuten einsam durch den leeren Tag, und wir langweilen uns zu Tode im finsteren Treppenhaus.

Eine Woche später müssen wir nach München fahren, weil man die Einbrecher erwischt und verhaftet hat. Man hat uns für drei Uhr zum Justizpalast bestellt, damit wir die Einbrecher identifizieren können.

Im koscheren Restaurant in München bestelle ich mein Lieblingsessen: Entenbein, Gurkensalat und Tscholent. Obwohl der Papa sich dasselbe bestellt hat wie ich, schnappt er sich mein knuspriges Bein auf seinen Teller, um mich zu tratzen, und schmunzelt mit Vergnügen vor sich hin, während er mich verstohlen von der Seite her beobachtet.

»Heulst schon? Pischst schoin wie die Jaga?« schreit er wütend, und schmeißt den Knochen mit dem Fleisch zurück auf meinen Teller. Ich versuche, meine Tränen zurückzuhalten, aber sie laufen mir trotzdem übers Gesicht. Zur Mutti sagt der Papa mit einem bitteren Ton in der Stimme, daß er in Dachau das bißchen wäßrige Suppe weggegeben hat an jemanden, der ihn darum gebettelt hat, und dafür ist er geschlagen worden, und was für eine Egoistin ich überhaupt bin, daß ich mein Essen mit dem eigenen Vater nicht teilen würde, und wie schlecht ich bin. Schlecht wie der Pinje.

»Sie geht nach dem Pinje!« schwören sie beide. Und dabei hat der Papa doch einen Teller voll Essen vor sich stehen gehabt und hat keinen Hunger leiden müssen so wie der arme Mann im Lager, dem er seine Suppe gegeben hat. Ich hätte dem Papa auch mein Essen gegeben, wenn er kein eigenes gehabt hätte. Aber er hat mich doch nur ärgern wollen, und das bringt mich zum Weinen, und ich bin froh, daß ich ihm das Geld aus dem Geldbeutel von der Schublade weggenommen habe, weil er so gemein zu mir ist und mich nur ärgern will und mir mein ganzes Mittagessen verdirbt.

Mittlerweile hat die Berta sich den Bauch vollgefressen, aber ich sitze auf meinem Stuhl mit Tränen im Hals und da schmeckt das beste Essen nicht.

Im Justizpalast haben alle Leute Eile und ernste Gesichter und tragen Mappen unterm Arm und rennen Treppen rauf und runter. Ich sehe keinen Einbrecher, aber die Berta erkennt einen in einer Reihe von Männern hinter einem Fenster. Die Mutti und der Papa können nicht begreifen, wie die Berta so gescheit sein kann. Über mich sagt niemand was, weil sie enttäuscht sind.

4.

Dieses Jahr werde ich die Allerhäßlichste auf dem Faschingsball in Freising sein. Die Berta hat ein Glück, weil es viele Matrosenkleider in ihrer Größe bei der Kostümausleihe gibt. Für mich ist nichts da außer einer weißen Kappe mit Gummizug und langen Pelzohren und einem weißen Mieder mit paar Stücken Pelz auf den Schultern und um die Taille herum.

»Das kann ein Hase sein,« sagt die Mutti und ist froh, als wir wieder die Treppen von dem staubigen Speicher runterklettern, wo schwitzende Mütter und eifrige Kinder in tiefen Truhen wühlen.

»Du kannst weiße Strümpfe und die langen weißen Bleyle-Unterhosen damit tragen und dann siehst du wie ein Hase aus.«

»Die Bleyle-Unterhosen? Vor allen Leuten? Und was für Schuhe? Kaufst Du mir weiße Schuhe? Meine alten vom letzten Sommer sind gar nicht mehr weiß.«

»Das geht noch für eine Nacht. Kein Mensch wird auf deine Füße schauen.«

»Aber Mutti, die Schuhe sind ja direkt schwarz.«

»Plag mich nicht, Laura, andere haben es viel schlechter als du.«

Der Stefan fährt uns in seinem grauen Mercedes-Taxi zum Faschingsball, weil es draußen gießt mit Kannen. In einem überfüllten Saal sitzen die Mutti und der Papa ganz allein an einem Tisch mit Bierdeckeln und Coca Cola Flaschen und winken uns zu. Die Berta und ich rutschen hin und her auf dem Konfetti-Boden zwischen den geschminkten Zigeunern und den Piraten und den Indianern und den Prinzessinnen.

Nach dem Faschingsball dürfen wir drei Wochen lang zu Hause bleiben, weil wir Windpocken bekommen haben, die Friede auch. Und als die Narben verheilt sind und wir keine stinkende Tunke mehr einschmieren und keinen schwarzen Kohlenstaub vom Eßlöffel schlucken müssen, und als das Fräulein Stöckl die ganze Wohnung auslüftet, ist es draußen Frühling geworden.

Die Osterferien sind da, vom blauen Himmel strahlt die Sonne und im Hof tief in den Geranientöpfen kriechen die fetten Raupen zwischen den behaarten Blättern rum. Die Mutti hat uns neue weiße

Kniestrümpfe gekauft, schöne dünne, die man in die Länge ziehen kann, und die Berta und ich haben die Strumpfhalter ganz tief in der Schublade im Toilettentisch verstaut.

5.

Mein neunter Geburtstag ist vorbei. Die Mutti und der Papa haben mir einen goldenen Ring mit meinem Namen drauf beim Franz Berger gekauft. Der glänzt und sieht sehr kostbar aus und ich trage ihn Tag und Nacht.

Und dann dürfen wir zur Isar zum Baden gehen, obwohl es erst Mai ist, aber draußen ist es so heiß und alle unsere Freunde dürfen und der Papa läßt uns, aber »nur bis zu den Knöcheln ins Wasser, Laura«, hat er mich beschworen und ich hab's versprochen, aber ich bin doch nicht blöd. Das Schwimmen hab ich schon in der Badewanne probiert und es ging sehr gut von einer Seite zur andern.

Am Abend will mich der Papa mit dem Schepatz totschlagen, weil ich in der Isar bis zum Kinn ins Wasser gegangen bin, und vor dem Ertrinken hat mich ein fremder Mann bewahrt, der mit langen Schritten übers Wasser schritt wie der Jesus und mich rausgezogen hat von der schwarzen Tiefe. Die Berta hat geschrien und geweint am Ufer, weil sie geglaubt hat, daß ich ertrunken bin, und später hat mich meine Freundin heimbegleitet, weil mein goldener Ring weg war und ich mich nicht nach Hause gewagt habe. Aber der Papa hat schon gewartet und hat mich erwischt, als ich im Dunkeln ins Haus geschlichen bin, und die Berta hat ihm gezeigt, wo der Schepatz ist.

»Jetzt ist alles aus. Ich weiß alles,« schreit der Papa und haut drauf los, »alles, hörst du? Wer dich gerettet hat, das war der Bäckerlehrling von nebenan, vom Lachner. Er konnte es nicht erwarten zu mir zu kommen. Er hat mir alles erzählt. Alles, hörst du?« Der Schepatz knallt auf mich nieder.

»Ihre Tochter war am Ertrinken, kommt er zu mir.« Knall. Schnaufen. »Am Ertrinken, sagt er. Ihre Tochter. Wenn ich nicht da gewesen wäre, dann wäre sie tot.« Knall. Knall. »Tot, hat er gesagt.« Knall. »Tot«. Knall. »Hörst du das?« Knall. Keuchen. »Ein Deutscher sagt mir das.« Knall. »Ein Deutscher rettet mein Kind.« Knall. Knall. Knall. Keuchen. »Erschlagen werd ich dich.« Knall. Knall. Knall. Tiefes Schnaufen. »Sollst du wissen was es heißt, zu leben.« Knall. Knall.

»Belohnen hab ich ihn noch müssen. Einen Deutschen, was rettet mein Kind.« Knall. Knall. Knall. »Eine Stange Zigaretten hat er bekommen von mir und eine Flasche Rotwein auch.« Knall. Knall. Knall. »Das hast du mir angetan.« Knall. Knall. »So eine Schande.« Jetzt schnauft der Papa ganz tief, weil er erschöpft ist. Die Berta weint aus Mitleid, aber die Schläge haben gar nicht weh getan, nur jetzt tun sie weh, als der Papa die Türe zumacht und weggeht, und ich muß viel weinen, aber ganz leise unter der Decke, damit es niemand hört.

6.

Der Papa hat einen silbergrauen Ford vom Schatzkammer gekauft und will uns Kindern zeigen, wie schön der neue Wagen fährt. Aber der Friede wird es ganz schwindlig, als wir einen steilen Berg runterfahren und sie muß brechen. Der Papa ärgert sich, aber die Friede ist ja noch klein und versteht nicht, daß man das Auto vom Papa nicht schmutzig machen darf. Der Papa sagt, daß die Friede von jetzt ab auf dem Rücksitz bleiben muß.

Als wir wieder im Restaurant ankommen, macht die Rosi die Friede sauber, weil die Mutti mit uns zur Schneiderin gehen will. Wir bekommen weiße Biedermeier-Kleider mit schwarzen, dünnen Samtschleifen unterm Kragen und dazu weiße italienische geflochtene Lederschuhe für den Sommer. Ich glaube, wir sind jetzt sehr reich.

Im Abschlußzeugnis beim Herrn Wegner stehen lauter Zweier, bis auf einen Dreier in der langweiligen Handarbeit und einen Vierer im Turnen. Der Papa gibt mir paar Markstücke für die Zweier. Der Wegner schreibt im Zeugnis, daß ich ein lobenswertes Betragen habe und daß ich gewissenhaft in meiner Arbeit bin. Vom Ertrinken weiß er nichts und von den Schlägen auch nicht.

Im Sommer fährt die Rosi zurück zu ihrer Familie, und die Berta, die Friede und ich dürfen mit der Mutti aufs Land fahren in eine Pension mit einem Forellenteich mitten im Garten, wo der Kies dick über der Erde knirscht unter den grünen Stühlen und runden Tischen mit Schirmen.
Im Garten wird Mittag gegessen, wenn es nicht regnet, und der Papa kommt nicht auf Besuch und ich bin froh. Ohne den Papa ist

es viel lustiger. Den Pensionsbesitzern gehört ein braver Dackel, der nicht bellt und der sich immer vor die Mutti hinsetzt und sie mit schiefem Kopf aus traurigen Augen anschaut. Die Mutti, die sonst zittert, wenn sie nur einen Hund von weitem sieht, geht mit dem Dackel und der Friede jeden Vormittag die staubige Landstraße rauf, bis sie ganz steil wird, dann dreht die Mutti um und kommt zurück und hat Hunger und Appetit auf Forellen und Kartoffelsalat.

Auf dem Berg am Ende der Landstraße ist ein Dorf mit Geschäften und mit einem Kino, wo die »Förster-Filme« gespielt werden. Am Nachmittag, wenn der Donner vor einem Gewitter noch weit in der Ferne grollt und die schweren Wolken sich am Himmel türmen, rasen wir wie die Verrückten die Landstraße hoch zum Kino bevor die fetten Regentropfen uns erwischen.

Wenn der Vorhang von der Leinwand hoch geht, dann kommt zuerst der Erdball angezischt und dreht sich rum mit einem Kreis rundherum und den Buchstaben UfA, und die Wochenschau mit Neuigkeiten von der Welt fängt an. Die Königin Elisabeth spaziert im Kostüm und Stöckelschuhen mit ihrer Lederhandtasche und ihrem weißen Hut auf einem Läufer und lächelt uns zu, und der große Schah von Iran mit den dicken schwarzen Augenbrauen geht auch auf einem Läufer spazieren und trägt blitzende Orden auf der Brust und weiße Handschuhe und winkt und freut sich. In Ungarn schreien die Leute und marschieren auf den Straßen.

Ich weiß, daß der Film gleich anfängt, wenn der Postillion Tatarata bläst und die Kutsche heranrollt, näher und näher, bis sie direkt vor uns anhält, und dann erscheinen die Namen von den Schauspielern, und wenn das Wort Regie ganz allein und in großen Buchstaben aufleuchtet, beginnt der Film endlich.

Der Mario Adorf ist immer der Bösewicht und er sieht auch aus wie einer, der was zu vertuschen hat. Ich mag den Mario Adorf nicht. Der Karlheinz Böhm ist mein Lieblingsschauspieler und die Ruth Leuwerick mag ich gern und die Romy Schneider. Aber die spielen nicht so oft wie der Mario Adorf mit den schwarzen Augen und dem Schnurrbart und dem Schießgewehr.

Die Handlung dreht sich immer um böse Leute, die auf die armen Rehe und Hirsche lauern und sogar unschuldige Menschen im Wald auf die Seite bringen wollen, was selten gelingt, weil der Förster schlauer ist als die bösen Jäger und sie davon abhält, Unfug zu treiben. Die Mädchen in den Dirndlkleidern haben alle große Busen, nur ich nicht. Ich kann es nicht erwarten, bis ich einen großen Busen bekomme.

Wenn der Wind gleich nach dem Mittagessen an den Tischdecken zerrt und die Bierdeckel in den Kies wirbelt, dann beeilen sich die Kellner und Kellnerinnen mit dem Abräumen und Schirmeabschrauben, und wenn es mit Kannen gießt, spielen die Berta und ich mit den anderen Kindern in der Pension Watten und Krieg im Treppenhaus und haben eine Gaudi.

DIE TANTE FANNY

I.

Am Ende der Sommerferien sind wir wieder in die Borstei zurück-gezogen. Der Mottl ist nicht mehr da. Die Mutti hat gesagt, daß der Mottl heiraten wird. Die Familie Schmaye ist nach Brasilien ausge-wandert und die Handelsmann-Familie lebt jetzt in Frankreich und die Muschi und der Harry sind im Internat in der Schweiz.

Die Mutti und der Papa werden das Restaurant in Freising behalten und haben eine Kinderfrau für uns angestellt. Einmal in der Woche kommen die Mutti und der Papa nach Hause und baden sich und essen eine Mahlzeit mit uns, aber sonst sind sie die ganze Zeit in Freising, weil sie dort arbeiten müssen.

Die neue Kinderfrau stammt aus Nürnberg und heißt Fanny Gund-lach, aber sie sagt, wir sollen sie Tante Fanny rufen. Sie ist groß und dick mit kurzen blonden Locken und einem gewaltigen Busen und gespitzten Lippen in einem fetten weißen Gesicht. Sie sieht aus wie die Erda auf dem Bild von der Wagneroper an der Litfaßsäule in der Dachauerstraße.

Die Berta mag die Tante Fanny nicht, weil die will, daß die Berta nach dem Mittagessen das Geschirr abspült. Jetzt hat die Berta in der Borstei rumerzählt, daß die Tante Fanny ein faules Schwein ist, das sich jeden Nachmittag ins Bett legt, während die Berta schuften muß wie ein Dienstmädchen. Das hat die Tante Fanny aufgeregt und sie hat sich bei der Mutti und dem Papa über die Berta beschwert.

Das hat so viel geholfen, daß ich jetzt das Geschirr nach dem Mit-tagessen abspülen muß und die Berta in der Anlage spielen kann. Aber die Tante Fanny hilft mir beim Abtrocknen und wenn wir fer-tig sind, legt sie sich mit mir zusammen in mein Bett im Kinderzimmer, wo die Läden zu sind und es kühl und ruhig ist, und hält mich eng an ihre warme Brust gedrückt.

Die Tante Fanny findet, daß große Mädchen wie wir lernen sollen, wie man einen Verlobungskuß gibt. Die Berta und ich müssen uns jeden Abend in der Küche auf einen Hocker stellen und Tante Fannys weiche Lippen lange küssen und den warmen Atem von Tante Fannys Nasenlöchern einatmen, wenn wir nicht ersticken wollen. Kommen die Mutti und der Papa nach Hause, so dürfen wir keinen Ton von uns geben, damit sie sich ausruhen können und wenn wir zusammen essen, dann dürfen wir nicht sprechen, weil beim Essen nicht geredet wird, sagt der Papa, und wenn die Berta nur ein Wort am Tisch sagt, dann sticht der Papa seine Gabel in den Arm von der Berta, daß sie weinen muß, und alles ist verdorben und ich bin froh, wenn der Papa und die Mutti zurück nach Freising fahren.

Als die Berta eine Blinddarmentzündung bekommt und mit dem Krankenwagen und Blaulicht und Sirene ins Rotkreuz-Krankenhaus zur Operation eingeliefert wird, da ist der Papa wieder nett zu ihr, weil sie krank ist, und die Mutti und der Papa fahren jeden Tag ins Krankenhaus und geben den hübschen Schwestern Nylonstrümpfe und Bonbonnieren, damit sie die Berta gut behandeln, und der Berta bringen sie Kirschen in Gläsern, die die Berta so gern mag, aber gerade jetzt nicht essen kann wegen dem Blinddarm, aber sie freut sich und die Mutti und der Papa sorgen sich um die Berta und haben sie lieb, obwohl sie sie so oft aufgeregt hat, als sie gesund war.

2.

In der Schule bin ich jetzt beim Herrn Erpf in der 4. Klasse. Der Bubi und der Majk sind auch in meiner Klasse und ein Neuankömmling, eine Schöne mit Kirschenaugen, die schon einen Busen hat und groß ist, und auch in der Borstei wohnt, beim Hengelerhof.

Der Herr Erpf ist in die Neue verliebt. Als wir einen Klassenausflug mit dem Bus ins Moor machen, da hält er im Nebel und Sumpf ihre Hand und streichelt sie und ist nett zu ihr. Daß ich im Schlamm ausrutsch, kümmert ihn nicht, weil er nur Augen für die Andere hat. Der Herr Erpf sieht aus wie ein Filmschauspieler und wenn er nicht so vom Mund stinken würde, dann wäre ich in ihn verliebt. Ich bin nicht mehr so gut in der Schule wie früher, und deshalb bringt der Papa dem Herrn Erpf zu Weihnachten eine riesige Bonbonniere, damit er mir gute Noten gibt.

Die Tante Fanny hat einen winzigen Christbaum mit künstlichem Schnee und bunten Kugeln in eine Ecke vom Eßzimmer hingestellt

und die Mutti und der Papa haben es erlaubt, weil die Tante Fanny
sonst überhaupt kein Weihnachten feiern kann.

Am Sylvester-Abend läßt uns die Tante Fanny aufbleiben und kocht
gedämpfte, dicke, mit Knoten verknüpfte Weißwürste mit Petersilie und Sauerkraut und Senf, und wir dürfen zum Küchenfenster
rausschauen auf den dunklen Himmel und auf die einsame Anlage
mit den kahlen Bäumen, wo ab und zu ein Knallfrosch kracht und
ein Lichtstrahl von einer Rakete blitzt und die Männer beim Müller
vom Hochleben schreien.

3.

Es ist das Jahr 1957. In der Borstei ist es langweilig im Winter, weil
die Anlage öde und leer da steht ohne Bänke und ohne Brunnen-
plätschern. Meistens ziehen wir unseren Schlitten zum Schuttberg
und bleiben dort bis es dunkel ist oder wir gehen zum Schlittschuhlaufen im Nymphenburger Park. Auf die Bob-Bahn, die der
Karli und sein Freund am Ende vom Rosengarten gebaut haben,
dürfen wir nicht, weil es zu gefährlich ist, aber manchmal schauen
wir zu und dann gibt der Karli vor uns an und ist nicht so gemein
zu uns.

Im März haben wir den strengen Herrn Huber zur Aushilfe, weil
der Herr Erpf krank ist. Ich habe Angst vor seinem roten Gesicht
und bin immer weggerannt, sobald ich ihn die Treppen im
Schulhaus runterkommen sah. Er hat es aber ausdrücklich auf die
Buben abgesehen, den Mädchen tut er nichts. »Wehe euch«, warnt
er die Buben in meiner Klasse, »wehe euch«. Wenn einer nur flüstert, dann reißt er ihn von seiner Bank raus, schleift ihn beim
Kragen nach vorne zur Schiefertafel und schreit was von gemein und
hinterfotzig und spreizt seine Beine und legt ihn über sein Knie und
haut ihn mit einem Stock auf den Hintern, daß es kracht. Der Bubi
hat eine Tracht Prügel bekommen. Hätte er nur Lederhosen angehabt, wäre es nicht so schlimm gewesen. Die Frau Gelber schwört,
sie wird den Bubi in ein anderes Land schicken, wo man die Schüler
nicht schlagen darf.
Der Papa und ich besuchen den kranken Herrn Erpf zu Hause am
Rotkreuzplatz und der Papa gibt ihm vier Schachteln Matze und
eine Flasche dunkelroten Manischewitz-Wein und gefüllte Schoko-
laden-Ostereier, und weil der Herr Erpf und seine Frau sich über die

Geschenke freuen, denkt der Papa, daß mir der Herr Erpf keinen Vierer im Zeugnis geben wird.

4.

Die Tante Fanny ist mitten in der Nacht abgehauen und hat das Silber und die schweren braunen Lederalben mitgenommen und uns alleine in der Wohnung gelassen. Wir tun der Mutti und dem Papa leid und die Mutti wird zu Hause bleiben bis wir eine neue Haushälterin finden.

Wenn der Papa am Abend zu Hause ist, zeigt er mir wie man Schuhe putzt. Ich muß die Schuhe nicht anspucken, so wie er es tut, weil das nur die Männer machen mit ihren Schuhen. Der Papa belegt die ganze Herdoberfläche mit Zeitungspapier damit nichts schmutzig wird. Auf das Zeitungspapier stellt er sein Schuhputzzeug und öffnet die Schachtel damit ich seine Auswahl von Kiwi-Schuhkremen bewundern kann. Er hat schwarz, weiß, braun und neutral. Erst zeigt der Papa mir, wie man mit Daumen und Zeigefinger das Schloß der Schuhkremschachtel nach links dreht.

»Nach links, hab ich gesagt!« und schon hebt er die Hand hoch, weil ich es nicht gleich richtig gemacht habe.

»Gut. Jetzt die linke Hand in den Schuh reintun und mit der rechten den Lappen nehmen und zwar den dünnen, nicht den dicken, der ist für's Polieren, und ganz leicht und langsam ... nicht so.« Er schreit schon wieder und hebt die Hand auf.
»So, hab ich gesagt, so, und nicht so. Also. Schön langsam einreiben, gleichmäßig, nicht zu viel, nicht hin und her, sondern im Kreis. So wie ich es mache, so ist es richtig.«

Die Schuhkrem riecht gut. Ich versuche es genau so zu machen wie der Papa, damit er mir keine runterhaut. »Jetzt hinstellen und trocknen lassen.«
Der Papa zieht den Wecker auf und stellt ihn, und während der Wecker auf dem Zeitungspapier am Herd tickt, zündet er sich eine Zigarette an und starrt zum Fenster raus und redet zu sich selber.

Als der Wecker schrillt, drückt der Papa seine Zigarette aus und holt ein gelbes Poliertuch aus der Schuhzeugschachtel und zeigt mir wie man einen Schuh poliert bis er glänzt, und er muß glänzen, daß man sich darin spiegeln kann.

Der Papa ist bekannt in der ganzen Stadt wegen seiner glänzenden Schuhe. Er poliert bis er ins Schwitzen kommt und rot ist im Gesicht und schnauft.

»Jetzt mach's du.« Ich versuche wieder, es genau so zu machen wie der Papa, damit er mir keine runterhaut.

»Schluß, fertig. Nächstes Mal machst du es allein, und wehe dir, wenn du es nicht richtig machst.«

Daß man die Colgate-Zahnpasta vor dem Zähneputzen von unten drückt anstatt von oben, das war nicht so schwer zu lernen, obwohl der Papa da auch geschrien hat. Das mit dem Schuheputzen ist ein bißchen komplizierter, und jetzt will der Papa, daß ich die Uhrzeit lerne, weil die Pünktlichkeit so wichtig ist wie die Reinlichkeit.

Mit der Uhr geht es nicht so gut wie mit der Zahnpasta und dem Schuheputzen, weil es mir nicht in den Sinn will, daß halb zehn Uhr und neun Uhr dreißig ein und dasselbe bedeuten. Das mit halb zehn verstehe ich nicht. Halb zehn scheint mir später als neun Uhr dreissig, weil es eine Zehn drin hat.

Ich heule und der Papa schreit so laut, daß man es in der ganzen Borstei hört, und es ist kein Wunder, daß die Ate und der Rainer und die Monika und alle Kinder bis auf den Karli Angst vor dem Papa haben.

Manchmal rate ich's richtig und manchmal falsch und wenn ich es falsch rate, dann bekomme ich eine geschmiert. Und endlich kapier ich die Uhrzeit trotz der Watschen und dem Geschrei und dem Zittern und dem Schluchzen, weil es mir meine neue Klavierlehrerin mit den Viertelnoten und den Halbnoten und einem Apfel, den sie in Teile geschnitten hat, erklärt hat. Da gab es keine Watschen, nur einen Apfel zum Essen, und dann hab ich das mit dem halb zehn, wenn es auch noch nicht zehn Uhr ist, begriffen, und ich gebe dem Papa die richtigen Antworten, weil es mit halb fünf und halb drei und halb acht auch klappt, und er muß mir keine runterhauen und ist zufrieden.

Die Mutti und der Papa sagen, daß wir alt genug sind, diesen Sommer in ein Kinderheim zu fahren, damit wir uns nicht in der Borstei langweilen die ganze Zeit.

Das Kinderheim ist in Österreich und es ist ein jüdisches Kinderheim, von Leuten aus Israel geleitet, die zu uns in die Wohnung kommen, ein Mann mit einer braunen Aktentasche und einem Stoß Formulare, und eine Dame in einem Hemdblusenkleid mit abgezupften Haaren, Frau Gold genannt. Die zeigt uns Bilder vom Kinderheim und erzählt wie gut das Essen dort ist, und von den Spielen und vom Singen und von den Ausflügen in die Berge.

Der Papa bekommt den Reiseplan von der Abfahrt und von der Zugankunft mit der Versicherung, daß die Frau Gold die Berta und mich persönlich auf der Reise nach Österreich begleiten wird.

DIE KÄTHI

1.

Es ist Anfang April, ein Sonntag. Die Mutti hat gesagt, sie erwartet Besuch. Ich sitze unten vor dem Haus in der Voitstraße in meinem hölzernen Lehnstuhl, den ich von oben runtergebracht habe, und ab und zu schaue ich von meinem Buch auf, wenn die Straßenbahn klingelt oder wenn mich irgend was anderes beim Lesen stört so wie ein Pfauenauge oder ein Zitronenfalter oder die schwarz gekleidete Gestalt, die langsam die Voitstraße runter und mir in die Augen kommt wie etwas Unerwünschtes.
Es ist eine Frau, älter als die Mutti, älter als der Papa, aber nicht so alt wie die Frau Leidlein, die wie immer am Fenster sitzt und stinkt.

Eine schwarze Handtasche trägt sie, schwarze Schuhe, schwarze durchsichtige Strümpfe, einen schwarzen Mantel, einen schwarzen Hut mit Schleier. Und sie kommt geradewegs auf mich zu und fragt mich, wo die Familie Stöger wohnt.

»Gleich da oben im ersten Stock links«, zeige ich ihr, worauf sie durch die offene Haustüre nach oben geht.

Ich habe Angst vor ihr, weil sie so ernst geschaut hat und alles an ihr schwarz ist, und jetzt geht sie zur Mutti rauf. Ich kann mich nicht mehr konzentrieren und packe meine Sachen zusammen und hebe den Stuhl auf und trage ihn hinauf. Die Küchentüre ist zu, aber ich höre Stimmen im Gespräch und durch das Milchglas sehe ich den schwarzen Mantel von der fremden Frau und ich klopfe an die Türe, mache sie auf und stelle den Stuhl zurück auf seinen Platz, und da sitzen die Mutti und die Frau am Küchentisch vor dem Fenster und rauchen und die Mutti sagt »Laura, das ist die Frau Sommer».

»Kannst mich ruhig Käthi nennen«, sagt die Frau zu mir. »Ich bleib ja jetzt mal da für a Zeitlang.« Sie kratzt ihr rechtes Bein und seufzt und zieht ganz tief an ihrer Zigarette und lächelt mit breiten gelben Zähnen und eigentlich sieht sie nicht so alt aus wie vorher, weil sie ihren Hut abgenommen hat und kurze braune gewellte Haare hat, keine grauen.
»Ja, also, Laura, i glaub mir werden uns guat vastehn.«

»Die Laura liest gern«, sagt die Mutti und weist mit der Hand ohne Zigarette auf mein Buch. »Sie liest Tag und Nacht.«
»Und die Berta?« fragt die Frau Sommer, »Liest die auch viel?«
»Die Berta? Die Berta ist immer draußen. Man sieht sie kaum.«
»Und die Berta ist die jüngere, Frau Stöger, oder?«
»Ja, die Berta ist zwei Jahre jünger als die Laura, aber sie ist schon so groß wie die Laura und gesund wie ein Pferd.«

»Und dann ist da noch ein Kind, haben Sie gesagt, Frau Stöger?«
»Ja, das Kleinste, die Friede, die ist bald drei Jahre alt und die schläft jetzt.«
»Ach so, na weck'n S' s' bloß net auf, Frau Stöger, ich seh sie noch früh genug, die Kloane.«

»Sie sind also Witwe, Frau Sommer«, höre ich die Mutti noch sagen, dann mache ich die Türe leise hinter mir zu und gehe ins Kinderzimmer. Jetzt wird die Mutti wieder zurück nach Freising fahren und uns mit dieser neuen Frau allein zu Hause lassen. Mir wird es bang ums Herz und ich habe keinen Hunger mehr für's Abendessen.

Bald darauf höre ich wie der Papa nach Hause kommt und der Papa bleibt die ganze Zeit in der Küche mit der Mutti und der Frau Sommer und ich höre, daß viel geredet wird, und dann kommt die Berta heim und der Papa und die Frau Sommer gehen auf einen Spaziergang und die Berta und ich essen Abendbrot und machen uns zum Schlafengehen fertig und nehmen Anlauf und rutschen auf dem Linoleumläufer vom Kinderzimmer zur Küche in unseren Hausschuhen und geblümten Nachthemden um Gute Nacht zu sagen zur Mutti und zum Papa, da hebt die Frau Sommer ihren Zeigefinger in die Luft und sagt ganz klar und deutlich »Morgen weht ein anderer Wind.«

Und am nächsten Morgen, als die Berta und ich in die frischen Eiweckerl beißen, daß die Brösel fliegen und mit vollem Mund ein bißchen von dem warmen Kakao schlürfen, um schmatzend einen Matsch im Mund zu mischen, es runterschlucken und mit einem reichlichen wiederholten Schlürfen vom Kakao unseren Mund ausspülen und mit zurückgelegtem Kopf laut und gründlich gurgeln, da fragt uns die Frau Sommer, die auf einem Fuß beim Herd steht und den anderen Fuß mit der freien Hand kratzt, »Ja, sagt's mal, wer hat euch sowas beigebracht?«

»Die Tante Fanny hat gesagt, daß es gesund ist, wenn man den Mund beim Essen ausspült und alles runterschluckt.«

»Ach so, die Tante Fanny. Jetzt bin ich aber da. Und jetzt wird nichts mehr ausgespült am Tisch, verstanden? I werd euch Manieren beibringen.«
Als sie das gesagt hat, holt sie den langen hölzernen Kochlöffel aus der Schublade und legt ihn ganz sanft vorne hin am Tisch.
»Eine schlechte Manier, und ihr bekommt's den Löffel auf die Finger, kapiert?«
»Ja, Frau Sommer.«
»Käthi bin ich für euch, verstanden? Nicht Frau Sommer, sondern Käthi.«
»Ja, Käthi.«
»Gut. Jetzt schleicht's euch, ich hab Arbeit.«

Die Käthi hat die Kammer zum Schlafen bekommen. Vor uns war sie bei einer amerikanischen Familie, wo nur eine Tochter da war, die Bess, eine kluge und liebe und nette und schöne, die die Käthi nie vergessen wird und der sie Briefe schreibt und die sie viel lieber mag als die Berta und mich.

Die Käthi spricht englisch und gibt damit an. Die Käthi liest die Zeitung und raucht Zigaretten und bohrt in der Nase und redet von Politik und daß die gelbe Rasse, nämlich die Chinesen, die Welt erobern wird, und schluckt dunkelbraune Baldrian Tropfen von einem Teelöffel und schmiert eine weiße Salbe auf ihr juckendes Bein mit den dicken Krampfadern und kratzt es durch den Verband und zupft am Strumpf und steht am Herd und dünstet Schweinefleisch.

2.

Wir waren beim Hals-Nasen-Ohren-Spezialisten und, weil er so eine Kapazität ist, will der Papa, daß er der Berta, der Friede und mir die Mandeln rausnimmt, auch wenn die Berta noch so gesund ist, denn Mandeln braucht kein Mensch, besser ohne Mandeln, sagt der Papa, dann hat man keine Mandelentzündung.
Die Friede versteht nicht, warum sie mit der Berta und mir in einem Zimmer im Rotkreuz-Krankenhaus liegen muß, und deshalb schreit sie und weint und scheißt ins Bett. Die Berta weint mit aus

Mitleid, und ich weine nicht, weil mir sonst der Hals noch mehr weh tut als vorher, als mir der Spezialist bei vollem Bewußtsein die Mandeln vom Rachen rausgezwickt hat und die dicken blutigen Dinger in eine Schale, die ich gehalten habe, geworfen hat und mir befohlen hat: »Schau mal da hin, das sind sie.«

Jetzt können die Mutti und der Papa uns nicht mal besuchen, weil die Friede sonst noch mehr weint und deshalb werde ich an meinem Geburtstag von einer Krankenschwester unter einem Vorwand aus dem Zimmer geholt und in einen Saal gebracht, wo die Mutti und der Papa auf mich warten und mir Geburtstagsgeschenke geben, einen Pulli und goldene Vergißmeinnicht-Ohrringe, die ich mir schon lange gewünscht habe.

Als wir nach einer Woche im Krankenhaus nach Hause kommen, übernimmt die Käthi unsere Pflege, kocht Kamillentee und macht warme Halswickel und gibt der Mutti und dem Papa Befehle. Bald geht es uns besser, und der Papa bringt flache, rechteckige Schachteln mit Erdbeer-Eis von der Pi Ex nach Hause, weil das Eis gut für den Hals ist nach einer Operation, und vom Betge holt die Mutti die neuen Micky Maus- und Donald Duck-Hefte und dann ist es schön im Bett im Kinderzimmer, auch wenn die Sonne in der Anlage scheint.

Die Mutti und der Papa sind zurück in Freising und wir dürfen endlich raus aus dem Haus aber zuerst läßt uns die Käthi nur vorne in der Voitstraße um die Mittagszeit an die frische Luft, wenn es am wärmsten ist, verpackt in Wintermäntel und Mützen mit Ohrenschützer, reingequetscht in unsere zu kleinen Lehnstühle, damit uns alle auslachen, weil wir uns nicht rühren können, da wir eingeklemmt sind, und wenn wir aufstehen, dann klebt der Stuhl am Hinterteil und muß weggerissen werden mit Gewalt.

In der Anlage blüht der Flieder, die anderen Kinder spielen Ballhäusl in Kniestrümpfen und Sommerkleidern und die Berta und ich sitzen wie Mumien verpackt auf Kinderstühlen und schwitzen in der Sonne.

Nach ein paar Tagen dürfen wir die Mäntel und Mützen ausziehen, aber die Käthi steckt ab und zu ihren Kopf zum Fenster raus, um sich zu versichern, daß wir brav in den Stühlen sitzen. Nur noch paar Tage, hat die Käthi versprochen. Ich habe meine Bücher, aber die Berta heult vor Wut und zappelt, und auf einmal steht ein leerer Stuhl neben mir und ein Schatten fällt auf mein Buch von der Käthi ihrer Trauerkleidung.

»Das Luder, wo ist sie denn hin? Das verbiet ich mir aber. So was Unverschämts, net? Der werd ich's aber zeign jetzt!«

Die Berta steht ein Haus weiter mit der Ate zusammen.
»Was hab ich euch gsagt?« schreit die Käthi. »Auf den Stühlen sitzen und nicht wegrühren hab ich gsagt, oder nicht? Berta, geh her da, auf der Stelle.«

Die Berta kommt angetrottelt mit gesenktem Kopf.
»Tschüß, Berta«, schreit die Ate ihr nach. Die Berta dreht sich nicht um, weil sie schon heult.
»Was hast du da im Mund?« schreit die Käthi.
»Nix«, murmelt die Berta.
»Nix? Jetzt lügst auch noch, was? Mund aufmachen, Zunge raus! Ja, was ist denn das?«
»Bärendreck. Die Ate hat mir nur bissl Bärendreck geschenkt.«
»Was? Bärendreck? Vorm Mittagessen? Sowas kommt überhaupt nicht in Frage. Raus damit!«
Sie hält ihre Hand vor der Berta ihren Mund, damit sie, was sie noch übrig hat, ausspuckt.

»Schau mal die Laura an. Die sitzt brav auf'm Stuhl und rührt sich nicht vom Fleck, und du treibst Unfug. Jetzt bleibst morgen droben in der Wohnung zur Strafe und die Laura darf ab heute vom Stuhl aufstehen, weil sie gefolgt hat.«
»Nein, nein, bitte nicht, Käthi. Ich mach's nie wieder, bitte laß mich raus morgen, bitte, ich mach's doch nicht mehr, ganz ehrlich.«
»Des wer'n ma noch sehn. Ich werd dir deinen Unsinn aus dem Gehirn schlagen, kapiert?«

Die Berta heult so schrecklich, daß ihr Gesicht schwarz ist vom Bärendreck und von der Spucke. Aber das ist der Käthi ganz egal. Sie schleift sie die Treppen rauf, und in der Küche reibt sie der Berta ihr Gesicht mit einem nassen Waschlappen ab bis der Berta ihr Kinn rot ist und jetzt bekommt sie wahrscheinlich einen Ausschlag und ihre faulen Mundwinkel werden noch schlimmer, dann kann sie nicht lachen, weil es so weh tut, wenn die Haut aufgerissen ist. Wenn man viel weint, dann werden die faulen Mundwinkel feucht und brennen von den Tränen, und wenn man lacht, dann können die faulen Mundwinkel nicht heilen, weil sie dann wieder aufgezerrt werden und deshalb hat die Berta immer faule Mundwinkel und weint erst recht wegen den Schmerzen.

Zum Mittagessen gibt es gelbe Rüben in gestöckelter Milch. Manchmal macht die Käthi gute Sachen so wie Schweinefleisch mit Kartoffelknödel, aber oft gibt es gebackenes Hirn, weil es gut für den Geist ist, oder Rosenkohl, der ist gut für das Blut, oder Hirnsuppe oder Spargel, gut für die Verdauung, und wir müssen alles essen, weil es gesund ist. Und die gelben Rüben in der gestöckelten Milch sollen ganz besonders gesund sein für die Haut und für die Augen.

Als wir klein waren, da hat der Papa immer gesagt »Genug? Fertig!« und den Teller weggeschnappt, auch wenn er nicht leer war, weil er der Meinung war, daß man Kinder nicht zum Essen zwingen soll; das hat der Papa immer gesagt, aber jetzt, wo wir größer sind, hat der Papa zur Käthi gesagt, daß wir alles aufessen müssen, auch wenn es uns nicht schmeckt.

Ich habe der Berta erklärt, daß man durch den Mund atmen muß, wenn es einem nicht schmeckt, weil man dann das Eklige kaum spürt, wenn man es schnell runterwürgt, und je schneller, desto besser. Wenn man das macht, dann klingt die Stimme ganz verschnupft, aber die Käthi merkt es nicht, weil wir sowieso beim Essen nicht reden dürfen.

Man kann es auch machen, daß man die Nase zuhält, aber dann weiß die Käthi gleich, daß uns das Essen nicht schmeckt, und deshalb habe ich diesen Ausweg gefunden.

Manchmal, aus Versehen, wenn wir vergessen, den Luftweg durch die Nase abzusperren, und wir die gestöckelte Milch schmecken, dann kämpfen wir mit dem Brechreiz und würgen und denken, daß wir ersticken. Aus lauter Angst fangen wir an zu kichern, und dann haut uns die Käthi eins runter mit dem Kochlöffel.

Mit der gestöckelten Milch ist das sowieso ganz blöd, weil sie erstens zum Kotzen aussieht, und zweitens, weil man die dicke, klumpige Milch am Gaumen und auf der Zunge spürt, und auch, wenn man den Geschmack abgestellt hat, fühlt die wabbelige Milch sich so ekelerregend an, daß man den Brechreiz kaum ver-

hindern kann. Außerdem darf ich die Berta nicht anschauen, beim
Essen von der gestöckelten Milch, weil der Abscheu in ihrer Miene
meinen Ekel noch verstärkt, und dann ist alles noch schlimmer.
Und weil wir uns so anstellen mit der gestöckelten Milch und die
Berta weint, sobald sie die Wörter gestöckelte Milch hört, bekommen wir außer der gestöckelten Milch noch Schläge zum Essen
dazu.

3.

Nach den Pfingstferien dürfen wir mit einer schriftlichen Erlaubnis
vom Doktor zurück in die Schule und ich fahre mit der Klasse nach
Obermenzing und nach Untermenzing zur Bereicherung der Geschichte meiner Heimat.

Auf meine Erdkundeprobe nach den Ausflügen, schreibt der Herr
Erpf einen fetten Sechser, trotz der Bonbonnieren und dem roten
Manischewitz-Wein. Der Papa schüttelt den Kopf, als er den Sechser
unterschreibt.
»Ich versteh das nicht, Laura. Du bist doch sonst eine gute
Schülerin. Was ist passiert?«
»Ich hasse die Erdkunde, Papa.«
»Ja, aber jetzt kannst du dieses Jahr nicht in die Oberschule kom-
men mit solchen Noten, weißt du?«
»Ich will gar nicht in die Oberschule, Papa. Ich bleib lieber in der
Leipziger Schule, dann komm ich in die Klasse vom Knauss, der ist
nett und die Eri mag ihn auch.«
Der Herr Knauss ist der Rektor von der Evangelischen Schule in der
Leipziger Straße.

Die Eri ist meine neue Freundin, meine allerbeste. Eigentlich heißt
sie Erika und Hagner mit Nachnamen. Aber alle nennen sie Eri. Die
Erika hat ein rundes Gesicht mit Pausbacken und lacht immer.

Der Erika ihre Mutter hat keinen Mann, nur die Eri und das Am-
merl, das ist die Annemarie, der Eri ihre ältere Schwester. Die wohnen im dritten Stock von dem Haus, wo die Gelbers und die Potoks
wohnen, und die Frau Hagner sitzt täglich um die Mittagszeit am
Fenster und winkt der Eri zu, wenn sie von der Schule nach Hause
kommt.

Von unserem Badezimmerfenster aus kann ich die vier Fenster von der Frau Hagner ihrer Wohnung sehen. Die Frau Hagner ist so fett, daß am Fenster nur grade Platz ist für ihre zwei Weißwurstarme, den Busen und den Kopf. Mich und die Berta nennt sie Schätzle und Herzle und liebe Kinder und winkt uns zu so wie der Eri und der Am.

Oft gehen wir zur Eri und zur Am in die Wohnung zum Spielen, weil es da so gemütlich ist und es nach Behaglichkeit riecht und die Frau Hagner so eine nette Mutter ist und die Eri und die Am ein Glück haben, daß sie keine gemeine Käthi als Haushälterin haben und sogar keinen Vater, der ihnen Schläge gibt, und die Am und die Eri kommen nicht zu uns in die Wohnung, weil sie Angst vor dem Papa haben und vor der Käthi.

Grade wenn es am schönsten ist auf der Sonnenbank und wir in der Mitte vom Stadt-Land-Fluß Spiel sind, steckt die Käthi ihren Kopf zum Küchenfenster raus und schreit, »Laura, Berta, rauf, Mittagessen!«
Nach dem Essen schickt die Käthi die Berta in den Tonnenraum, den Abfall ausleeren und ich muß das Geschirr abspülen. Die Berta muß abtrocknen und ich muß wegstellen. Ab und zu hören wir vom Hof »Laura, Berta«.
»Beeilt's euch bloß nicht. Ihr werd's schon rechtzeitig runterkommen. Die Eri und die Ate können ruhig a bissl warten.«

»Käthi, laß uns doch jetzt gehen«, jammert die Berta.
»Aufregen tust dich? Das gibt's bei mir fei nicht. Und wie fragst du überhaupt?«
»Bitte, Käthi, laß uns runter.«
»Also, das nächstemal fragst du anständig, so wie sich's gehört.«
»Ja, Käthi, darf ich jetzt gehn?«
»Geh zua.«
»Danke, Käthilein.«
»Laura, du kämm die Fransen vom Teppich im Eßzimmer, dann kannst auch gehn.«
Sowas Gemeines. Die falsche Berta mit ihrem scheinheiligen Getue darf schon runter, während ich schuften muß.

Die Eri hat außer mir noch eine beste Freundin, die blonde, blasse Britta. Die wohnt im ersten Stock direkt über dem Kindergarten. Mit der Britta sitzt die Eri nach der Schule auf der Sonnenbank, aber die Britta liegt jeden Monat mindestens eine ganze Woche lang krank im Bett, weil sie ihre Periode schon bekommen hat, und einen Busen hat sie auch schon, weil sie ein Jahr älter ist als die Eri und die Eri ist zwei Jahre älter als ich und die Mutti findet, daß die Eri zu alt für mich ist. Aber ich mag die Eri am liebsten von allen und es ist mir egal was die Mutti sagt.

Ich bin eifersüchtig auf die Britta und von mir aus kann sie den ganzen Monat lang im Bett liegen. Ich bin froh, daß ich keine Periode habe, weil das ganz schlimm sein muß, und die Eri hat auch keine, aber sie sagt, daß sie bald eine bekommen wird, weil die Am auch schon eine hat. Der Am macht die Periode nicht so viel aus wie der Britta und die Eri hat gesagt, daß man nicht unbedingt im Bett liegen muß, wenn man es hat, nur Schwimmen ins Dantebad kann man nicht gehen. Und da ist es grade am schönsten.

Es ist heiß geworden und oft, gleich nach der Vormittagspause, heißt es, »Kinder, der Wetterbericht sagt 30 Grad. Keine Hausaufgaben. Ihr habt hitzefrei. Geht nach Hause. Die Schule ist aus.« Und am nächsten Tag ist es dasselbe, und die Straßenbahn kann nicht schnell genug fahren, daß wir nach Hause kommen, die Kleider abstreifen, den Badeanzug anziehen, Decke, Handtuch, Sonnenöl, Schwimmreifen und Bademütze in den Matchsack reinstopfen, ein Wurstbrot dazu, und die Eri abholen, die bekommt ein knuspriges Schweinskotelett von ihrer Mutter mit, und die Ate abholen und die Baldurstraße runter an der Rollschuhbahn und am Friedhof vorbeifetzen ins Dantebad, wo es von Menschen wimmelt und man kaum ein Stück leeres Gras findet für die Decke zum Hinlegen.

An der rechten Seite von den Umkleidekabinen sind drei Schwimmbecken aneinandergereiht. Im ersten ist das Wasser grün und sauber, aber kalt, und es sind nur ein paar Leute drin, weil es weder ein Sprungbrett noch eine Rutschbahn hat.

Zuerst tauche ich in dem unter, um mich zu erfrischen bis es mir zu kalt wird und ich von der Rutschbahn im zweiten Schwimmbecken zu meiner Wonne in das vom Reinpieseln der anwesenden Badegäste warme und braungefärbte Wasser mit dem Hintern reinklatsch, aber bevor man sowas macht, muß man oben auf der Rutschbahn schreien »Achtung, ich komm«, um nicht mit dem Arsch auf jemand seinem Kopf zu landen, was schon passieren kann. Im dritten ist das Wasser nicht so warm und schmutzig wie im mittleren, weil wir das Pieseln speziell nach dem Landen von der Rutschbahn im zweiten erledigen, aber im dritten ist es am gefährlichsten wegen den Sprungbrettern und den Buben mit ihren Kopftauchern und Hechten. Dort wartet der Karli um meinen Kopf unter Wasser zu halten, und dort rennen die Buben der Erika nach, damit sie ihr die Träger vom Badeanzug aufmachen können, und dort wird man angeschubst und mit Gewalt ins Wasser gezerrt. Auf der Decke im Gras haben wir meistens unsere Ruhe, weil die Berta die Buben verscheucht mit ihrem Geschrei, daß sie ihnen die Arme und Beine ausreißen wird und die scheußlichen Köpfe auch, wenn sie sich nur hertrauen zu uns.

Diese Abschreckungsmethode hat die Berta von der Am gelernt, die nicht mehr ins Dantebad darf. Sie ist zu Hause eingesperrt zur Strafe dafür, daß sie sich, obwohl es verboten ist, auf der Mauer vor dem Postamtfenster rumgetrieben hat, dabei ihr Gleichgewicht verlor und mit dem Kopf voran durch die Glasscheibe ins Postamt gestürzt ist, mitten in die Leute rein, die Schlange gestanden sind und geschrien haben, weil die Am geblutet hat von oben bis unten wie ein Schwein, und die Frau Hagner das neue Fenster bezahlen muß und, weil es die ganze Borstei weiß und die Frau Hagner sich schämt.

4.

Am letzten Schultag im Juli komme ich mit einem schlechten Zeugnis nach Hause. Zwei Vierer stehen drauf, und zwar in Rechnen und Raumlehre und im Turnen. Der Vierer im Turnen ist dem Papa egal, aber der Vierer im Rechnen nicht. In der Erdkunde habe ich noch einen Dreier zustande gebracht und in der Handarbeit auch. In Schrift habe ich ein bißchen geschmiert, und da hat mir der Erpf einen Dreier gegeben, aber in deutscher Sprache und im Singen habe ich einen Zweier bekommen.

Der Erpf hat geschrieben, daß ich noch gründlicher arbeiten lernen muß. Wenn er nicht so vom Mund stinken würde, dann hätte ich die umständlichen Textaufgaben vielleicht kapiert, aber jedesmal, wenn er sich zu mir runtergebeugt hat, ist es mir schlecht geworden und ich habe nicht zuhören können beim Erklären. Der Papa ist enttäuscht, weil er will, daß ich eine Apothekerin werde, aber mit solchen Noten wie meinen kommt man nicht ins Gymnasium und deshalb werde ich eine Sekretärin sein müssen, sagt der Papa.

Am Abend vor der Abreise ins Kinderheim stehen unsere zwei Koffer fertig gepackt im Gang und am nächsten Morgen, als draußen die Sonne strahlt, stürzt der Papa ins Kinderzimmer und ärgert sich, daß er verschlafen hat, und beeilen sollen wir uns, wenn wir den Zug nicht versäumen wollen.

Zum Zähneputzen und Waschen und Frühstücken ist keine Zeit, aber mit Papas halsbrecherischer Autofahrkunst kommen wir fünfzehn Minuten vor Zugabfahrt am Hauptbahnhof an. Brezenverkäufer und Gepäckträger schreien, der Lautsprecher dröhnt, es pfeift und jeder hat es eilig, ganz besonders wir, und als die Berta und ich erhitzt, aber erleichtert endlich in die dunkelroten Polstersitze im Zugabteil sinken und der Papa die Koffer im Gepäcknetz verstaut hat und den Kopf zum Abteilfenster raussteckt, stellt er fest, daß wir im falschen Zug sitzen.

Draußen auf dem Bahnsteig brüllt ein Schaffner zum Papa rauf: »Gleis Nummer acht«, und der Papa schreit »Raus, schnell!« und reißt die zwei Koffer aus dem Gepäcknetz.
»Fünf Minuten, Kinder, schnell.«

Wir rennen dem Papa nach, die Stufen runter, raus aus dem Zug, quer über den Bahnsteig und rein in einen anderen Zug und raus am anderen Ende, die Stufen runter, über den Bahnsteig rüber und in den nächsten Zug und raus und in noch einen Zug und raus bis wir nicht mehr schnaufen können und denken es ist alles aus, weil wir keine Stufen mehr klettern können, und daß wir den Zug verpaßt haben, aber am nächsten Bahnsteig erscheint ein bekanntes Gesicht und zwei Würstlarme winken aufgeregt von einem Abteilfenster der 2. Klasse und der Papa schafft es noch, uns in den Zug hochzuheben und die Koffer nachzuschieben und mir die zwei Pässe zuzustecken bevor die weißen Dampfwolken ihn am Bahnsteig verschlingen und die Berta und ich ohne langes Abschiednehmen und Küsseschmatzen davonkommen, aber ich höre den Papa noch rufen, »Laura, gib die Pässe der Frau und schreib!«

Die Mutti hat zehn Briefumschläge mit unserer Adresse in der Borstei in meinen Koffer zwischen die Handtücher gelegt und wenn ich das Geld, das mir der Papa mitgegeben hat, in Schillinge umgetauscht habe, dann werde ich Briefmarken kaufen.

Die Berta und ich haben uns kaum verschnauft, da hält der Zug

schon wieder an. Am Bahnsteig draußen sehe ich Pasing in schwarzen Blockbuchstaben auf einem weißen Schild geschrieben.
Mittlerweile geht die Frau Gold mit einer Liste in der Hand durch den Waggon und ruft verschiedene Namen aus, worauf zwei neue Mädchen in unser Abteil reinkommen. Die werden in meiner Gruppe von Zehn- und Elfjährigen sein. Die Acht- und Neunjährigen von der Berta ihrer Gruppe sind im nächsten Abteil, die Mehrzahl davon Buben, und dahin verschwindet die Berta gleich, weil sie nichts lieber tut als ihr Maul aufreißen und mit den Buben einen Streit anfangen.

An der Grenze steigen die deutschen Schaffner aus und die Österreicher kommen in den Zug rein zusammen mit den Beamten von der Paßkontrolle.

Zum ersten Mal bin ich so weit weg von zu Hause in einem fremden Land. Vom Fenster strömt die warme Luft in das Abteil und sie riecht anders als in Deutschland, weil es eine österreichische Luft ist.

»Wo geht die Reise denn hin, Kinder?« fragt der Zollbeamte, als er unsere Reisepässe auf- und zuklappt.
»Nach Österreich, so so. Also bleibts hier im Land. Das ist aber schön. Wie lang bleibts denn da?«
»Fast sechs Wochen? Da wirds eich aber gfallen, ganz bestimmt. Da werds gar nimmer nach Haus wolln. A schöne Zeit wünsch ich eich, viel Sonne auch. Servus alle, und seids recht brav.«

Der Zug fährt weiter, durch Tannenwälder und schwarze Tunnels und pfeift schrill und rast als wenn er es sehr eilig hätte. Als er das nächstemal anhält, heißt es Aussteigen. Wir sind da.

Die kleine Station hat ein weißes Häuschen und nur einen Bahnsteig. Hinter der Station in der brütenden Sonne steht ein weißer Omnibus mit der Aufschrift »Kinderheim« in der rechten Ecke von der Windschutzscheibe. Vor die offene Türe zum Bus haben sich zwei braungebrannte junge Leute hingestellt, die sich als Schoschana, in Shorts und Bluse, und Aaron, in Shorts und Hemd, vorstellen, und uns beim Einsteigen behilflich sind, während sie unsere Köpfe zählen, und als im Bus alle Namen ausgerufen worden sind, geht das letzte Stück der Reise los auf dem Weg zum Kinderheim.
Inmitten einer grünen Landschaft, von Wiesen und sanft gewellten Hügeln umgeben, steht ein weißes langes Gebäude, vor dem der

Bus anhält. Beim Aussteigen nimmt jemand meine Hand in seine große und hilft mir die Treppen runter.

»Ich heiße Gabriel, so wie der Engel, aber du nennst mich Gaby, ja? Ich bin der Madrich für die Buben in deiner Gruppe und das ist die Ruth, die ist deine Madricha.« Der Gaby hat eine tiefe Stimme und seine Nase ist ein Trumm. Er zeigt auf das junge Mädchen, oder vielleicht ist die schon ein Fräulein, aber bestimmt noch keine Frau, die neben ihm steht. Sie hat einen Rock an mit einem breiten Gürtel und einer weißen Bluse, ganz kurze, schwarze Haare mit Ponies, weiße, blitzende Zähne in einem braunen Gesicht, und ist das Allerhübscheste, was ich je gesehen habe. Ich hab noch nie so junge jüdische Menschen gekannt. Die sehen ja aus wie Sportler. In München gibt es die nicht. Ich glaube, der 1946er Jahrgang ist der älteste und dann komm ich.

Namen werden ausgerufen, und die Kinder gruppieren sich um die Madrichim, die bei uns zusammengekommen sind. Die Ruth ist die Schönste und die hat meine Gruppe. Im Ganzen sind wir elf, fünf kleine Buben und sechs größere Mädchen.

Obwohl die Berta nicht in meiner Gruppe ist, schlafen wir zusammen in einem Raum im ersten Stock mit sechs anderen Mädchen. Die Berta schreit gleich, daß sie das Bett über meinem haben muß. Von unserem Fenster aus sieht man die Berge, das Gebäude mit der Küche und dem Eßsaal und die braunen Zelte, wo die Buben untergebracht sind.

Jede von uns bekommt einen Bogen Papier, auf dem der Stundenplan aufgeschrieben ist, damit wir wissen um welche Zeit wir aufstehen, frühstücken, Mittag essen, Pause machen, Freizeit haben, und wann Gruppenspiele und Veranstaltungen stattfinden.

Ich sehe, daß wir jeden Tag Versammlungen haben, und daß es nach dem Abendessen Unterhaltungsprogramme gibt. Ausflüge stehen nicht auf dem Stundenplan drauf, weil die uns zur rechten Zeit bekanntgegeben werden.

Die Ruth notiert mit einem Bleistift, wer was für Pflichten hat. Die Berta meldet sich sogleich zum Küchendienst und zwar zum Kartoffelschälen, weil sie so gern Kartoffeln mag.

Ich bekomme das Abdecken von unserem Tisch im Speisesaal zugeteilt, was den Nachteil hat, daß ich nach dem Essen nicht gleich mit
den anderen abdampfen kann, und den Vorteil, daß ich den Erwachsenen ab und zu einen Blick zuwerfen kann beim Zigarettenrauchen, was ich nicht darf, und daß ich zuhören kann beim Ivrit,
das ich nicht verstehe, aber dabei bin ich, und das ist viel wert.

Unser Waschraum ist am Ende vom Gang und hat sogar vier
Brausen hinter durchsichtigen Vorhängen, wo ich eine Nackte gese-
hen habe, mit einem ganz schwarzen dicken Pelz am Schatzus.
Hoffentlich bekomme ich nicht so schwarze Haare da unten.

Die Berta und ich sind zu faul zum Duschen, waschen tun wir uns
auch kaum, weil wir keine Zeit haben für sowas. Wir sind ganz
schön dreckig und von meinen neu gestochenen, heißen Ohrläppchen mit den Vergißmeinnicht-Ohrringen tropft der gelbe Eiter.

Einmal in der Woche kontrolliert die Ruth unsere Hälse und Ohren
und Hände, da waschen wir uns halt ein bißchen mehr als sonst. Die
Haare muß ich mir nicht kämmen, weil ich dicke Zöpfe habe, mit
denen ich abends ins Bett gehe und in der Früh wieder aufstehe. Am
Morgen muß ich nur den Eiter mit den Fingernägeln hinter den
Ohren und von den Zöpfen abbröckeln.

Nach einer Woche ist uns die Colgate-Zahnpasta ausgegangen, weil
die Buben sie gestohlen haben, in der Nacht, als sie angeschlichen
kamen, und die Berta samt Matratze vom Bett runterhoben und sie
in den Gang beförderten, und die ganze Tube Zahnpasta aus-
quetschten und über der Berta ihr Gesicht, die Haare und ihr
Nachthemd schmierten, und die Berta hat erst geschrien, als sie in
der Früh am Boden vor der Türe mit einem weißen Zahnpasta-
Gesicht aufgewacht ist, und als sie gejammert und geheult hat, hat
sich die verkrustete Zahnpasta aufgelöst und die Berta hat sich unter
die Brause stellen müssen, und das Nachthemd haben wir wegge-
schmissen.

Am ersten Talentabend melden die Berta und ich uns gleich mit
unserem zweistimmigen Lieblingslied, dem feierlichen »Dort ohoben, dort ohoben, an der himmlischehen Tür, und da steht eine
arme Seele, schahaut traurig herfür.« Mit jeder Strophe des Liedes
singen wir lauter bis wir geradezu schreien, sie hoch, ich tief: »In das
Himmelreich, in das Himmelreich, in das himmlische Paradies, wo

Gott Vater, wo Gott Sohne, wo Gott Heil'ger Geist ist, wo Gott Vahater, wo Gott Sohone, wo Gott Heil'ger Geist ist.«

Ich habe Tränen in den Augen, weil es so schön war. Aber wo ist das Beifallklatschen? Im Saal ist es mucksmäuschenstill geworden. Die Madrichim staunen zwar über unser Talent im Gesang, vom Lied sind sie weniger begeistert und sie schlagen uns vor, daß wir am letzten Talentabend, wenn die Ferien zu Ende sind, hebräische Lieder anstatt der christlichen singen, das wäre ihnen lieber.

Wir singen vor dem Essen und nach dem Essen, wir singen im Bus auf den Ausflügen ins Gebirge, wir singen am Abend beim Lagerfeuer und beim täglichen Appell vor der Fahnenstange.
Nachts beim Geländespiel kämpfen wir im besetzten Palästina für ein unabhängiges Land und singen das Palmach Lied. Am Abend lernen wir kleine Spiele aufführen, und am Nachmittag während der Freizeit, wenn wir nicht beim Apfelstehlen sind, üben wir Szenen für die Talentschau.

Die Berta und ich haben »Die dumme Minna« einstudiert, und wenn uns die älteren Buben nicht stören mit ihren schweinischen Witzen, dann liege ich auf zwei zusammengerückten Stühlen als die faule Madame und die Berta fegt mit dem Besen umher als die dumme Minna, und die Berta hinkt ein bißchen, weil eine Hornisse oder Wespe oder irgend so ein Viech sie ins Schienbein gebissen hat.

Wenn wir vor dem Mittagessen auf der Wiese rumliegen und nach Hause schreiben, kommt die Berta aus der Küche mit heißen Pellkartoffeln in der Schürze heimlich angeschlichen und verteilt sie zwischen uns, und das macht die Berta sehr beliebt. Selbst verschlingt sie beim Schälen zehn Kartoffeln am Tag und ist schon so groß wie ich, denn ich wachse in die Breite anstatt in die Höhe.

Freitag abends müssen wir weiße Blusen und dunkle Röcke anziehen, und bei dieser Gelegenheit reiben wir ein bißchen mit dem Waschlappen und der Seife rum, damit die Blusen keinen schwarzen Rand am Hals bekommen. Am Samstag tun wir nichts als faulenzen und der Schoschana und dem Aaron nachspionieren, die im Zelt hinter einem Vorhang auf der Matratze rumknutschen.
Samstag abends zeigt man Filme über das Leben im Kibbuz und Lichtbilder von der Wüste und dem Toten Meer und der Orangenernte. Am letzten Tag der Ferien im Kinderheim fehlt die Berta

beim Abendessen, da sie im Bett liegt mit Fieber. Aus der Vorführung von der dummen Minna wird nichts, weil die Berta einen schwarzen Stachel im Bein hat. Von Vergiftung ist die Rede und von Notfall und am nächsten Morgen, als ein leichter Regen vom nebligen Himmel fällt, kommt der Rettungswagen mit dem roten Kreuz, die Berta abholen.

5.

Am Hauptbahnhof in München steht niemand am Bahnsteig, der mich und meinen alten braunen Koffer mit der schmutzigen Wäsche erwartet. Durchs Telefon in der Bahnhofshalle teilt mir der Papa mit, ich soll die Linie 1 vor dem Hauptbahnhof nach Hause nehmen, weil die Berta grade todkrank daheim angekommen ist und die Ärzte da sind und niemand Zeit hat, zum Bahnhof zu kommen. Draußen vor dem Ausgang lugt die Sonne zwischen den Wolken hervor aber die Straße ist naß und voller Pfützen, als ich meinen schweren Koffer vom Bahnhof zur Trambahnhaltestelle rüberschleppe.

In der Voitstraße 8 im ersten Stock ist die Wohnungstüre angelehnt und im Kinderzimmer stehen die Frau Doktor Obermayer und andere Leute und die Mutti und der Papa und die Käthi um der Berta ihr Bett rum. Um mich kümmert sich kein Mensch bis die Käthi Zeit hat, meinen Koffer auszuleeren und mich in die lauwarme Badewanne zu stecken.

»Sowas Dreckigs hab ich noch nie gsehn. Ja, Herrgott Sakra. Wie gibt's denn sowas? Frau Stöger, schaun Sie sich amal das Wasser in der Badewanne an.«

»Oj, Laura, Laura, so schmutzig waren wir sogar im Lager nicht.« Die Mutti seufzt und schüttelt den Kopf, während die Käthi die Ohrringe von meinen verkrusteten Ohrläppchen rauszieht und das Verklebte mit Watte und Kamillentee aufweicht.

»Gleich morgen geht's zum Friseur, meine Liebe, das ist ja unerhört wie du aussiehst. Hast dich überhaupt gwaschn in den sechs Wochen? Also, Sakrament nochmal, daß ich sowas noch erleben muß.« Wegen ihrem entzündeten Bein muß die Berta paar Tage im Bett rumliegen und versäumt sogar den ersten Schultag in der dritten Klasse.

6.

Zwischen den fünften und achten Klassen ist die Volksschule an der Leipziger Straße in die evangelische und die katholische Schule eingeteilt. Wenn man jüdisch ist, dann kommt man ohne Zweifel in die evangelische Schule. Ich bin die einzige jüdische Schülerin in meiner Stufe, da die anderen in meinem Alter aufs Gymnasium gekommen sind.

Der Rektor Knauss ist genauso wie ihn die Erika, die bereits in der 7. Klasse beim Herrn Ludewig ist, beschrieben hat, gräuslich, aber nett.

Der Herr Rektor Knaus ist ein schmächtiger Mann mit einem faltigen Gesicht unter einem Schopf von wilden, grauen, gewellten Haaren. Er hat immer schwarze Schuhe und graue Hosen an, über denen er einen weißen Kittel trägt, weil er der Rektor ist. Er wohnt weit weg von Moosach, in Steinhausen, und fährt jeden Tag eine Stunde mit der Linie 1 in die Leipziger Straße.

Die Eri hat gesagt, daß der Herr Knauss einen schlechten Magen hat, dafür hat er aber ein gutes Herz. Für den Magen muß er den ganzen Tag gelbe Tabletten lutschen und die Eri hat gesagt, daß, wer in der ersten Bank sitzt, einen Regenschirm braucht, weil der Knauss beim Reden spuckt und die Tabletten aus seinem Mund rausfallen.

Ich sitze in der ersten Bank an der Fensterseite neben der Leni Lorenz, der lebhaften mit der lauten Stimme und einem roten Fleck auf der Backe, der sich dunkler färbt, wenn sie sich aufregt.

Hinter mir sitzen die Irene Ackermann, die Streberin, und die Karin Beckerle, die ruhige. Dahinter sitzen die Elfriede Weidinger, die dicke, und die Karin Hirsch, die aussieht wie eine Kuh und die einen aus hervorquellenden Augen immer anglotzt.

In der vierten Bank sitzen die Hannelore Raschke, die fette, und die hübsche, dünne Christine Feistlinger, und hinter denen sitzen die Friederike Langer, die hochmütige und angeberische mit dem straffen langen Pferdeschwanz, und die Claudia Klinger mit der tiefen Stimme und dem Schweißgeruch.

In der letzten Bank sitzt die blonde Petra Becker, die ein sehr klares Deutsch spricht und die so tut als ob sie was ganz Wichtiges zu sagen hätte und auch nach Schweiß stinkt, und neben der sitzt niemand.

Die Buben sitzen in der Mittelreihe und in der Reihe neben der Türe, und die gehen mich nichts an, weil die nur den Unterricht stören und blöd sind, bis auf den Klaus Brunner und den sommersprossigen winzigen Robert Kleina, den Schoas, der aussieht wie ein Zwerg; die sitzen in der ersten Bank in der Mitte, gleich neben mir und der Leni und schauen andauernd zu uns rüber. Ich bin die einzige aus der Borstei, alle andern in meiner Klasse wohnen in Moosach.

In den Hebräisch-Unterricht am Sonntag in der Möhlstraße muß ich Gott sei Dank nicht mehr gehen. Von der Religionsstunde in der Volksschule bin ich entschuldigt.

Wenn die Religionslehre die erste Stunde ist, dann muß ich nicht beim Beten dabei sein und kann eine Stunde länger schlafen, weil ich erst um 9 Uhr in der Schule sein muß, aber ich werde angestarrt, wenn ich allein in die Klasse reinkomme.

Beim täglichen Beten vor dem Unterricht komme ich mir vor wie ein Außenseiter, weil ich die einzige bin, die nicht die Hände faltet. Ich stehe nur steif da mit dem Kopf runter und, anstatt zum selben Gott zu beten wie die anderen, bete ich, daß es schnell vorbeigeht und mich niemand anschaut.

Wenn die Religionsstunde auf die letzte Stunde fällt, habe ich Erlaubnis, früher heimzugehen, aber meistens bleibe ich da und mache meine Hausaufgaben, weil mir sonst alle neidisch sind, daß ich was Spezielles bin und nicht so lange in der Schule bleiben muß wie die anderen, und eigentlich höre ich gern zu bei der Geschichte vom Jesus im Garten von Getsemaneh und mit den Jüngern beim letzten Abendmahl, vom Judas und vom Petrus und vom Hahnenschrei und vom Kreuzweg und dem Schwamm mit dem Essig und der Dornenkrone, und wie der Jesus zum Vater gesagt hat, Vergib ihnen, denn sie wissen nicht was sie tun, und von der Auferstehung und der Himmelfahrt.
Nur das Kapitel mit den Juden und dem Hetzen und dem Schreien »Tötet ihn«, jagt mir die Hitze ins Gesicht und mein Herz klopft. Hoffentlich merkt es ja niemand.

Nach der Stunde, bevor der Knauss ins Klassenzimmer zurückkehrt, läßt mich die Leni im Religionsbuch blättern, und wenn sie ein neues Heiligenbild zur Belohnung für eine gute Arbeit von der Lehrerin geschenkt bekommen hat, so darf ich es in der Hand halten.

7.

»Mutti, wieso glauben wir eigentlich nicht an den Jesus?«
»An Jesus sollen wir glauben? Wir sind doch jüdisch. Juden glauben nicht an Jesus.«
»Aber wieso nicht? An was glauben wir überhaupt?«
»Wir glauben an Gott.«
»Wieso nicht an Jesus? Der war doch ein guter Mensch und er war der Sohn von Gott.«
»Sei nicht blöd, Laura, es gibt keinen Sohn von Gott. Juden glauben an keine Menschen.«
»Ja, aber wenn die Juden an Jesus geglaubt hätten, dann wären wir jetzt alle Christen, und das wär viel besser.«
»Laura, sei nicht dumm, der Jesus war doch selbst ein Jude.«
»Ein Jude? Wie gibt's sowas? Der Jesus war ein Christ, kein Jude.«
»Ein Jude, Laura, ein Jude war er, damals hat es keine Christen gegeben.«
»Also, Mutti, daß der Jesus ein Jude war, sowas hab ich noch nie gehört und ich bin doch oft in der Religionsstunde dabei.«
»Frag die Lehrerin, die wird's dir schon sagen.«
»Ich glaub's dir nicht.«
»Gut, dann glaub's mir nicht.«
Die Mutti lacht und schüttelt den Kopf und geht ins Badezimmer und die Käthi steht in Gedanken versunken und mit gerunzelter Stirn beim Herd und kratzt ihr Bein.
»Ja, die Juden, die sind das auserwählte Volk, Laura, das kannst schon glauben, weißt, drum müssen sie soviel leiden.«
»Wieso müssen sie leiden, wenn sie das auserwählte Volk sind, Käthi? Das versteh ich nicht.«
»Ja mei, der liebe Gott wird schon seinen Grund haben, Laura, da darf man nicht so viel fragen. Weißt, ich bin evangelisch, aber ich mag die Juden gern; schlau sind sie, das weiß man.«

Die Mutti und der Papa haben den Stefan mit der Geschäftsführung vom Restaurant in der Unteren Hauptstraße in Freising vertraut gemacht, damit sie die jüdischen Feiertage in München verbringen können, denn in Freising gibt es keine Synagoge. Der Martin Schatzkammer muß an den Hohen Feiertagen auch nach München in die Synagoge in der Reichenbachstraße zum Beten fahren.

Außer dem Schatzkammer und der Mutti und dem Papa sind keine Juden in Freising.

Seit Rosh Hashanah herrscht ein Schweigen zwischen der Mutti und dem Papa, das heißt, der Papa redet schon, aber die Mutti antwortet ihm nicht. Es fing an mit einem Rührei und endete mit einer Watsche.

Die Sache war so, daß die Mutti an Käthis freiem Tag ein Ei in die Pfanne schlug und dann ein zweites und auf diesem war ein kleiner Blutfleck im Eidotter und gerade in diesem Moment kam der Papa in die Küche rein und sah, was passiert war und klatschte der Mutti eine Ohrfeige ins Gesicht, was die Mutti völlig aus der Fassung brachte, worauf der Papa geschrien hat, daß man bei ihm zu Hause in Polen die Eier zuerst in einem Glas aufschlug, eins nach der Reihe, separat, damit, falls Blut drauf war, man nicht zwei oder drei Eier gleich wegschmeißen mußte, nur, weil eines verdorben war.

Als er mit dem Schreien fertig war, hat er die heiße Pfanne ins Küchenbecken geschmissen und hat die Küchentür hinter sich zugeknallt, daß die Glasscheiben gezittert haben.

Ich bete jeden Abend vor dem Schlafengehen, daß sich die Mutti und der Papa nicht scheiden lassen. Wenn sie ihm am Versöhnungstag nicht verzeiht, dann gibt es keine Hoffnung mehr.

»Papa, du brauchst dich nur bei der Mutti zu entschuldigen.«
»Ist schon gut, Laura, misch dich nicht rein.«
»Papa, die Mutti wird es nie mehr tun mit dem Ei, aber du mußt dich wegen der Ohrfeige entschuldigen, sonst wird sie nie mehr mit dir reden.«
»Reg mich nicht auf, Laura.«
»Papa, bitte, sag der Mutti nur, daß es dir leid tut.«
»Laß mich.«
Und er setzt seinen Hut auf die Glatze und geht weg. Und kommt nach paar Stunden wieder zurück, hängt den Hut auf und geht mit der Zeitung aufs Klo und zündet sich eine Zigarette an. Eine Viertelstunde später hör ich das leise Brummen vom Remington und das Patschen vom Old Spice auf die Wangen und das Kinn und der

Papa kommt raus aus dem Badezimmer und riecht gut und setzt
den Hut wieder auf den Kopf. Bei der Wohnungstür dreht er sich
um.
»Laura, sag der Mutti, daß ich jetzt in die Stadt fahre.«
»Mutti, der Papa fährt jetzt ...«
»Schon gut, ich weiß schon«, die Mutti steht in der Küchentür und
wischt sich die Augen mit einem Schürzenzipfel ab.
Der Papa schaut sie ganz traurig an.
»Laura, frag die Mutti, ob ich Gänsewurst einkaufen soll.«
»Mutti, soll der Papa Gänsewurst einkaufen?«
»Nur ein halbes Pfund.«
»Ein halbes Pfund, Papa.«
»Schon gut. Wiedersehen.«
»Oj«, seufzt die Mutti, als die Wohnungstür zufällt und die Schritte
vom Papa auf den Treppen verhallen.

Wie lang soll das noch weitergehen? Die Berta und ich reden außer
den Botschaften hin und her kein Wort mehr mit dem Papa und tun
so, als ob er Luft für uns wäre, weil uns die Mutti so leid tut.

»Ich seh schon, wer meine Sonim sind,« klagt der Papa.
»Wer braucht Feinde, frag ich mich, wenn er solche Kinder hat wie
euch?«

Am Versöhnungstag weint die Mutti noch mehr als an Rosh
Hashanah. Fragen über ihren Kummer stellt niemand in der
Synagoge, weil sie alle weinen, wenn sie an ihre Väter und Mütter,
ihre Kinder und Geschwister denken, die im Lager umgekommen
sind. Während des Gedenkgebetes für die Toten, müssen wir mit
den anderen Kindern im Hof von der Synagoge bleiben, und wenn
man uns später wieder reinläßt ins Gebetshaus, haben alle rote ver-
weinte Augen und sehen häßlich aus und riechen nicht gut vom
Mund, weil sie fasten müssen und sich sogar nicht die Zähne putzen
dürfen.

Zu Hause haben die Mutti und der Papa im Eßzimmer auf dem
Tisch Jahrzeitkerzen in Gläsern stehen, die unheimlich flackern und
an die Toten erinnern.

Der Papa redet nicht viel von seiner Familie, nur von seiner gottseligen Mamme, die so geheißen hat wie ich, und davon, daß er zu
Hause sehr verwöhnt war von seinen Geschwistern.

Die Mutti erzählt uns viel von ihrer Familie, daß sie aus einem guten Hause stammt, und von ihrer geliebten Babtsche, die noch vor der Aussiedlung gestorben ist, Gott sei Dank, und von ihrer gottseligen Mutter, die an Lungenentzündung gestorben ist als die Mutti klein war, und von ihrem gottseligen Vater, der einen schwarzen Bart hatte und eine schwarze Kappe trug. Der ist umgekommen, sagt die Mutti. Die anderen sind auch umgekommen, die gemeine Stiefmutter, der kleine Bruder Mendel, der hinkte, und die schöne Schwester Rivka, ihr hübscher Mann und das dreijährige Kind. Nach dem Krieg hat die Mutti einem Onkel, der versteckt war, zwei Familienphotos abgebettelt.

In der Vorhalle der Synagoge in der Reichenbachstraße brennen Hunderte und Hunderte von Jahrzeitkerzen, ein ganzes Meer von Gläsern mit zitternden Lichtern, daß man kaum atmen kann wegen Mangel an Sauerstoff, und, weil kein Platz mehr übrig ist auf den Tischen, hat man sie auf den Boden hingestellt, so daß wir vorsichtig sein müssen, daß wir nicht drauftreten.

Die Männer stehen unten beim Beten, und wenn man in den Betsaal reinschaut, dann sieht man ein Auf und Ab von weißen Gebettüchern mit langen Fransen und schwarzen Streifen und hört ein Murmeln, das immer lauter wird und ab und zu von ganz lautem Klagen unterbrochen wird. Der Vorbeter steht in der Mitte über die Thora gebeugt und liest in einem rasenden Tempo, das nur von dem »Umein« der Betenden unterbrochen wird.

Oben auf dem Balkon sitzen die Frauen. Manche schwatzen, aber die meisten weinen. Ab und zu drücken die Berta und ich uns durch die wogenden Körpermassen unten, klettern die Treppen rauf zu den Weibern, wo es uns schwindlig wird vom süßen Parfümgeruch, auf der Suche nach der Mutti und quetschen uns durch Reihen von Bänken um sie zu plagen mit »Wie lang noch?«, worauf die Mutti ihren Zeigefinger ableckt und die Seiten im Gebetbuch umblättert und zählt, wieviel übrig ist zum Lesen.
Zu Hause schließt sich der Papa mit der Mutti im Wohnzimmer ein. Durch das Schlüsselloch kann ich sehen wie der Papa die Mutti an sich drückt und etwas in ihr Ohr reinmurmelt. Als sie aus dem Zimmer rauskommen, sind sie sich wieder gut.

8.

»Wo warst du denn gestern und vorgestern?« hat mich die Leni im
Hof während der Schulpause gefragt, als ich nach den Hohen
Feiertagen zurück in die Schule kam.
»Wir hatten jüdisches Neujahr, Leni.«
»Da wirst aber ganz schön nachholen müssen.«
Und nach Jom Kippur fragt sie mich wieder, warum ich nicht da
war.
»Wegen dem Versöhnungstag.«
»Du hast aber ein Schwein, daß du so oft frei hast. Was macht man
denn eigentlich am Versöhnungstag?«
»Man muß fasten, wenn man über 12 ist, und man muß Gott um
Verzeihung bitten für die Sünden vom letzten Jahr.«
»Ja, ihr werds ganz schön viel für eure Sünden büßen müssen.
Schließlich warns ja die Juden, die den Jesus Christus gekreuzigt
haben, des weißt fei schon, oder?«
»Du, ich glaub, das waren die Römer, die ihn gekreuzigt haben. Der
Pontius Pilatus hat's doch befohlen, oder nicht, Leni? Das hat mein
Vater gesagt.«
»Dein Vati. Ja, aber die Juden sind fei dabeigestanden und haben
geschrien und gejubelt, und es war schon ihre Schuld, daß der Jesus
gekreuzigt worden ist. Aber deine Schuld ist es ja nicht, Laura, nur,
weil du jüdisch bist, mach dir nichts draus.«

Dem Herrn Rektor Knauss habe ich einen Zettel gegeben mit der
Entschuldigung für meine Abwesenheit und ich schenier mich, als
er liest von jüdischen Feiertagen und mit dem Kopf nickt. »Ist
schon gut, Mädel. Viel hast nicht versäumt, aber eine Probe mußt
nachholen, in Geschichte. Das kannst du während der Religionsstunde im Klassenzimmer auf der letzten Bank machen, gell?« und
er spuckt eine gelbe Tablette auf ein Heft am Pult, hebt sie auf und
steckt sie zurück in seinen Mund.
In der Geschichte sind wir bei der Eiszeit und beim Rechnen haben
wir mit Quadraten und Rechtecken angefangen. In der Erdkunde
lernen wir über Deutschland, von den Gebirgen und von den Flüs-
sen, wo der mächtige Rhein mit seiner kleinen sprudelnden Quelle
anfängt und wo er in der Nordsee mündet, die Sage von der Lorelei,
wir lernen über das Ruhrgebiet und vom Kölner Dom und vom
Schwarzwald und den Alpen und von der Lüneburger Heide und
den Hansestädten, von Lübeck und von Hamburg.

Die Schüler mit Einsern oder Zweiern in Deutsch haben die Gelegenheit, einmal in der Woche am Nachmittag Englisch zu lernen. Wenn man nur nicht die Zunge zwischen die Vorderzähne stecken müßte, um den »th«-Laut auszusprechen. Das ist so umständlich. Aber Englisch hat den Vorteil, daß man den Artikel »the« für sämtliche Geschlechtswörter benützt. Anstatt »die« vor der Katze und »der« vor dem Hund und »das« vor dem Kind, sagt man einfach »the«. Da muß man sich nicht den Kopf zerbrechen, man schaut nur blöd aus mit der Zunge zwischen den Zähnen.

Wir müssen uns merken, betont die Lehrerin, und zeichnet eine Straße mit Wolkenkratzern auf die Tafel, daß man in Englisch nicht »auf« der Straße geht, sondern »in« der Straße, als ob man eine Straße vom Standpunkt der Höhe betrachten würde, so wie ein Tal oder eine Schlucht.

Der Papa ist begeistert, daß ich zwei englische Lieder gelernt habe. Die muß ich gleich bei seinen amerikanischen Freunden in ihrer heißen Schwabinger Wohnung vorsingen. Die Amerikaner schenieren sich nicht mal, vor Gästen in Unterwäsche und ohne Hausschuhe zu Hause rumzusitzen. Die sehnen sich bestimmt nach dem Sommer. Gemütlich ist es schon, finde ich. Zum Glück haben die Amis ein wenig Deutsch gelernt, sonst könnte sich der Papa ja nicht mit ihnen verständigen. Mit »Wonderful«, mit »Letzgo« und mit »Okay« würde der Papa nicht viel erreichen.

Daß ein deutsches Kind »How much is that Doggie in the Window?« singen kann, davon sind sie ganz entzückt. Zu »Oh Susanna« werde ich sogar von den Klängen einer Gitarre begleitet und der Papa hat Tränen in den Augen. Der Papa sagt, ich soll froh sein, daß ich Englisch lernen kann und die Käthi findet das auch, obwohl sie überzeugt ist davon, daß die gelbe Rasse die Welt erobern wird und daß wir alle mal Chinesisch sprechen werden.

Die Naturkunde ist ein neues Fach, in dem der Knauss uns erklärt, wie sich Klima und Witterung auf die Erdschicht, einheimische Pflanzen und Gewächse und Kräuter auswirken.

Manchmal, wenn der Knauss seine Tabletten auf unsere Bank spuckt, und die Leni mich mit dem Ellbogen anschubst und flüstert, daß es wirklich schade ist, daß sie ihren Regenschirm zu

Hause gelassen hat, und wir lachen bis wir nicht mehr schnaufen können, dann wird es dem Knauss zu viel und er schreit:
»Lorenz, Stöger, jetzt reichts. Oder seids so gut und erzählts der Klasse was euch so amüsiert.«
»Nichts, Herr Rektor.« Und, weil wir noch mehr lachen, kommt der Knauss so nah auf uns zu, daß wir die gelbe Tablette auf seiner Zunge sehen, und sagt ganz deutlich:
»100 mal schreibts mir ›In der Schule wird nicht gelacht‹. Und morgen bringt ihr mir's, schön geschrieben.«

Nachdem die Glocke geläutet hat zum Nachhausegehen, stehen die Leni und ich im Büro vom Knauss. Die Eri hat mir gesagt, daß der Knauss ein Gutmütiger ist, der einem die Strafaufgaben erläßt, wenn man sich nur entschuldigt.

»Ja? Was wollts denn?« Der Knauss schaut uns unter seinen buschigen grauen Augenbrauen fragend an.
»Herr Rektor, wir bitten um Entschuldigung.«
»Ja, wieso denn? Was habt's denn getan?«
»Wir haben gelacht im Unterricht, und es tut uns leid.«
»Ach so, ja, das stimmt. Des hab ich ganz vergessen. Ja, wenn's euch leid tut, dann ist's schon gut.«
»Herr Rektor, müssen wir die Strafaufgaben machen? Wir haben nämlich so viel Hausaufgaben auf.«
»Was hab ich euch denn gegeben?« Der Knauss kratzt sich nachdenklich am Kinn. »Ja, jetzt fällt's mir wieder ein. Braucht's nicht machen, seids ja sonst gute Schülerinnen, ihr zwei, nur lachen tuts zuviel manchmal.«

Der Knauss hat wirklich ein gutes Herz und wir sind gemein, daß wir ihn so ausnützen und uns über seine Vergeßlichkeit lustig machen. Leid tut es uns schon sehr, aber die Leni und ich stehen fast jede Woche in seinem Büro und flehen um Gnade.

Wenn die Buben unverschämt sind, dann schickt mich der Herr Rektor Knauss zum Ludewig am Ende vom Korridor, den Stock holen zum Verhauen und, weil die ganz Schlimmen, so wie der Klaus Eberl, der Bayer, der viel flucht, und der Tassilo Ried, der aussieht wie ein Halbstarker, Lederhosen anhaben zum Schutz, knallt der Knauss auf die Finger drauf anstatt auf den Arsch, damit sie Au schreien und wir uns freuen.

Um den Paul Krüger, der größer ist als der Knauss und so tut, als ob er der Elvis Presley wär, kümmert sich der Knauss überhaupt nicht, weil er Angst vor ihm hat. Er hat ihn in die letzte Bank ganz hinten bei der Landkarte gepflanzt und gibt ihm nur Sechser und manchmal schreit er sich heiser mit Drohungen, daß er den Krüger aus der Schule rausschmeißen wird, aber der macht sich nichts draus und lacht nur ganz dreckig.

Als mich der Knauss zum erstenmal zum Ludewig geschickt hat wegen dem Stock, haben meine Knie gezittert vor Angst, weil die Eri mir gesagt hat, daß der Ludewig so streng ist. Ich habe angeklopft und beim »Herein«, habe ich die Türe aufgemacht, geknickst und bin zum Pult hin, wo der Herr Ludewig gesessen ist. Der hat sich im Stuhl zurückgelehnt und mich angeschaut und geschmunzelt.
»Grüß Gott, Herr Ludewig.«
»Grüß Gott.«
»Herr Ludewig, der Herr Rektor Knauss bittet um den Stock.«
»Den Stock braucht der Herr Knauss? Aber selbstverständlich«, und der Herr Ludewig ist aufgestanden, zum Schrank in der hinteren Ecke vom Klassenzimmer hingegangen und hat den Stock gebracht. »So, hier ist er.«
Als ich zur Tür rausging, winkte mir die Eri von ihrem Pult zu.

Beim Herrn Ludewig in der Klasse sieht es ganz anders aus als beim Herrn Knauss. Die Pulte sind von der modernen Art, nicht die schiefen, engen und zerkratzten Schulbänke, in die wir uns beim Knauss drücken, sondern flache Tische, die in Gruppen von vier zusammengeschoben sind, so daß acht Schüler in einer Arbeitsgemeinschaft zusammen sitzen.

Der Herr Ludewig sitzt an einem riesigen Schreibtisch vor der Tafel, die die ganze Wand einnimmt. Vorne, in der rechten Ecke steht ein schwarz poliertes Klavier. An der Wand ringsherum um das Klassenzimmer hängen gezeichnete Bilder von berühmten Namen der Geschichte so wie der Goethe, der Schiller, der Beethoven, der Mozart und der Napoleon. Unter den Bildern stehen grüne Pflanzen in Töpfen auf einem Regal.

Beim Herrn Ludewig ist es hell und freundlich im Zimmer. Die Schüler sind über ihre Hefte gebeugt und das Einzige was man hört ist das Kritzeln von Füllfederhaltern. Der Herr Ludewig ist jung und hübsch und er weiß, wer ich bin, weil ich mindestens einmal in der Woche den Stock holen muß.

»Ja, sagts mal, brauchts den Stock schon wieder? Bei euch scheint's ja schön zuzugehen, Stöger, also wartets nur bis ich euch krieg in der 7. Klasse, da wird sich schon einiges ändern.«

9.

Für ein Zehnerl hat mich die Monika im Keller bei uns, als es draußen geregnet hat, ihren Busen anlangen lassen. Der war so glatt und so rund, daß ich in großer Ehrfurcht davor stand. Aber zu lange konnte ich ihn nicht abtasten, sonst hätte ich noch ein Zehnerl zahlen müssen. Die Träger vom BeHa tun bestimmt weh. Aber einen Busen will ich schon haben. Schwitzen tut man auch mehr und eigentlich ist es wahrscheinlich ziemlich unbequem, aber trotzdem, einen Busen will ich. Manchmal roll ich mein Unterhemd hoch und tu so als ob. Die Monika hat sogar schwarze Haare unterm Arm. Ich schau jeden Tag nach, aber ich habe noch keine.

Die Mutti läßt mich ihren Busen nicht anschauen. Aber zum Rükkenwaschen braucht sie mich schon, wenn der Papa nicht in der Wohnung ist und sie grade nackt und naß im grauen Wasser in der Badewanne sitzt. Erst ruft sie: »Laura, komm rein und wasch mir die Pleitze«, und dann, wenn ich bereits die Badezimmertüre aufgemacht habe, schreit sie noch ganz erschrocken, »einen Moment, noch nicht« und dann, »jetzt!«. Schultern, Rücken, Ansatz vom Popo, sonst sehe ich nichts. So viel Haut zum Einseifen und Reiben mit der Bürste und die ganze Zeit sitzt die Mutti mit gekreuzten Armen in der Wanne und schämt sich vor mir, so daß mir die Wascherei ein Ekel ist.

10.

Zum Kastanienklauben auf die Gaswiese dürfen wir nur, weil in der Leipziger Schule Kastanien als Heizmittel für die armen Leute gesammelt werden, und da uns der Hausmeister von der Schule sogar mit braunen Leinwandsäcken für den guten Zweck versorgt hat, glaubt uns der Papa, daß wir ihn diesmal nicht hinters Licht führen.

Vorher durften wir nur die Kastanien vorm Hengelerhof holen. Allein dürfen wir nicht auf die Gaswiese, hat der Papa gesagt, nur mit den anderen Kindern. Gleich hinter der Lampadiusstraße, wo die Eri wohnt, trennt ein hoher Zaun die Gaswiese von der Borstei. Drüber klettern kann ich nur, wenn die Eri auf der anderen Seite meine Hand hält beim Runterspringen.

Die Leute, die neidisch sind, daß wir in der Borstei wohnen, behaupten, daß der rote Gaskessel auf der Gaswiese eines schönen Tages explodieren wird, aber der Papa hat gesagt, daß wir uns deswegen keine Sorgen machen sollen, weil das nur ein Gerede ist.
Die Buben lassen wir die Äste an den Bäumen schütteln und rütteln, bis man ein dumpfes Aufpflopfen hört von den Kastanien, die niederprasseln. Am besten sind die, wo die grüne Schale mit den paar Stacheln gespalten ist, so daß man durch den Ritz die feuchte Bräune der Kastanie glänzen sieht und nur die Schale an beiden Seiten mit zwei Händen auseinanderdrücken muß, vorsichtig und sanft, damit die frische Kastanie nicht rausschießt und jemanden auf den Kopf trifft, sondern langsam rausglitscht.
Manchmal finden wir sogar Zwillinge, die mit der flachen Seite aneinandergepreßt in der Kastanienschale liegen.

Wenn es zu dämmern anfängt und die Säcke schwer sind, reihen wir sie beim Zaun auf und stecken Zettel mit den Nummern von den Klassenzimmern drauf. Von dort werden sie abgeholt und zur Schule befördert, wo sie gezählt werden. Die Klasse vom Ludewig hat die meisten Säcke und die vom Knauss ist am zweiten Platz.

Kurz nach dem Totensonntag, verliert die Käthi ihren goldenen Ring. Sie sucht vergeblich den ganzen Tag und am Abend ist sie überzeugt, daß der Staubsauger den Ring geschnappt haben muß, und daß der Ring nur noch auf einem gewissen Ort sein kann.
Sie macht die Türe zum Kinderzimmer auf und knipst das Licht an.
»Raus aus dem Bett, ihr beiden. Ziehts euch eure Hausschuh an und kommts mit mir mit in den Tonnenraum.«

»Was, in den Tonnenraum, in der Nacht? Käthi, wir schlafen doch schon.«
»Ihr gfallts mir aber, ihr zwei. Kein Meckern. Das gibt's nicht bei mir.«

Die Käthi steht im Gang mit einer Taschenlampe und die Berta und ich gehen ihr nach ins Stiegenhaus, zur Hintertüre, die Steintreppen runter in den Hof und quer durch zum Aschentonnenraum, wo es stockdunkel ist bis die Käthi das Licht anknipst. An beiden Seiten stehen die Tonnen aufgereiht und es stinkt zum Kotzen.

»Käthi, wir müssen brechen.«
»Stellts euch nicht so an. An die Arbeit.«
Sie kippt die erste Aschentonne um.
»Jetzt wühlts da durch und schauts gut nach.«
»Käthi, wir haben uns doch schon gewaschen. Unsere Nachthemden werden ganz dreckig. Ich sag's der Mutti und dem Papa«, schreit die Berta.
»Kein Wort sagst du, du hinterfotzige Kanaille. Dir zeig ich's noch. Das Maul hältst, sonst schmier ich dir eine. Verstanden?«

Die Berta und ich schauen uns stumm an. Es bleibt uns nichts übrig als mitzumachen und den verfaulten, klebrigen und stinkenden Abfall auszusortieren. Nach paar Tonnen reißt der Käthi die Geduld und sie sagt, wir sollen uns nach oben schleichen und frische Nachthemden anziehen.

Am nächsten Tag findet die Käthi ihren goldenen Ring in einer Lücke zwischen dem Bettgestell und der Matratze in ihrer Kammer. Entschuldigen für ihr Benehmen von der vorigen Nacht tut sie sich nicht, und der Gestank vom Tonnenraum ist in unsere Nasenlöcher eingegraben für alle Ewigkeit.

Die Käthi findet es ganz gut, daß man Kinder abhärtet. Sie erzählt uns, daß sie am Ende vom 1. Weltkrieg vor dem Schlafengehen barfuß im Schnee rumgerannt ist, damit es ihr beim Schlafengehen warm war, oder daß sie im Frühling täglich um sechs Uhr früh schon wieder barfuß zum eiskalten See hingerannt ist, um unterzutauchen, weil das gut für den Blutkreislauf ist. Von Widerspruch oder Mekkern war gar keine Rede. Sowas wäre niemandem eingefallen.

Wenn die Käthi der Berta und mir in der Küche in der Früh beim Kakaotrinken oder am Nachmittag beim Teigkneten von früher erzählt, dann gibt's kein Fluchen und kein Geschrei. Am liebsten mag ich die Gruselgeschichten.

Einmal, während der Kriegszeit im Jahre 1917, da saß der Käthi ihre Familie an einem Samstagabend gemütlich zusammen im Wohnzimmer. Es war in der Winterzeit, wo es früh zu dämmern anfängt, als plötzlich die Uhr zu schlagen anfing und, obwohl es erst halb fünf am Nachmittag war, schlug die Uhr 10 mal. Mehrere Tage vergingen und dann erhielt der Käthi ihre Familie die Nachricht, daß ihr Bruder an einem Samstag um 10 Uhr früh an der Front gefallen war. Seitdem ist die Käthi abergläubisch und überzeugt davon, daß alles, was im Leben vorkommt, seinen Grund hat.

Die Käthi erzählt, daß es zu ihren Zeiten grausame Kindermörder gab. Die Mörder fand man nicht, nur die zerstückelten Leichen der Kinder. Manchmal sah man abends einen fremden Mann in der Nachbarschaft rumschleichen und hinter Mauern lauern, und dann verschwand ein Kind, das man später erwürgt in einem Busch versteckt fand. Der Wurzelsepp ist auch so einer, sagt die Käthi, vor dem muß man sich hüten, wenn der nach Sonnenuntergang in seinen zerrissenen Lumpen die Dachauerstraße gegenüber von der Borstei runterkommt.

Deshalb behütet die Käthi die Friede mit besonderer Sorgfalt, so daß die Friede keinen Schritt ohne die Käthi machen kann. Die Friede und die Käthi sind ein Herz und eine Seele. Die Käthi ist der Meinung, daß die Friede noch zu jung für den Kindergarten ist und daß sie noch genug Zeit hat für sowas. Deshalb hat die Friede niemanden zum Spielen und sitzt nur zu Hause und ißt Kuchen oder geht spazieren mit der Käthi zum Nymphenburger Schloß, wo der Käthi ihre Schwester in einem Zimmer wohnt. Manchmal, an der Käthi ihrem freien Tag, müssen die Berta und ich auch mitgehen, obwohl wir nicht die geringste Lust dazu haben, weil es so stinklangweilig ist dort. Da sind uns Bekanntenbesuche mit der Mutti und dem Papa viel lieber.

Der Papa kennt eine Familie, die sich das Neueste was es gibt angeschafft hat. In ihrer Wohnung am Rotkreuzplatz steht nämlich im Wohnzimmer ein Fernseher und eine Zeitlang fahren wir jeden Sonntag Nachmittag dort hin, damit wir uns »Fury« anschauen können. Das ist eine amerikanische Abenteuerserie, die jede Woche übertragen wird.

Fury ist ein tapferer Hengst, der in jeder verzwickten Lage zur Rettung galoppiert, wenn der kleine Bub, dem er gehört, schreit

»Fuuuuuuurieeee!« Wenn der Film zu Ende ist, dann streichelt der Bub das traurige Gesicht vom Pferd und sagt »Fury, du bist mein bester Freund«, und dann fährt uns der Papa heim und wir betteln ihn, daß er uns einen Fernseher kauft. Aber der Papa sagt, er wartet auf den neuesten, einen Saba, der in einem Schrank zusammen mit Radio und Plattenspieler kommt, was ganz Spezielles.

Wenn es regnet und das Wetter trüb ist, spielen die Berta und ich Hüpf Mein Hütchen oder Krieg oder Mikado aber beim Mikado streiten wir uns.

»Jetzt komm ich dran, Laura.«
»Wieso? Es hat sich doch überhaupt nichts bewegt.«
»Sag mal, bist du blind?«
»Weißt du was, Berta? Du ekelst mich richtig an. Ich kann dich gar nicht anschaun, sonst wird's mir schlecht.«
»Mei, bist du gemein, Laura, sowas gemeines, ich hasse dich«, schreit die Berta und schmeißt das ganze Mikado-Spiel durcheinander, daß die Stäbchen auf den Boden fallen.
»Jetzt heb das sofort auf«, schreit die Käthi wütend.
»Die Laura kann's aufheben, ich hab keine Lust.«
»Ja, wie redest denn du überhaupt zu mir, du unverschämtes Weibsbild.«
»Ich geh jetzt zur Ate.«
»Nirgends gehst du hin. Was fällt dir denn ein? Hast du deine Hausaufgaben überhaupt schon gemacht?«
»Nein, die mach ich später.«
»Das kommt überhaupt nicht in Frage. Sofort machst du sie, auf der Stelle, du Luderdreck, hast mich verstanden?«
»Ja, Käthi, ich bin doch nicht taub. Aber dann geh ich zur Ate.«
»Des wer'n ma noch sehn.«

Lieber spiele ich Puppen allein im Kinderzimmer oder bei der Eri in der Wohnung. Die Käthi behauptet, daß ich eine gute Mutter sein werde, weil ich so zärtlich mit meiner Puppe umgehe.

Der Papa hat mir »Das Tagebuch der Anne Frank« gekauft. Die Mutti hat mir erzählt, daß die Anne Frank kurz vor der Befreiung im Lager von Bergen-Belsen gestorben ist, und daß sie nur einige Baracken weiter gelegen ist als die Mutti. Damals hat die Mutti natürlich nicht gewußt, wer die Anne Frank überhaupt war und daß sie ein Tagebuch hinterlassen hat. Was für ein Pech, daß die arme

Anne Frank es nicht noch ein paar Wochen länger ausgehalten hat; dann wäre sie befreit worden von den Engländern, so wie die Mutti und die Tante Ida und die Tante Jaga.

Im Royal Palast am Goethe-Platz spielt der Film »Die Zehn Gebote«, und ausnahmsweise darf ich an einem Schultag spät aufbleiben, weil die Mutti und der Papa wollen, daß ich den Charlton Heston als Moses sehe. Ich komme mir sehr erwachsen vor und glücklicher als die Berta, denn die muß zu Hause bleiben.

Der Film ist wunderschön bis auf die ekligen Schlangen und die tiefe Gottesstimme aus dem brennenden Busch, die mir eine Gänsehaut über den Rücken jagt. Der Papa freut sich, daß er mich mitgenommen hat, und während der Pause erklärt er mir, daß der Film die Geschichte vom Pessach-Fest darstellt, und daß ich mich nicht fürchten soll, denn Gott wird den Juden helfen.

12.

In der Geschichte lernen wir bereits von den Kreuzzügen, der Gründung unserer Stadt München und dem tapferen Heinrich Löwenherz. Das Jahr 1158 prägt sich für immer in unser Gedächtnis ein, wo doch heuer der 800. Jubiläumstag mit weißblauen Fahnen am Rathaus, Lederhosen-Paraden in der Stadt und Biersaufen im Hofbräuhaus und Löwenbräukeller gefeiert wird.

Meine einzige Freundin beim Knauss ist die Leni, die anderen sind mir neidisch, weil ich das Lieblingskind vom Knauss bin. Da der Herr Knauss der Rektor von der Evangelischen Schule ist, muß er sich oft mit Sachen abgeben, die mit unserem Unterricht nichts zu tun haben. Wenn der Knauss außerhalb des Klassenzimmers beschäftigt ist, dann darf ich am Pult bei der Tafel sitzen und richtig angeberisch tun. Diese Pflicht zusammen mit der des Stockholens macht mich nicht gerade zu einer der beliebtesten in der Klasse.

Einmal in der Woche muß ich am Nachmittag in die Handarbeit, wo wir Socken stricken. Ich habe nicht mal den ersten fertig und es ist bald Ostern, und die Leni ist schon fast fertig mit ihrem zweiten.

Einmal in der Woche gehe ich am Nachmittag zum Englischunterricht, und jeden Mittwoch um drei muß ich in die Von-der-Tann-

Straße sein, zur Klavierstunde. Der Weg dorthin ist so lang, daß ich schon um zwei Uhr wegfahren muß und erst um fünf nach Hause komme. Da bleibt wenig Zeit übrig zum Schussern in der Anlage oder zum Ballhäusl spielen, und wenn ich mal Zeit habe, dann muß ich zu Hause die Türklinken aus Messing mit einer stinkenden Krem verschmieren, warten bis die Krem eintrocknet und dann mit einem Poliertuch so lange reiben bis sie glänzen, oder ich muß die Fransen von den Perserteppichen kämmen oder den Abfall ausleeren oder zur Wäscherei gehen oder zum Gemüsestand, für die Käthi einkaufen, und hört man den Kartoffelmann in der Voitstraße schreien »Alte und neue Karrtoffl«, muß ich runterrasen, damit ich ihn noch erwische, bevor er in eine andere Straße fährt.

Die Berta hat es nicht so schwer wie ich, weil die Scheinheilige sich bei der Käthi gut einschmeicheln kann. Aber die Käthi weiß genau, daß die Berta ein faules Luder ist, und schimpfen tut sie sie den ganzen Tag, aber schuften so wie ich braucht die Berta nicht, nur viel Strafen bekommt sie, weil sie ihren Mund zu weit aufreißt und Unfug treibt in der Borstei mit der Ate, und die Leute ärgert, besonders die, die in der Ladenstraße über den Geschäften wohnen. Dort drückt die Berta auf die Knöpfe neben den Namenschildern an der Haustüre, daß es in jeder Wohnung klingelt, und rast davon.

Das Fräulein Wimmer von der Borstei-Verwaltung beschwert sich oft bei der Käthi und bei der Mutti, und die Käthi hat zur Mutti gesagt, daß es noch ein schlimmes Ende nehmen wird mit der Berta. Und jedesmal, wenn die Käthi die Berta ermahnt, ist es dasselbe.
Die Berta sagt »Laß mich doch in Ruh«.
Die Käthi schreit »Was hast gsagt?«
»Laß mich in Ruh.«
»Also, das ist doch eine Unverschämtheit.«
»Laß mich doch.«
»Daß ich sowas dulden muß.«
»Ist doch mir wurscht.«
»Du hinterlistiges Weibsbild. Was bildest du dir denn ein?«
»Nichts bild ich mir ein. Laß mich doch endlich in Ruh. Ich hab doch gar nichts getan!«
»Gar nichts? Lügen tust auch noch? Du Flucka, du g'stinkert, du dreckert, du g'fotzert. Sowas laß ich mir nicht bieten, daß du's nur weißt.«
»Ich weiß es ja schon.« Die Berta stampft mit dem Fuß auf, und dann ist es ganz zu Ende.

»Rein ins Zimmer schleich dich und da bleibst drin bis ich sag, du kannst raus, und keine Minute vorher, hast mich verstanden?«
»Ja, Käthi«, und dann heult die Berta, so als ob das allergrößte Unglück passiert wär. Hinter der verschlossenen Türe vom Kinderzimmer geht es weiter.
»Ich mach's nicht mehr, Käthi, laß mich doch raus, bitte, bitte, liebes Käthilein, ich schwör's, ich mach's nie wieder.«
»Dir werd ich deinen Unsinn noch austreiben«, schreit die Käthi.

Daß die Käthi ein Käthilein ist, das würde mir nie einfallen. Sowas Falsches, wie die Berta ist. Die nennt die Käthi liebes süßes nettes Käthilein, du bist die Allerbeste, wenn sie was von ihr will, wo ich genau weiß, daß die Berta die Käthi nicht ausstehen kann.

13.

Vor Pessach hat der Papa mir eine Haggadah gekauft, mit Farbbildern und goldenen Anfangsbuchstaben, in deutsch gedruckt und jede Seite mit Rahmen verziert, was ganz Besonderes.

Ich glaube, der Papa würde gerne einen Sohn haben, damit er die vier Fragen stellen kann, weil das im jüdischen Glauben so üblich ist. Aber weil kein Sohn da ist, hat der Papa gesagt, daß ich viermal fragen darf: »Warum ist diese Nacht anders als alle anderen Nächte?« Die Berta und die Friede dürfen nicht aufbleiben beim Seder. Den Herrn Schimmele Goldbrom haben die Mutti und der Papa zum Seder eingeladen, weil er ein Junggeselle ist und ganz allein und einsam und niemand hat in München oder sonstwo auf der Welt.

Da die Käthi frei hat, sind die Mutti und ich alleine in der Küche beim Vorbereiten. Ich darf die hartgekochten Eier schälen und die Zwiebel ganz fein hacken für die Zwiebeleier, meine Lieblingsspeise. Die Mutti mischt die Zwiebel und die zerriebenen Eier mit Hühnerschmalz und einer Prise Salz und oben drauf tut sie Grieben. Das schmiert man auf die Matze drauf.

Süßen Karpfen hat die Mutti am Tag vorher gekocht und Hühnersuppe mit kleinen gelben Eiern, die rund sind wie Bälle, und die die Mutti aus dem Bauch der Henne rausgeholt hat, nach dem Rupfen, zusammen mit der Leber und dem Pipick. Den Gorgel hat sie abgehackt und gekocht und die Berta und ich haben ihn ausgelutscht und die weiße Luftröhre rausgezogen wie einen Wurm. Zickerbobbes hat die Mutti eingeweicht und vor Anstrengung haben sich Angsen von ihr gegossen. Es kostet Arbeit und Gesund, sagt die Mutti, einen Seder zu machen. Sogar ein süßes Rhabarberkompott hat die Mutti gekocht. Der Papa hat Makronen nach Hause gebracht und den dunkelroten Manischewitz-Wein.

Die Mutti hat das gewöhnliche Geschirr aus dem Schrank geräumt, und ist in den Keller gegangen mit mir und wir haben das Pessachgeschirr raufgebracht in die Wohnung und die Matzen, die der Papa schon vorher besorgt hatte.

Trotz ihrer Angst vor dem Papa, hat die Ate gleich bei uns geklingelt, um sich eine Schachtel Matzen abzuholen, und eigentlich ist der Papa sehr großzügig, denn er hat der Frau Dr. Obermayer eine Schachtel Matzen geschenkt und unseren Nachbarn, den Drechslers, auch, und die Eri hat eine Schachtel bekommen und die Lehrer in der Schule, sogar der Leni habe ich eine Schachtel schenken dürfen. In die Borstei-Verwaltung zum Fräulein Nothaft hat mich der Papa mit einer Schachtel Matzen geschickt und die Klavierlehrerin hat auch eine bekommen. Jeder ist auf Matzen verrückt, weil man sie nirgends bekommen kann, nur wenn man jemanden kennt, der jüdisch ist, dann hat man Glück.

Der Seder fängt an, wenn es draußen dunkel wird. Vor dem Papa auf dem Tisch liegen drei Stück Matzen unter einem seidenen Tuch mit goldenen Fransen und hebräischen Buchstaben bestickt. Daneben steht ein silberner Becher bis zum Rand mit Wein gefüllt und noch ein Becher mit Wein für den Propheten Elijahu.

Der Papa betet und wäscht sich die Hände und betet und wäscht sich die Hände und betet und wäscht sich die Hände. Als er zum drittenmal vom Eßzimmer rausgeht, um sich die Hände zu waschen, darf ich ein Stück Matze verstecken und wenn der Papa es nicht finden kann, später, dann habe ich einen Wunsch frei.

Wir sitzen angelehnt auf unseren Stühlen, weil unsere Vorfahren Sklaven in Ägypten waren und wir heute freie Menschen sind. Wir essen Matzen, um daran zu denken, daß die Sklaven auf der Flucht von Ägypten in großer Eile waren und keine Zeit hatten, den Teig für das Brot gären zu lassen. Wir tauchen den bitteren Rettich und die Petersilie in Salzwasser ein, um uns der Tränen und des Leidens der Sklaven zu erinnern. Wir essen die Charosses, das ist eine Mischung von zerriebenen Äpfeln, Walnüssen, Wein und Zimt, um uns zu erinnern an den Mörtel, mit dem die Sklaven für die Ägypter gebaut haben. Wir essen hartgekochte Eier als Zeichen der Wiedergeburt und des keimenden Lebens. In der Mitte von dem Sederteller liegt ein Knochen, den die Mutti in der Pfanne angebräunt hat, als Zeichen für das Opferlamm, dessen Blut an die Haustüren der Israeliten gestrichen wurde, damit sie der Engel des Todes vor dem Mord an der Erstgeburt bewahre.

Als ich von den zehn Plagen in der Haggadah lese, und der Papa jede Plage einzeln in Hebräisch erwähnt, taucht jeder von uns den kleinen Finger in seinen Weinbecher ein und läßt einen Tropfen auf den kleinen Teller darunter fallen als Zeichen dafür, daß sich unsere Freude verringert, wenn andere Menschen leiden, sogar wenn es der Feind ist, so wie die Ägypter damals, die auch Gottes Geschöpfe waren. Dabei spritzt der Wein auf das weiße Tischtuch, und die Mutti ärgert sich.

Als ich zu der Stelle mit dem Elijahu komme, steht der Papa vom Tisch auf und öffnet die Wohnungstüre ganz weit, damit der Prophet reinkommen kann, und während wir das Lied vom Elijahu singen, wird es kalt im Eßzimmer, und auf einmal ist weniger Wein in dem Becher vom Elijahu und ich glaube, er ist tatsächlich wie ein Geist reingekommen und hat was getrunken. Die Mutti hat zum Papa gesagt, er soll die Türe wieder schließen, weil es ihr im Rücken zieht, und ich bin froh, als die Türe zu ist, denn ich habe schon ein bißchen Angst gehabt vor dem Propheten.

Der Papa und der Herr Goldbrom schmatzen beim Essen und der Papa lobt die Mutti über alles und der Herr Goldbrom auch. Nach dem Kompott betet der Papa und singt paar Lieder und gegen elf Uhr abends, am Ende von der Haggadah, rufen wir alle »Nächstes Jahr in Jerusalem«, und der Papa sagt »Umein.« Mir drückt er ein Fünf-Mark-Stück in die Hand, da er die Matze umsonst gesucht hat.

Nachdem sich der Herr Goldbrom verabschiedet hat, räumen die Mutti und ich den Tisch ab und stellen das Geschirr in die Küche und dann gehe ich mit der Mutti und dem Papa unterm Sternenhimmel die Baldurstraße runter bis zum Blumengeschäft gegenüber vom Westfriedhof. Dort, in einem geparkten Wagen am Straßenrand bewegt sich jemand im Rücksitz und der Papa legt seine Hand über meine Augen und sagt, ich soll nicht hinschaun. Wir drehen um und marschieren schneller als vorher zurück, damit die Mutti das Geschirr abspülen kann, und während sie wäscht und ich trockne, frage ich die Mutti was ein Mann und eine Frau zusammen im Bett machen.

»Sowas willst du wissen, Laura? Dazu hast du aber noch Zeit.«
»Ach, Mutti, sag's mir doch.«
»Du bist noch zu jung, Laura, beeil dich nicht.«
»Dann frag ich die Leni, Mutti.«
»Oj, Laura. Gut, frag die Leni, vielleicht weiß die was.«

Am nächsten Abend ist der Seder nicht so interessant wie beim erstenmal, aber ich kassiere nochmal fünf Mark ein, und zum dritten Festmahl am siebten Abend von Pessach, sind die Mutti und der Papa bei Bekannten eingeladen und da darf ich nicht mitgehen, weil der Papa eine Wut auf mich hat wegen der Breze, die ich für ein Stück Matze eingetauscht hab in der Schule, zusammen mit der Berta, und die hat es dem Papa erzählt, aus Versehen, weil es ihr aus dem Mund gerutscht ist. Ein Glück daß der Papa nicht weiß, daß ich außerdem heimlich sogar einen Bienenstich verschlungen hab und zwei Schillerlocken und einen Mohrenkopf, weil ich es eine ganze Woche ohne Brot und Kuchen nicht ausgehalten habe.

14.

Dann hab ich die Leni gefragt, ob die weiß, was ein Mann und eine Frau im Bett machen, und die hat gesagt, irgendeine Schweinerei, aber so genau weiß sie es auch nicht.

Die Mutti und der Papa gehen Filme anschauen, die Jugendverbot sind, entweder wegen Küssen oder wegen Schießen. Meistens schläft der Papa in der Loge ein und schnarcht, daß sich die anderen Zuschauer ärgern, aber wenn geschossen wird, dann muß ihn die Mutti gar nicht anstoßen, weil er von selbst aufwacht.

Von den Bildern der Filmprogramme, die die Mutti vom Kino mitbringt, sehe ich, daß viel geknutscht wird auf der Leinwand. Die Mutti erzählt mir keine Einzelheiten, aber verheißungsvolle Titel, wie »Glut unter der Asche«, geben mir viel zu denken, und wenn ich mir Szenen leidenschaftlicher Umarmungen und heißer Küsse auf der Leinwand vorstelle, bekomme ich ganz starke Gefühle unten im Bauch und muß meine Oberschenkel zusammendrücken, daß ich nicht in Ohnmacht fall. Ich kann es nicht erwarten bis ich wenigstens zwölf bin, dann kann ich mir was anderes anschaun als die ewigen Heimatschnulzen.

Mich in Filme ab 12 Jahren reinzuschmuggeln ist fast unmöglich, weil ich so klein bin. Zum elften Geburtstag hat der Papa mir eine goldene Schaffhausener Uhr geschenkt. Er sagt, Schweizer Uhren sind das Beste. Und die Mutti sagt, wenn ich mich ganz hoch aufrecke, nimmt sie mich in den Film »Scampolo« mit der Romy Schneider in den Gloria Palast mit den Wasserspielen mit. Ich muß meine Brille tragen und ein Kopftuch umbinden und mir den 27. April 1946 als Geburtsjahr einprägen, falls man mich fragen sollte.

Trotz dieser Maßnahmen schaut mich der Mann, der die Karten abreißt, prüfend an.
»Ja, sagen S' mal, ist denn die Kleine schon 12?« wendet er sich an die arme Mutti.
»Aber natürlich ist sie 12.«
»Die sieht aber nicht aus wie 12.«
Ich zittere vor Angst.
»Sie sieht nicht so aus, aber sie ist. Sie hat die Mandeln rausgenommen, weil sie nicht gewachsen ist. Ich garantier Ihnen, sie ist 12.«
»Na ja, gehn Sie schon rein. Ich glaub's Ihnen schon.«
Meine Bewunderung für die Mutti kennt keine Grenzen.

15.

Der Papa hat gesagt, er duldet alles, bloß keine Lügen. Wir sollen ihm nur die Wahrheit sagen, dann bekommen wir keine Schläge. Anderen Leuten dürfen wir nichts erzählen, und wenn sie uns etwas fragen, dann müssen wir antworten, »ich weiß nicht«, auch wenn wir es wissen. Das ist nicht dasselbe wie lügen, sagt der Papa.

Die Käthi bekommt viel Post aus Amerika, und die Mutti und der Papa kriegen Briefe aus der ganzen Welt. Als der Karli erfahren hat, daß ich Briefmarken sammle, hat er sich sehr angestrengt, seine

Gemeinheiten zu unterlassen. Aus Dankbarkeit darüber, daß er mich nicht mehr verhaut, habe ich auf den Steinstufen zum Hof meine schönsten Briefmarken für paar lächerliche von den seinen eingetauscht. Der Karli hat so getan, als hätte ich gewiß nicht den kürzeren dabei gezogen, aber für so blöd braucht er mich nicht zu halten.

Außer den Briefmarken sammle ich Filmschauspielerbilder von der Dorothy Dandridge, vom Harry Belafonte, von der Renate Holm, von der Ruth Leuwerick, vom Tony Krüger, vom Rock Hudson, von der Lilli Palmer, und am liebsten mag ich die von der Romy Schneider als Sissy, die junge Kaiserin. Von denen tausche ich kein einziges um.

Außer den Schauspielerbildern sammle ich die Filmprogramme, die die Mutti vom Kino nach Hause bringt. Und außer den Filmprogrammen sammle ich die Papiere vom Dubble Bubble. Außer denen vom Dubble Bubble sammle ich Hauchbilder und Silberpapier von Pralinen. Die Berta sammelt überhaupt nichts.

Die Leihbücherei ist umgezogen in den ersten Stock vom Haus an der Ecke von der Voitstraße und der Lampadiusstraße. In der Wohnung von der Leihbücherei wohnt ein Mädchen, die mit ihrer Mutter neu in die Borstei eingezogen ist. Sie ist ein Jahr älter als ich, hat blaue Augen und schwarze Haare und ist bildhübsch. Sie hat keinen Vater, aber eine ganz besonders nette Mutter, die ihr Kind Schäfchen nennt, und sie streichelt und lieb hat. Sie ist sehr zufrieden allein mit ihrer Mutter und noch dazu wohnt sie in der Bücherei; die hat ein Glück.
Jede Woche, wenn ich mir eins von den Abenteuer-Büchern ausleihe, bring ich meine Babypuppe mit, und wir spielen in ihrem Zimmer, und wenn es draußen gießt, dann ist es richtig gemütlich in der Bücherei.

Am 17. Juli habe ich keinen einzigen Vierer im Zeugnis. In den Hauptfächern habe ich Zweier und im Singen sogar einen Einser. Der Herr Knauss hat geschrieben, daß mein Betragen und Fleiß recht ordentlich sind und daß die Sorgfalt in schriftlichen Arbeiten besonderes Lob verdient, worüber sich der Papa freut und mir paar Mark für den Einser und die Zweier schenkt.

Die Ate, der Karli und der Detti fahren in den Sommerferien zu

ihrem Vater nach Österreich. Die Erika und die Am bleiben zu
Hause und gehn ins Dantebad. Für die Friede, die Käthi, die Berta
und mich haben die Mutti und der Papa das Ferienhaus vom Bäcker
Lachner auf dem Land gemietet, damit wir Sauerstoff atmen.

16.

Das Haus vom Lachner ist weiß mit braunen Fensterläden, liegt
schräg gegenüber von einem Bauernhof und ist durch eine lange
Wiese vom nahen Wald getrennt. Das Haus hat einen Garten, der
von einem niedrigen hölzernen Zaun umgeben ist. Ein Steinpfad,
mit Rosenbüschen verziert, führt zum Eingang in eine Diele, die
licht und hell ist, wo Klapp- und Liegestühle und Schirme aufbewahrt werden. Von der Diele geht man in eine Küche mit einer
gemütlichen Eßecke, wo ein Hirschgeweih und eine Kuckucksuhr
an der Wand hängen. Oben sind die Schlafzimmer.

Im Wohnzimmer dürfen wir nur am Abend sitzen und in die Bi-
bliothek läßt mich die Käthi einmal in der Woche rein zum Staubwischen. Dort habe ich zu meiner großen Überraschung die Liebesgeschichte von André und Ursula gefunden und gleich nach den
Liebesszenen gesucht. Im Buch sind die noch viel schöner als im
Film, und wenn es draußen donnert und blitzt und die Käthi beim
Kamin mit den Stricknadeln klappert, dann bin ich die Ursula und
liege naß vom Regen in der Scheune und auf mir drauf liegt der
André und küßt mich.

Außer dem Staubwischen müssen die Berta und ich einmal in der
Woche zu Fuß ins Dorf zum Lebensmitteleinkaufen. Die Käthi begleitet uns nicht, da sie sich vor den Hunden in der Nachbarschaft
fürchtet, aber uns zwingt sie dazu, obwohl wir vor Angst zittern
und große Bögen um die kläffenden, lechzenden Mäuler machen.
Jedesmal, wenn wir mit den gefüllten Einkaufsnetzen zurückkommen, danken wir Gott, daß wir noch am Leben sind.

Der Papa hat der Käthi gesagt, sie soll uns zweimal am Tag durch
den Kuhstall vom gegenüberliegenden Bauernhof führen, weil
nichts gesünder für die Lunge ist, als Kuhscheiße einzuatmen. Alle
vier stehen wir täglich vor dem Frühstück beim Eingang vom
Kuhstall, wo die Berta und ich, nach einem tiefen Atemzug, durch
das Heu und den Mist zwischen den Kuhärschen und Schwänzen

durch, der Käthi und Friede voran, dem Licht des Ausgangs zustreben. Dort atmen wir aus. So eine Übung morgens und abends stärkt die Lunge ganz bestimmt. Die Berta holt paar Eier vom Stall, wo es gackert und kreischt und schwirrt, und mir gibt die Magd den Kübel mit der schäumenden weißen Milch, frisch gespritzt vom rosaroten geschwollenen Euter.

An sonnigen Nachmittagen wandern wir durch den dichten Wald und pflücken Blaubeeren und Himbeeren und Erdbeeren und Pfifferlinge. Zum Abendessen schneidet die Käthi die Schirmchen und Stengel von den Pilzen mit einem scharfen Messer in die Hälfte, gießt einen Eßlöffel Milch in eine riesige schwarze Pfanne und dünstet das saftige weiße Fleisch bis das Äußere bräunlich schimmert und knusprig ist.

Jeden Vormittag schubst die Friede ihren Ball im Garten rum und die Berta und ich spielen Federball oder ich bräune mich im Liegestuhl oder liege auf der Decke im Gras und schau den Schmetterlingen zu und den Marienkäfern oder lese ein Buch.

Meinen Badeanzug mit dem braunen Leopardenmuster habe ich ganz runtergerollt, damit er so aussieht wie ein halber Bikini. Daß sich die Buben von den naheliegenden Bauernhöfen am Gartenzaun eingefunden haben, um diese neue Mode stumm anzustarren, hab ich nicht gemerkt, bis eines Tages die Käthi rauskommt und schreit »Schleicht's eich«, und zu mir »Schamst di net, nackert rumzulaufen? Du bist mir eine.«

Ich rase ins Haus, die Treppen rauf, ins Schlafzimmer und vor den Spiegel am Toilettentisch und siehe da, ein Wunder ist geschehen, denn zu meinem Entsetzen und meiner übermäßigen Glückseligkeit entdecke ich, daß meine zwei braunen Brustwarzen größer und dunkler sind und auf zwei Hügeln thronen. Endlich, endlich, es ist soweit. Nur schnell meinen rosa-gelb gemusterten Nylonschal aus der Schublade holen und den neuen Busen zudecken und so fest am Rücken in einen Knoten zuschnüren, daß mir das Atmen schwer fällt. Mit dem Bikini renne ich barfuß die Treppen runter, aber als ich auf Zehenspitzen durch die Küche stolziere, an der Käthi vorbei, die auf einem Bein beim Herd steht, mit einem Kochlöffel in der Griesnockerlsuppe rührt und das hochgehobene andere Bein mit der freien Hand kratzt, starrt sie mich an von oben bis unten.

»Das ist aber eine interessante Mode, was soll des sein, und wo hast überhaupt den Schal her?«

»Der Schal ist von der Mutti und mein Badeanzug ist zu eng. Es ist bequemer so.« Ich bin schon bei der Diele angelangt.

»Bequemer? Dir gib ich gleich bequem, meine liebe Dame. Tu bloß nicht so herrschaftlich mit mir. Wer denkst du denn, daß du bist? Dir werd ich deinen Schädel noch zurechtsetzen. Sofort gehst du rauf und ziehst deinen blauen Badeanzug an, den mit den Trägern zum Anstecken. Und wenn's dir zu unbequem ist, dann kannst die Träger runternehmen, aber nur die Träger, verstanden? Der Badeanzug bleibt droben. Das ist doch unerhört, sowas.«

»Aber mir ist es zu heiß im Badeanzug, Käthi.«

»Heiß? Dich werd ich gleich mit dem Wasserschlauch abkühlen. So ein Weibsbild. Hältst mich zum Narren? Schleich dich nauf, und daß ich dich fei nicht mehr so derblick. Fertig, basta.«

17.

Der Papa hat uns vom Ferienhaus mit dem Auto abgeholt und nach Hause gefahren. Von meinem Busen redet niemand und keiner weiß, daß ich sogar drei schwarze Haare unterm Arm hab.

Während wir bei den Kühen waren, wurde in der Anlage der Borstei, gegenüber von unserem Küchenfenster und neben dem Kindergarten, ein Café eröffnet. Das Erdbeereis ist gut dort und das Schokoladeneis auch, aber das Vanilleeis schmeckt nicht so gut wie das Jopa oder Langnese, denn es ist wässrig und hat kleine Eisstückchen drin.

Für den Papa und die Mutti kommt das neue Café sehr gelegen, da sie ungern Gäste zu uns in die Wohnung einladen. Die Mutti kostet es zuviel Nerven und Gesund, Essereien für Leute vorzubereiten und der Papa will nicht, daß sich die Mutti überarbeitet.

»Gäste werden ausgeführt«, sagt der Papa, und »Wozu gibt es Restaurants?« und »Die Mutti muß man schonen.« Deshalb, wenn Bekannte auf Besuch kommen, rauchen sie zwar eine Zigarette im Wohnzimmer und trinken vielleicht einen Schnaps oder einen Überkinger, aber Kuchen und Kaffee werden unten in der Anlage serviert, so lange es noch warm ist, am Nachmittag.

Dieses Jahr fangen wir mit den Prozentsätzen beim Knauss an, und in der Geschichte sind wir beim Mittelalter, bei den Rittern und den Burgen und bei Karl dem Großen.

In der ersten Hälfte des Schuljahres haben wir Turnen, aber in der zweiten wird unsere Klasse anstatt zu turnen im Nordbad das Schwimmen lernen. Das wird eine Gaudi.

In unserem Klassenzimmer sitze ich neben der Leni in derselben Schulbank wie im vorigen Jahr. Außer der Friederike Langer und der Christa Feistlinger ist von den Mädchen niemand gewachsen, nur die Hannelore Raschke ist noch fetter geworden. Die Leni und ich sind die Kleinsten. Der Klaus Brunner ist ein Knirps und der Robert Kleina auch und der Krüger sieht gefährlicher aus als im vorigen Schuljahr.

Ein neuer Bub ist in die sechste Klasse eingetreten. Er ist in allen Fächern der Gescheiteste, macht Handarbeit und zwitschert beim Singen wie eine Lerche, so daß man vor Wunder erstaunen muß. Er wohnt nicht in Moosach, sondern im ersten Stock der Voitstraße 6 in der Borstei und sein Schlafzimmer ist auf der anderen Seite der Wand von unserem Kinderzimmer, so daß wir uns allnächtlich mit Ohr an der kalten Wand durch Klopfzeichen verständigen können.

Er ist aus der Ostzone geflüchtet. Seine Mutter ist eine kleine dicke Frau mit grauen Haaren, die heftig schnauft, wenn sie die Treppen zur Anlage raufsteigt und uns giftige Blicke zuwirft und den Sohn plagt, damit er fleißig ist und Einser von der Schule heimbringt und sich nicht mit uns rumtreibt.

Im Klavierspielen übe ich seit einem Jahr die Sonaten und Sonatinen im Clementi, aber da ich mich gern mit den leichten Sätzen befasse, kann ich nur diese auswendig spielen und komme mit dem Rest nicht voran. Der Papa hat mich an einem regnerischen Nachmittag aufs Konservatorium genommen, wo ihm fachmännisch versichert wurde, daß mein Talent für's Wohnzimmer genügt, für den Konzertsaal nicht.

Ein paar Wochen später hat er mich mit meiner Zunge an einem Bienenstich beim Bummeln in Richtung Moosach erspäht, zu einer Nachmittagsstunde, in der ich beim Klavierunterricht in der Von-der-Tann-Straße angemeldet war. Nach meiner Rückkehr zu Hause paar Stunden später, hat mich der Papa gleich bei der Wohnungstüre mit einer schallenden Ohrfeige empfangen und mich gefragt, wie er sich so eine lügende und hinterlistige Tochter verdient hat. Dann hat er geschrien, daß Gott sich seiner erbarmen soll, und gedroht, daß er mir das Klavier wegnehmen wird. Das wäre eine gewisse Erleichterung, denn dann hätte ich mehr Zeit zum Lesen und Schussern und Puppenspielen, aber der Papa hat mir so leid getan in seiner Enttäuschung, daß ich versprochen habe, keine Klavierstunde mehr zu versäumen.

18.

Die Käthi hat zur Mutti gesagt, daß die Berta ein faules Frauenzimmer ist, das sich vor jeder Arbeit drückt, und die Mutti fragt sich, was mit der Berta anzufangen ist. Vielleicht wird sie sie in ein Internat schicken, wo man sie erziehen wird. Die Käthi findet, daß es zu spät dafür ist, denn trotz allem Fluchen und Bestrafen kann man die Berta nirgends finden, wenn die Pflicht ruft. Dafür bin ich da.

Die Mutti und der Papa haben ein zweites Restaurant, »Das Brathendl« in Schwabing, von einem dicken Herrn und seiner Frau gekauft und dazu Prosit in unserem Wohnzimmer getrunken.
Da eine der Spezialitäten vom »Brathendl« die Hühnerbrühe ist, stehe ich jeden Montag nach der Schule am Nachmittag zu Hause in der Küche beim Spülbecken und wasche einen überfüllten Kübel Hühnerfüße bis sich meine Fingernägel umbiegen.

Den Stefan haben die Mutti und der Papa als Kompagnon in das Freisinger Restaurant reingenommen, damit sie sich dem Restaurant in München widmen können. Doch es scheint, daß der dicke Herr und seine Frau die Mutti und den Papa beschissen haben, weil das Restaurant nicht die Goldgrube ist, die sich die Mutti und der Papa vorgestellt haben. Daher trachten die Mutti und der Papa, das »Brathendl« zu verkaufen, worauf ich meine ernste Hoffnung setze, damit ich die scheußlichen abgehackten Hühnerklauen nicht mehr anlangen muß.

An einem kalten Tag im Februar müssen wir uns im geheizten Turnsaal in der Schule zur Impfung anstellen. Als ich klein war, kann ich mich erinnern, daß ich mal mit einer Nadel in den Arm geimpft wurde und daß es sehr weh getan hat. Diesmal ist es noch viel schlimmer, da die Ärztin zwei Schlitze mit einem Messer in meinen linken Oberarm schneidet, daß das Blut rinnt. Gegen Pocken soll das sein, und das Stück Zucker mit rosa Farbe drauf ist gegen Kinderlähmung, Gott behüte. Mein Arm wird geschwollen und heiß und tut bei der geringsten Bewegung so weh, daß ich mich nur mit großen Schmerzen anziehen kann. Daß ich zwei Wochen lang so leben darf wie die Berta, ohne Hühnerfüßewaschen und ohne Klavierüben und ohne Geschirrspülen und Teppichfransenkämmen und Türklinkenpolieren, ist der einzige Vorteil. Daß mein Arm schmerzt und pocht und eitert bis sich eine Kruste bildet, verringert den Vorteil des Faulseinkönnens und Nichtstunmüssens aber beträchtlich.

Als unsere geimpften und vernarbten Arme geheilt sind, fängt der Schwimmunterricht im Nordbad an.

Das ist ein Gehetze jeden Freitag um die Mittagszeit, da ich erst mal mit der Trambahn zurück in die Borstei fahren muß, um Mittag zu essen und mich umzuziehen. Wenn das Essen verspätet auf den Tisch kommt, bin ich gezwungen, es runterzuschlingen, was die Käthi ärgert und den Papa verdrießt, und meistens renne ich mit Tränen im Hals aus dem Haus zurück zur Trambahn und in die Schule. Von dort aus fahren die Mädchen und die Buben von unserer Klasse mit der Linie 1 zum Leonrodplatz, wo wir umsteigen und ein paar Haltestellen weiterfahren, direkt vor's Nordbad, und auf dem ganzen Weg dorthin hält sich der Klaus Brunner in meiner Nähe und schielt mich von der Seite an. Ich tu so als ob ich nichts davon merke, aber ich weiß es genau.

Die allgemeine Stimmung in der Halle vom Nordbad ist nicht die ungestüme, jubelnde Sommerferienstimmung im Dantebad, sondern eine ehrfurchterregende, vermischt mit Dampf und Chlorgeruch und lauten widerhallenden Stimmen und kräftigem Platschen von Körpern, die steil vom Sprungbrett durch die Wasseroberfläche schießen. Hier werden die Mädchen von den Buben getrennt und es heißt:
»Wir sind nicht hier, um Unfug zu treiben, sondern um Schwimmen zu lernen.«

In einer kleineren Halle bekomme ich zwar das Wasser zu sehen, aber nicht zu spüren, da wir bei der ersten Schwimmstunde die Bewegungen im Trockenen erledigen. Beim zweiten Mal werden uns rechteckige Bretter zugeteilt, an denen wir uns mit den Händen festhalten im seichten Wasser und uns mit den Füßen vorwärtsbewegen.

Nach ein paar Wochen dieser Übungen läßt man uns in das tiefe Becken mit dem Drei-Meter-Sprungbrett, wo wir nach einer Weile die Bretter nicht mehr benötigen, aber noch vorsichtig und zögernd am Rand des Beckens entlangschwimmen.
Bademeister in schwarzen Badehosen, mit langen Rohren in den Händen, gehen der Länge nach am Schwimmbecken entlang und sobald jemand Anstalten macht, unterzugehen, wird das Rohr ausgestreckt, damit sich der Sinkende daran festhalten kann.

Mittlerweile hat die Berta das Fahrradfahren gelernt und leiht sich Fahrräder von ihren Freunden und Freundinnen aus. Sie kann sogar freihändig fahren und traut sich auf der Lenkstange zu sitzen, während jemand anderer radelt, und manchmal stellt sie sich sogar auf die Querstange hin beim Runtersausen in den Hof. Bei der Mutti und dem Papa bettelt sie umsonst um ein Fahrrad. »Wenn schon jemand ein Fahrrad bekommt«, sagt der Papa, »dann die Laura, weil sie fleißig ist.«
»Mei, seids ihr aber gemein«, regt sich die Berta auf, »die Laura kann ja gar nicht Radfahren, die traut sich nicht, die fährt immer noch mit ihrem Roller rum.«

Kurz vor meinem 12. Geburtstag kommt ein Geschenk in unserer Wohnung an. Ein Bekannter vom Papa, ein glatzköpfiger Sportsfanatiker, der zum körperlichen Ausgleich in seinem Speisezimmer über Stühle springt, hat uns ein Fahrrad geschickt.
»Um Gottes Willen«, ist mein erster Gedanke, als ich das glänzende rote Fahrrad im Gang an der Wand angelehnt unterm Telefon stehen sehe. »Ich kann doch überhaupt nicht Radfahren, was soll ich jetzt tun?«

So sehr die Berta bettelt und fleht und verspricht, sich zu bessern, es hilft nichts, das Fahrrad gehört mir, die ich nicht radeln kann, eine Blamage ohnegleichen. Und vor den anderen das Radeln im Hof zu lernen, geniere ich mich zu sehr. Der einzige Ausweg ist, meinen Wecker auf fünf Uhr früh zu stellen und allein im Hof bei Anbruch des Tageslichts meine Radelversuche zu unternehmen.

Nach einer Woche Frühaufstehen geht es einigermaßen, so daß ich nicht mehr vom Fahrrad runterfalle, wenn ich um den Elch und die Säulen im Hof rumfahre. Leider habe ich vergessen, in die umgekehrte Richtung zu fahren und deshalb kann ich nur nach links lenken. Als ich das erstemal in die entgegengesetzte Richtung fahre, knalle ich in eine Garagentüre rein, weil ich das Rechtslenken nicht beherrsche und das Bremsen noch nicht so recht geht. Nach einigen Wochen ist es trotz Blasen an den Fingern vom krampfhaften Festhalten an der Lenkstange so weit, daß das Radeln anfängt, mir Spaß zu machen und ich froh bin, daß ich es endlich gelernt habe und mich nicht vor den anderen schämen muß.

Mit dem Schwimmen ist es ein Problem, weil ich die Letzte bin, die bereit ist, von drei Metern Höhe einen Kopftaucher zu machen. Alle anderen haben es geschafft und sind mit verrenkten Hälsen aus dem Wasser gestiegen, bis auf mich. Beim Hinknien auf dem Sprungbrett so hoch oben, überlege ich es mir immer wieder und stehe in der letzten Sekunde auf und klatsche mit dem Arsch ins Wasser anstatt mit dem Kopf. Der Bademeister hat gesagt, daß er mir keine Note im Schwimmen geben kann, bis ich nicht den Kopftaucher vollbracht habe.
Beim letzten Schwimmunterricht, als ich eine Ewigkeit lang auf den Knien am Sprungbrett zögere und in die Tiefe starre, bekomme ich einen leichten Schubs, der einen schiefen Kopftaucher zur Folge hat, und den Entschluß, niemals wieder mit dem Kopf voran in irgendein Wasser zu springen. Aber etwas Unglaubliches ist passiert: zum erstenmal in meiner Schulzeit habe ich mir einen Zweier im Turnen gesichert.

Während ich mit meinen athletischen Versuchen beschäftigt war, hat die Mutti sich in der Kunst des Autofahrens versucht. Daß sie nicht das geringste Talent dafür zeigt, erfahre ich, als sie mich an einem Sonntag nachmittag in ein Kino in der Nähe vom Stachus fährt. »Nie wieder«, schwöre ich beim Aussteigen, »nie wieder fahre ich irgendwohin, wenn du hinter'm Steuer sitzt, Mutti.«

Eine Woche später streiten sich die Mutti und der Papa, weil die Mutti eine Frau mitsamt ihrem Fahrrad nachts auf der dunklen Landstraße nach Freising überfahren hat. Die Mutti besteht darauf, daß es nicht ihre Schuld war, da sie die Frau nicht gesehen hat. Der Papa meint, es ist trotzdem ihre Schuld, auch wenn sie die Frau nicht gesehen hat, weil sie sie hätte sehen müssen, und daß die Mutti ein hoffnungsloser Fall ist, was das Autofahren anbetrifft, und daß es besser ist, wenn sie vom Lenkrad wegbleibt.

Bevor der Papa und die Mutti zum ersten Krankenbesuch fahren, kauft der Papa Bonbonnieren und Nylonstrümpfe, damit die verletzte Frau die Mutti nicht anklagt. Dabei höre ich nichts als alte Gote dies und alte Gote das und sie wird schon zufrieden sein, die alte Gote.

»Sag mal, Papa, warum nennt ihr die arme Frau eine alte Gote? Das klingt so geringschätzig, als wäre sie einen Dreck wert.
Kannst du sie nicht einfach eine alte Frau nennen, Papa? Alte Gote klingt so häßlich und abscheulich. Wie wäre es dir zumute, wenn dich jemand einen alten Juden nennen würde?«

Der Papa schaut mich grübelnd an. »Sie hat recht, Hela, recht hat sie. Gote ist kein schönes Wort.«
»Nu, sie ist doch aber eine Gote, was soll ich sie sonst rufen, vielleicht Madam?« Die Mutti lacht sarkastisch.
»Nein, Mutti, du brauchst nicht so gemein sein, die Frau ist ein Mensch, Mutti, so wie du und ich und das Wort Gote ist eklig genau so wie Goj, das sagt ihr auch andauernd, denkt bloß nicht, daß ich nichts hör. Und ich kann mir schon denken, was das bedeuten soll, und Gojim auch.«
»Laura, im Lager hat man mich eine Judensau genannt.« Die Mutti hat Tränen in den Augen. »Ach, was weißt du schon. Kein Erbarmen hat man mit uns gehabt. Wenn nicht die Tante Ida, dann wär ich nicht mehr am Leben. Was kümmert mich jetzt eine alte Jeckete? Geharget sollen sie alle werden, geharget und verbrannt.«
»Die Erika auch? Und die Leni?«
»Nein, die Kinder können nichts dafür, Laura, aber wer weiß, was die Eltern sind. Vielleicht war der Leni ihr Vater in der SS. Sag ihr nur, sie soll den Schrank aufmachen, da hängt bestimmt noch eine Uniform drin. Gib dich lieber mit jüdischen Kindern ab als mit den gojischen, was taugt dir das? Geh in den jüdischen Klub, da hast du bessere Gesellschaft als in Moosach.« Der Mutti geht die Luft aus beim Reden, so aufgeregt ist sie.
»Komm mit uns mit zum Gedenktag vom Aufstand im Warschauer Ghetto. Da wirst du einen Film sehen und Ansprachen hören. Es wird schon Zeit, daß du was erfährst von der Vergangenheit.«

Der Papa hat kein Wort gesagt, aber ich weiß ja, daß der arme Papa Schläge in Dachau bekommen hat, und die Mutti und der Papa tun mir so leid, daß ich ganz still bin und nicht weiß was ich sagen soll.

Die Mutti und der Papa besuchen die verletzte Frau täglich im Krankenhaus und überschütten sie mit Geschenken. Die Frau bringt keine Klage, bald geht es ihr besser und sie erholt sich, aber die Mutti setzt sich hinter kein Lenkrad mehr und fährt weiterhin mit Straßenbahn, Zug und Taxi.

19.

An einem trüben regnerischen Nachmittag, als ich über meinen Hausaufgaben am Tisch im Speisezimmer sitze, kommt der Papa in die Wohnung rein, holt die Berta aus dem Kinderzimmer, und sagt, wir sollen uns schnell anziehen, weil er uns nach Moosach ins Kino fahren will. Ein einmaliger Film spielt, ich werde begeistert sein, die Berta wird ihn vielleicht nicht so gut verstehen, aber der Papa will, daß wir ihn uns anschauen. Ein Jude hat die Hauptrolle. Ich habe nicht gewußt, daß es jüdische Filmschauspieler gibt, aber der Papa sagt, daß die alle in Amerika sind und daß die Filmproduzenten in Amerika auch jüdisch sind und es zu etwas gebracht haben und daß ich stolz sein soll auf die Juden. Mir und der Berta ist es egal, was für ein Film spielt, wir freuen uns, daß wir überhaupt ins Kino dürfen und nicht mal mit der Straßenbahn im Regen fahren müssen, denn der Papa fährt uns mit dem Auto hin. Er kauft die besten und teuersten Karten für zwei blaue Plüschsitze in der dritten Reihe von der Loge. Nach dem Film wird er vor dem Kino auf uns warten, sagt er.

Der Film heißt »Jakobowski und der Oberst«. Es spielen der Curt Jürgens als der polnische Oberst und ein Danny Kaye als der Herr Jakobowski, der nur dumm tut, aber in Wirklichkeit viel gescheiter ist als der große Oberst und der am Ende dem Oberst das Leben rettet, obwohl der Jakobowski in größerer Gefahr ist als der Oberst, da die Nazis hinter ihm her sind, um ihn zu verhaften, weil er jüdisch ist. Der Jakobowski ist schlau und witzig und weiß sich zu helfen. Er ist der Ansicht, daß es in jeder Lebenslage zwei Möglichkeiten gibt. Man muß nur die richtige finden und hat man sie gefunden, so gibt es wiederum zwei Möglichkeiten. Dem Oberst ist so eine Denkweise fremd, Entschlüsse braucht er, von Möglichkeiten will er nichts hören und er hat keine Geduld für so ein Gefasel, muß aber zugeben, daß er nicht so gescheit ist wie der Jude, Jakobowski, der am Ende immer recht behält.

»War der Film nicht lustig? War er nicht einmalig? Kannst dich drauf verlassen, Laura, wenn ich dich wo hinschicke, ist es was Gutes und nichts ist zu gut für meine Kinder«, sagt der Papa, als er uns abholt vom Kino.

Die Gedenkfeier vom Warschauer Ghettoaufstand wird in einem großen Saal gehalten. Von der hohen Decke hängen Kronleuchter in unmittelbarer Nähe unserer Plätze in der ersten Reihe oben am Balkon, von wo ich eine ungestörte Aussicht auf die Bühne und das Gewimmel von Menschen habe. Die meisten habe ich noch nie gesehen, aber die Mutti und der Papa kennen alle. Jeder will wissen, ob ich die älteste Tochter bin. Viele Kinder sind nicht gekommen, aber die, welche anwesend sind, sind ungefähr im gleichen Alter wie ich.

In der Mitte der Bühne steht ein Pult und seitlich rechts davon die israelische Fahne mit dem blauen Davidstern. Unter der Fahne stimmen ein paar Musikanten ihre Geigen und Blasinstrumente. Als die Lichter ausgehen und Dämmerung sich in den Saal senkt, spielt ein kleiner Mann mit einem Bart die Hatikva auf der Trompete. Alle sind wir aufgestanden, begleitet von einem Knarren und Quietschen der hölzernen Sitze und einem Rascheln der weiblichen Kleidung. Um mich herum schwebt die Traurigkeit in einer Woge von Puder und Lippenstift, und wäre die Stimmung nicht so feierlich, müßte ich ans Brechen denken.

Die Juden haben gute Stimmen. Solch ein inbrünstiges Singen wie das vom Partisanenlied, das der Hatikva folgt, habe ich sogar in der Kirche noch nicht gehört. Schade, daß dabei geschluchzt wird. In der Kirche beim Beten und Psalmen-Singen weint niemand. Warum müssen die Juden nur immerzu weinen? Das verdirbt doch schon alles. Nach lautem Geschnupfe und Räuspern wird ein Redner vorgestellt, der eine Ansprache hält. Als er fertig ist, tragen zwei Männer das Pult weg, der Saal hüllt sich in Finsternis und eine Leinwand senkt sich auf die Bühne. Der Film ist schwarzweiß, ein Dokumentarfilm mit Ton, ohne Musik.

Das Wort »Aussiedlung« habe ich schon oft zu Hause gehört, da die Mutti, wenn sie Erinnerungen von der Heimat in Polen erzählt, stets anfängt mit »vor der Aussiedlung« oder »nach der Aussiedlung«, aber was das war, habe ich nicht gewußt, es war nur ein Wort, über das ich mir keine weiteren Gedanken gemacht hatte. Irgendwie klang »Aussiedlung« ganz reinlich und sauber, auch organisiert und zivilisiert.

Aber hier sehe ich auf der Leinwand, wie Mütter und Väter und Kinder aus ihren Häusern und Wohnungen gezerrt werden. Hier höre ich das Gebrüll vom Führer Adolf Hitler, das sogar das Dröhnen der Tausende von marschierenden Stiefeln übertönt. Hier sehe ich, wie Menschen geschlagen und erschossen werden. Hier sehe ich, wie Menschen sich verstecken und verhungern und erfrieren, wie sie sich am Umschlagplatz vor dem Bahnhof in Reihen anstellen mit Rucksäcken und Koffern und Kissen und Decken und kleinen Kindern mit großen Davidsternen auf der Brust. Und ich sehe die deutschen Soldaten in den SS Uniformen mit Gewehren und Pistolen und Schäferhunden, die an den Leinen zerren und keifen und bellen vor den verängstigten kauernden Menschen.

Als es hell im Saal wird, ist mir sonderbar zumute. Ich schau mir die Mutti und den Papa von der Seite an und auf einmal sehe ich sie anders als vorher. Ich sehe sie als Opfer, als Leidende. Und alle Leute im Saal sehen gleich aus. Ich sehe sie nicht als Erwachsene und Starke, sondern als Erbarmungswürdige, Geschwächte, Niedergeschlagene, Traurige, Geprügelte, Verängstigte, Vertriebene.

»Nu, Laura, was sagst du zu dem Film?« fragt mich der Papa im Auto auf der Heimfahrt.
»Ich hasse alle Deutschen, Papa, alle.«
Der Papa sagt was zur Mutti in Polnisch, daß ich vielleicht zu jung bin, mir sowas anzuschauen.
»Ich weiß genau was du gesagt hast, Papa. Ich bin nicht zu jung. Ich will alles wissen, was passiert ist.«
»Schau, Laura, du sollst nicht alle Deutschen hassen, es gibt auch Gute unter ihnen so wie die Frau Dr. Obermayer und einige andere von meinen Bekannten und die Familie, die mich gepflegt hat, als ich von Dachau raus kam, das waren gute Menschen.«
»Papa, ich will wieder in den jüdischen Religionsunterricht gehen.«

Zu Hause lege ich das goldene Anhängsel mit meinem Namen in die Schublade und hänge mir die Kette mit dem Davidstern, die mir die Frau Schmaye mal geschenkt hat, um den Hals.

20.

Die Mutti hat sich ein weißes, getupftes Sommerkleid mit Falten gekauft und ist mit dem Zug nach Meran zur Kur gefahren. Der

Papa droht, daß, falls wir böse sind, die Mutti nicht zurückkommen wird. Die Berta bringt mich um den Verstand, weil sie den ganzen Tag den Peter Krauss nachahmt und so tut als ob sie ein Mikrophon in der Hand hätte und gluckst, »Schuhugar Schugar Baby, wo oh, Schuhugar Schugar Baby, mmh, sei doch lieb zu mihir. O, o, o, Schugar Schugar Baby, uo oh, Schugar Schugar Baby, mmh, dann bleib ich bei dihir.«

Am liebsten würde ich ihr eine schmieren mit ihrer Angeberei, aber sie ist größer und stärker als ich und ohne einen Strumpfhalter in der Hand oder mit einer Schere bewaffnet wage ich es nicht, ihr nahezukommen. Nur wenn die Berta abhaut, meistens mit einem Stück Marmeladebrot in der Hand, ist es ruhig in der Wohnung. Sitze ich dann aber gemütlich in ein Buch vertieft im Eßzimmer oder im Kinderzimmer, reißt der Papa die Türe auf, schaut mich mißbilligend an und macht die Tür wieder zu. Bevor ich noch erleichtert aufatmen kann, geht die Türe wieder auf und der Papa schreit, »Nu, liest du schon wieder? Warst du heute schon draußen? Wie kann ein Mensch den ganzen Tag in der Stube hocken, frag ich mich. Raus, sag ich, und laß dich vor einer Stunde nicht blicken. Ein Mensch braucht Bewegung. Raus, auf die frische Luft. Du bist zu blaß!«
Es ist ihm gleich, ob es regnet oder ob die Sonne scheint. Er redet immer vom Sauerstoff, und daß man nicht zu Hause rumstinken soll.

Der Papa hat ein neues Gesundheitsmittel entdeckt. Es heißt Alka Seltzer und soll Magenbeschwerden erleichtern. Der Papa hat einen ganzen Karton davon nach Hause gebracht und im Keller aufbewahrt. Die Käthi ist der Meinung, daß, wenn man Bauchweh hat, Kniebeugen das Nützlichste sind, weil diese zur Folge haben, daß man Schoase läßt. Der Papa muß der Käthi recht geben. Das von den Kniebeugen weiß er von zu Hause, aber das Alka Seltzer wirkt doch Wunder, findet er, und mit Kniebeugen und Alka Seltzer zusammen, kann man aufstoßen und Schoase lassen zugleich, und beides ist das Beste für die Gesundheit, sagt der Papa, und wir brauchen uns gar nicht zu schämen, wenn es in der Küche nach dem Abendessen kracht, während die Käthi und der Papa uns bei den Kniebeugen zuschauen. Die Käthi und der Papa haben auch Blähungen, aber die machen keine Kniebeugen, nur die Berta und ich müssen uns abplagen. Wir können es kaum erwarten, daß die Mutti nach Hause kommt, damit der Papa sich nicht so viel um uns kümmert.

Auf der Baldurstraße hat eine Rollschuhbahn eröffnet und da es am

Abend noch lange hell draußen ist, gehen wir oft nach dem Abendessen rüber und schauen den tanzenden Paaren zu. Die Mädchen in ihren kurzen Kleidchen oder Faltenröcken mit den weißen Trikothosen über dem straffen Popo sehen besonders schön aus, wenn sie rückwärts fahren und den Arsch in die Luft strecken und der Rock oder das Kleid hochfliegen.

Manchmal kommt sogar der berühmte deutsche Meister im Eislauf, Manfred Schnelldorfer, mit seiner riesigen schwarzen Ledertasche und seiner kleinen grauhaarigen Mutter, die ihn trainiert hat, und wir staunen alle, daß er außer schlittschuhlaufen auch gut rollschuhlaufen kann. Wenn die Käthi mit uns mitgeht, schleppt sie uns nach kurzer Zeit wieder heim, aber wenn wir alleine gehen, dann rennen wir erst nach Hause, wenn es dunkel ist und wenn die Käthi uns auf der Voitstraße entgegenkommt, schimpft sie schon von weitem:
»Euch werd ich's zeigen, ihr Hinterfotzigen, ihr Scheinheiligen«, und nachdem sie uns bei den Ohren gepackt und uns paar Watschen ins Gesicht geknallt hat, schreit sie weiter:
»Schleicht's eich ins Haus, dalli, dalli.«
Und wenn der Papa zu Hause ist, dann haut er uns auch noch paar runter, sobald wir über die Türschwelle treten.

Als die Mutti gut erholt und braungebrannt aus Meran zurückkehrt, holt sie der Papa vom Hauptbahnhof ab und bringt sie nach Hause, und die Käthi und der Papa erzählen ihr wie böse die Berta und ich waren.
»Laß mich in Ruh«, sagt die Mutti. »Zu sowas bin ich nach Haus gekommen? Wer braucht das? Hunde hätte ich haben sollen, nicht Kinder.«
Bald darauf fahren die Mutti und der Papa nach Freising und kommen eine Zeitlang nicht nach Hause.

21.

Die Mutti und der Papa kennen Leute, die eine Pension am Chiemsee haben. Dorthin wollen sie die Berta und mich für paar Wochen während der Sommerferien schicken, damit wir gute Luft atmen und die Mutti und der Papa Ruhe haben, und so fährt der Papa die Berta und mich mit dem Wagen in Richtung Prien am Chiemsee zu einem weißen Haus mit braunem Balkon, der mit Kästen roter Blumen geschmückt ist. Hier, sagt der Papa, hat er im ersten Stock ein Doppelzimmer für uns reserviert.

Die Pension hat einen schattigen Garten für die Gäste, die in gestreiften Liegestühlen ruhen und Zeitungen lesen und sich an bunten Getränken in hohen Gläsern erquicken. Im Parterre ist der Speisesaal mit hellen Holztischen und Bänken mit ausgeschnitzten Herzen in den Rückenlehnen. Eine Verbindungstüre führt vom Speisesaal in einen dämmerigen Aufenthaltsraum, wo es nach Zigarettenrauch und Bier stinkt, und eine Erdnußmaschine neben der Theke steht und ein Fernsehapparat hoch an der Wand über der Theke befestigt ist. Die Erdnußmaschine, von der für ein Zehnerl eine Handvoll Erdnüsse rausschießt, und der Fernseher werden die Schmerzen des Heimwehs vielleicht lindern.

Die Besitzer der Pension, die sogar jünger aussehen als der Papa und die Mutti, versichern dem Papa, daß wir gutes Essen bekommen werden und viel Sauerstoff, und daß der Papa sich gar keine Sorgen zu machen braucht, weil wir gut aufgehoben sein werden, das ist klar.

Als der Papa sich von uns verabschiedet, redet er noch auf mich ein, daß ich gut auf die Berta aufpassen muß, weil ich die Ältere bin, und daß wir es nicht wagen sollen, in nassen Badeanzügen rumzulaufen, damit wir keine Erkältungen in der Blase bekommen. Und auf keinen Fall dürfen wir uns auf einen kalten Stein hinsetzen, denn sowas führt garantiert zu Nierenentzündungen.
»Also, vorsichtig sein, Kinder«, beschwört uns der Papa mit ernster Miene und erhobenem Zeigefinger, und damit läßt er uns ganz alleine, die Berta und mich, und wir winken ihm nach, als er mit knirschenden Reifen über den Kies im Parkplatz fährt und durch die Ausfahrt der Pension in einer Staubwolke verschwindet.

Während der ersten Woche unseres Aufenthaltes gehen wir nach dem Frühstück in den Garten, wo wir nette Gäste treffen, die sich mit uns unterhalten.

Da ist ein junges Ehepaar aus der Schweiz, dessen Zimmer direkt neben unserem ist. Die Frau ist schwanger und trägt immer Hosen und breite Blusen. Ihre Hosen sind vorne am Bauch elastisch und dehnen sich aus. Sie hat es mir gezeigt und ich finde, es sieht sehr häßlich aus, wenn man schwanger ist. Sie scheint aber sehr glücklich zu sein und lacht mit der Berta und mir, besonders mit der Berta, und freut sich auf ihr Kind und sagt, daß sie hofft, daß es ein Mädchen wird und so hübsch und nett ist wie die Berta und ich, und das wundert mich sehr, weil die Mutti nicht glücklich ist mit der Berta und mir und uns Bonkes nennt und Mamsers und immer sagt, sie hätte Hunde haben sollen anstatt Kinder, und dabei mag die Mutti keine Hunde.

Außer uns ist nur noch ein anderes Mädchen in meinem Alter als Gast in der Pension. Die ist mit ihrem Vater auf Urlaub und kann Autofahren. Sie hat kugelrunde blaue Augen und schulterlange blonde Locken und ist sehr gescheit, denn sie spricht wie eine Erwachsene. Ihr Vater muß sie innig lieben, weil er ihr jeden Tag beim Kakao den Autoschlüssel auf die karierte Tischdecke legt und sagt: »Na, Schatzi, fahren wir ein bißchen spazieren.« Sie hat ihren Vater gebettelt, daß er uns auch einmal auf eine Autofahrt mitnimmt, und nach einigem Zögern hat er nachgegeben. Im Auto erzählt er uns, wie gescheit sein Schatz schon als kleines Kind war, und daß er findet, daß man Kinder mit Respekt behandeln muß und jede Fähigkeit in einem Kinde fördern soll, egal was das Gesetz bestimmt. Deshalb läßt er seine Tochter mit seinem Auto in der Landschaft rumfahren. Mensch, die muß aber glücklich sein. Wenn nur ich so einen Vater hätte. Sie nennt ihn Papi und Papilein und streichelt sein Gesicht und hat gar keine Angst vor ihrem Vater. Papilein könnte ich nicht über meine Lippen bringen, die Berta schon, weil sie eine falsche Kuh ist.

Als der Vater und die Tochter und das Ehepaar von der Schweiz abreisen, und es uns langweilig ist, den ganzen Tag im Garten rumzusitzen, bekommen wir belegte Brote und Apfelsaft in einem Korb verstaut und man läßt uns zum See gehen. Wenn ich erst mal im Wasser untergetaucht bin, dann bleib ich drin bis meine Zähne klappern, weil es mir graust, durch das Gematsch und Gesümpf und den schlammigen Dreck, mit Phantasiebildern von Wasserviechern, die mich beißen könnten, ans Ufer zu waten. Die Berta hat keine Ahnung, wie ekelhaft das ist. Die beneidet mich bloß, weil ich auf dem Rücken schwimmen kann, während sie im seichten Wasser plätschert und Kieselsteine in den See reinwirft.

Am Abend schauen wir uns die Übertragungen der Fußballweltmeisterschaft im Fernsehen an und essen Salzstangen und trinken Coca Cola.

So geht die Zeit vorüber bis ich mich an einem verhängnisvollen schwülen Tag beim Mittagessen im Speisesaal direkt auf eine

Biene setze. Auf mein Geschrei kommt die Wirtin angelaufen, hilft mir zum Klo und zieht den schwarzen Stachel mit einer kalten Pinzette aus meiner Arschbacke raus, holt einen nassen Waschlappen und sagt, ich soll drauf sitzen beim Essen und niemand wird etwas merken. Mittlerweile ist mein Popo erstaunlich hart geworden wie ein Stein und reagiert empfindlich auf Berührung der kahlen Bank. Und vor mir, auf einem schönen geblümten Teller, sitzt ein Häuflein von rotem, rohem, gehacktem Fleisch mit einer Höhle in der Mitte, in der ein gelber Eidotter im rotzigen Eiweiß schwimmt. Ringsherum am Rande des Fleischhäufleins stecken Salzstangen aufrecht wie Fahnen auf einer Ritterburg.

»Ja, schmeckt's euch denn nicht, Kinder?« fragt die Wirtin besorgt und wischt sich die Hände an der Schürze ab. »Tartar, das ist was ganz Spezielles, wißt ihr, versucht's doch mal«, und, weil sie mich so aufmunternd anschaut, stecke ich zögernd eine Gabelvoll in den Mund. Kaum habe ich es runtergewürgt, wird es schwarz vor meinen Augen, man schafft mich auf mein Zimmer und ins Bett, wo es endlose Tage gewaltig in meinem Arsch hämmert, und obwohl ich das Tartar rausgebrochen habe und der Durchfall die Gedärme von den zuckenden Schmerzen befreit hat, wütet das kalte rote Fleisch weiter in meinen Fieberträumen.

Zuletzt bleibe ich doch am Leben und als ich mich erinnere, daß ich auf die Berta aufpassen muß, steht der Papa vor meinem Bett und will wissen, was passiert ist und wieso und mit was ich mich vergiftet habe. Da erzähle ich ihm von der Biene und vom Tartar mit dem rohen Ei, und der Papa sagt: »Gott behüte.« Danach berichte ich von den belegten Broten im Korb am See und der Papa sagt: »Oj Gewalt.« Dann packt er unsere Sachen in einen Koffer und geht mit uns runter zum Wirt und zur Wirtin, stellt den Koffer auf den Boden neben der Theke, und sagt ihnen was für eine Schande es ist, daß, wo er doch teures Geld für eine Vollpension für seine Kinder bezahlt hat, man seine Kinder mit belegten Broten los geworden ist und zum See geschickt hat, und daß man, und hier wird das Wort Vollpension nochmal klar betont, anstatt ein warmes Mittagessen zu servieren, seine ältere Tochter mit einem Haufen blutigen Tartar voll Bakterien und einem rohen Ei vergiftet hat.

Als die Wirtin anfängt, die Geschichte mit der Biene zu erzählen, wirft der Papa ein, daß ihm diese Sache ganz und gar uninteressant ist, weil ein Stachel im Popo nichts mit rohem Fleisch zu tun hat.

Ich schäme mich ganz furchtbar, denn die belegten Brote am See haben sehr gut geschmeckt. Aber unter Vollpension versteht der Papa ein Frühstück, ein warmes Mittagessen und ein Abendessen am Tisch im Speisesaal und nicht in einem Korb auf einer Wiese. Und das Tartarfleisch, betont der Papa, ist eine Kost für den erfahrenen Feinschmecker in solchen Genüssen oder für ein Raubtier, aber gewiß nicht für ein Kind.

»Kommt Kinder, wir fahren nach Hause«, damit hebt der Papa den Koffer auf, wir sagen Auf Wiedersehen und »Von mir werden Sie noch hören«, ruft der Papa, und wir verlassen die Pension und fahren nach Hause, zurück zur Käthi.

22.

Ich werde keine Hühnerfüße mehr waschen müssen. Die Mutti hat das »Brathendl«-Restaurant verkauft.

Das Restaurant in Freising führt jetzt der Stefan. Da ist die Mutti viel öfters zu Hause, und das paßt der Käthi wiederum nicht und führt zu Zankereien und Streit in der Wohnung.
Die Mutti ist traurig, weil die Friede nichts von ihr wissen will. Die Friede denkt, daß die Käthi ihre Mutti ist, und sie macht keinen Schritt ohne die Käthi. Richtig verhätschelt ist das Friedelein und hat Angst vor allem. Mit anderen Kindern in ihrem Alter hat sie nie gespielt, und die Mutti findet, daß es Zeit ist, sie in den Kindergarten zu schicken. Doch wenn die Mutti der Käthi einen Vorschlag macht oder einen Einwand hat, wehrt sich die Käthi und gibt ihr Antworten wie: »Das geht Sie überhaupt nichts an, Frau Stöger«, und »Frau Stöger, mischen Sie sich da nicht rein«, und »In der Erziehung vom Friedelein laß ich mir nichts reinreden.«

Die Mutti hat zum Papa gesagt, daß ihr die Galle hochkommt wegen der Käthi und daß sie sich auffrißt vor Verdruß wegen der Käthi und daß die Käthi mit ihrer Herrschsucht der Mutti das Leben mies macht.

Kurz vor Schulanfang, an einem milden Sonntag im Spätsommer, als mich das Vögelgezwitscher in der Anlage aufweckt und das frühe Sonnenlicht durch die Ritzen der Fensterläden scheint, halte ich es im Bett nicht mehr aus. Ich steh auf, wasch mich und zieh mich an, und als ich ganz fertig bin, treffe ich im Gang die Käthi im Nachthemd.

»Ja, sag mal, was fällt dir denn ein? Es ist doch grade 7 Uhr! Wie oft muß ich euch sagen, vor 8 Uhr wird nicht aufgestanden am Sonntag! Zieh dich aus und geh sofort zurück ins Bett, auf der Stelle. Mach daß du wegkommst.« Sie schüttelt den Kopf, kratzt ihr Bein und stößt hervor: »Ja, sowas, daß ich mir so eine Frechheit bieten lassen muß, des wer'n ma noch sehn.«

Zurück im Kinderzimmer wartet die Mutti im Morgenrock, fragt mich was los ist, und angesichts meiner Verzweiflung sagt sie mir, ich kann mich beruhigen, die Käthi wird entlassen, und daß man ihr eine neue Stellung bei Bekannten in München besorgt hat.

Die Berta und ich strahlen vor Glück. Nur die Friede ist todtraurig, als die Käthi ihre Koffer packt, und sie weint so erbärmlich, daß es mir das Herz zerreißt. Vom Papa hören wir: »Brav sein und der Mutti folgen. Die Mutti bleibt zu Hause mit euch und ich will keinen Ärger haben, verstanden?«

141

DAS ENDE DER VOLKSSCHULE

I.

Für die Friede hat der Kindergarten angefangen. Dort ist sie die Größte. Die Berta ist in die fünfte Klasse vom Herrn Kümmel gekommen und ich bin in der siebten Klasse beim Herrn Ludewig, wo ich, obwohl die Kleinste unter den Mädchen, am ersten Tag zur Klassensprecherin gewählt werde.
Das Klassenzimmer, das ich zwei Jahre lang nur betreten konnte, um den Stock zu holen, ist nun mein Klassenzimmer. Der Herr Ludewig macht mir Herzklopfen und es ist mein größtes Bestreben, ihn glücklich zu sehen. Er duftet nach Seife und seine braunen Haare glänzen und sind von der Stirne nach hinten gekämmt. Seine braunen Augen schauen mich gütig an, und wenn er schmunzelt, dann bilden sich kleine Falten in seinen Augenwinkeln und er ist schöner denn je. Seine Hände sind schlank und gepflegt und er hat eine tiefe, angenehme Stimme und vorzügliche Manieren. Er spricht betont Hochdeutsch, aber Bayrisch redet er mit Vergnügen.

Viel Wert legt er aufs Zeichnen und die Malerei, aufs Musizieren und aufs Singen, aber auch auf den körperlichen Ausgleich. Ein Glück, daß ich ihn nicht im Turnen habe, denn dann müßte ich mich schämen.

Der Herr Ludewig ist ein ästhetischer Mensch, dem Fingernägel ohne Trauerränder, saubere Ohren und ordentliche Kleidung eine Menge über den Schüler sagen. Die Sprüche und Meinungen, die der Herr Ludewig uns Schülern im Klassenzimmer zukommen läßt, wiederhole ich zu Hause, wo ich nicht mehr aufhöre mit der Herr Ludewig sagt dies und der Herr Ludewig sagt das und der Herr Ludewig und der Herr Ludewig und der Herr Ludewig, bis die Mutti und der Papa es kaum erwarten können, den Herrn Ludewig persönlich kennenzulernen.

Gleich am ersten Schultag gab er uns eine Niederschrift, und am nächsten Tag bekam ich meine zurück mit einem Einser oben drauf. Der Herr Ludewig schrieb die Namen von den Schülern mit Einsern und Zweiern in der Niederschrift auf die Tafel und verkündete, daß diese Schüler Kurzschrift und Maschinenschreiben lernen dürfen. Darunter war auch ich, und was das an Freizeitbeschränkung bedeutet, wird mir klar, als ich meinen Stundenplan bekomme und merke, daß ich keinen einzigen Nachmittag mehr frei habe.

Ich bin die erste im Klassenzimmer in der Früh und die letzte raus am Nachmittag. Abends gehe ich glücklich ins Bett, da ich weiß, daß ich am nächsten Tag in die Schule gehen kann. Manchmal sehe ich den Herrn Ludewig mit seinem beigen Volkswagen am Morgen an der Trambahnhaltestelle vorbeifahren.

Dieses Jahr habe ich der Mutti zum erstenmal mit dem Adressieren von den Umschlägen der Neujahrskarten geholfen, aber freuen wie früher tu ich mich nicht auf die schulfreien Tage, sondern mache mir Sorgen wegen der Versäumnisse.

»Ja, Stöger, da gehst du also in die Synagoge mit den Eltern. Tja.«
Der Herr Ludewig zieht die Luft mit einem zischenden Quietschen durch die oberen Seitenzähne, indem er seine Zunge gegen die Zähne drückt, eine störende Angewohnheit, die ich ihm in meiner Verliebtheit verzeihe.
»Also, ihr feiert Neujahr, nicht wahr? Was machen wir da? Du wirst einiges versäumen.« Er schaut mich nachdenklich an. »Kannst du morgen nach dem Unterricht eine halbe Stunde länger bleiben? Was ich tun werde, ist das Folgende, Stöger, als Ausnahme. Ich werde dir zeigen, was für einen Lehrstoff wir im Unterricht bearbeiten werden. Selbstverständlich könntest du auch die wichtigsten Arbeiten in der Früh während der Religionsstunde erledigen.«
Ich atme erleichtert auf. »Vielen Dank, Herr Ludewig. Ich würde ja viel lieber in die Schule gehen, aber Neujahr und der Versöhnungstag sind die höchsten Feiertage im jüdischen Glauben, die anderen sind nicht so wichtig.«
»Den Schabbat haltet ihr also in deiner Familie nicht, Stöger?«
»Nein, eigentlich nicht. Mein Vater geht jeden Samstag in der Früh in die Synagoge, aber er fährt mit dem Auto und wir dürfen in die Schule gehen, und Schinken essen wir auch zu Hause. Wir sind ja eigentlich nicht religiös.«
»Ja, das ist ja interessant, Stöger.« Der Herr Ludewig schmunzelt. »Vielleicht werde ich mehr davon am Elternabend mit deiner Frau Mutter besprechen, nicht wahr?«

Die Mutti sagt, daß ich den Entschuldigungszettel für das Schulversäumnis schreiben soll, da mein Deutsch viel besser ist als ihres, und sie unterschreibt es nur. Für die Berta muß ich auch einen schreiben und für den Tag der Versöhnung muß ich nochmal zwei Zettel schreiben. Ich verstehe nicht, warum es nötig ist, daß wir Entschuldigungszettel schreiben, wenn die Schulleitung genau weiß, daß die Berta und ich jüdisch sind. Ich komme mir richtig blöd vor, zu schreiben: Wegen den Hohen Feiertagen bitte ich, daß meine Tochter, Laura Stöger, vom Schulunterricht entschuldigt ist. Hochachtungsvoll, Hela Stöger. Am liebsten würde ich den Zettel zerreißen, bevor ich ihn dem Lehrer gebe, denn der Herr Ludewig weiß schon, warum ich nicht da war, er braucht es nicht auch noch zu lesen. Aber so sind die Regeln.

Die Leni hält keine Predigten mehr über den Jesus und die Juden. Als ich nach den Feiertagen zurückkomme, hat sie mir etwas viel Wichtigeres mitzuteilen. »Laura, stell dir vor, ich weiß jetzt wie man Kinder kriegt.«
Sie hält beide Hände über mein rechtes Ohr und flüstert:
»Der Mann tut seinen Mund bei dir unten hin, du weißt schon wo, und du mußt seinen, du weißt schon was, in den Mund nehmen.«
»Was, du bist wohl verrückt! Wer hat dir das gesagt?«
»So bekommt man ein Kind, ich schwör's dir, Laura, ich weiß es genau.«
»Dann sag ich dir nur eins, Leni. Sowas werd ich nie machen, pfui Teufel, und heiraten werd ich auch nicht und Kinder werd ich keine bekommen. Mir graust's, pfui, sowas von Schweinerei hab ich noch nie gehört.«

Die Leni grinst von Ohr zu Ohr. »Laura, hör zu: Banane, Zitrone, am Stachus steht ein Mann. Banane, Zitrone, er lockt die Weiber an. Banane, Zitrone, er nimmt sie mit nach Haus. Banane, Zitrone, er zieht sie nackert aus. Banane, Zitrone, er legt sie dann ins Bett. Banane, Zitrone, er macht sie dick und fett.« Wenn der Herr Ludewig sowas hören sollte, ist alles aus.

Wir sitzen immer noch zusammen, die Leni und ich. Die Eri ist schon in der Berufschule und die Leni ist meine beste Freundin in der Schule. Am Tisch zu unserer Rechten sitzen die Karin Beckerle und die Irene Ackermann. Die Irene Ackermann befürchtet immer noch, daß ihre Nachbarn von ihr abschreiben. Deshalb hält sie ihre linke Hand senkrecht auf dem Tisch neben dem Schreibheft mit dem Daumen nach oben, während sie mit dem Füllhalter in der rechten eifrig kritzelt.

Der Leni und mir gegenüber sitzen die Karin Hirsch mit den Glotzaugen und die dicke Elfriede Weidinger mit den fettigen Haaren, die ihr ins Gesicht hängen. Beim Herrn Ludewig sitzen die Mädchen auf der rechten Seite des Klassenzimmers und die Buben auf der linken. Manchmal fliegt ein Papierschiff oder ein Segelflieger zu uns rüber.

2.

Die Mutti hat beschlossen, die Wohnung umzuräumen. Die Friede wird vom Eßzimmer ins Kinderzimmer zu uns befördert. Das ehemalige Wohnzimmer wird ein Schlafzimmer für die Mutti, aber mein Klavier bleibt drinnen. Der Papa bekommt die Kammer zum Schlafen, weil die Mutti sagt, daß sie wegen Papas Schnarchen kein Auge zutut.

Unter dem Bett vom Papa liegt eine gekrümmte Flasche auf dem Boden, in die er nachts, damit er nicht speziell aufstehen muß, reinpieselt, und die er in der Früh im Klo ausleert.

Das ehemalige Schlafzimmer gegenüber von der Kammer will die Mutti als Wohnzimmer einrichten mit guten Möbeln, damit es elegant aussieht.

Die Mutti hat eine Zugehfrau angestellt, die zum Putzen kommt und der die Mutti unsere alten Kleider und Mäntel verkauft für ihre Kinder. Die Mutti ist eine kluge Geschäftsfrau, aber sie kann auch gut nähen und sticken. Das hat sie noch vor dem Krieg in einer Berufschule gelernt und im ersten Arbeitslager im Krieg saß sie an einer Nähmaschine. Sie würde nie zerrissene Sachen verkaufen. Alles wird geflickt und ausgebessert und gereinigt, daß es aussieht wie neu, bevor es zum Kauf angeboten wird. Dabei betont die Mutti, was für eine Qualitätsware sie hat und was für ein Glück es ist, daß gerade diese Sachen den Kindern von der Putzfrau wie angegossen passen werden. Obwohl die Mutti so tut, als ob sie wer weiß nicht was für Schätze für praktisch umsonst weggibt, schäme ich mich, daß wir neue Sachen bekommen, während die Kinder von der Putzfrau in unseren abgetragenen Klamotten rumgehen werden. Aber die Mutti sagt, daß die Putzfrau überglücklich ist und ich soll sie doch anschauen wie sie sich bedankt.

3.

Die Mutti und der Papa haben beim Rechtsanwalt ihre Wiedergutmachungssache erledigt und bekommen eine Rente von der Regierung, der Papa eine größere als die Mutti, weil er im Krieg außer dem Gesundheitsschaden einen Berufsschaden erlitten hat, war er doch im Jahre 1939 schon ein selbständiger Kaufmann, denn seine Familie besaß einen Holzhandel. Außerdem erhalten die Mutti und der Papa jeden Monat mit der Post Kindergeld für die Friede und behaupten andauernd, daß die Friede ihnen Glück gebracht hat.

Der Papa freut sich, daß ich Maschinenschreiben lerne und Kurzschrift. Er sagt, daß ich seine Sekretärin sein und seine Korrespondenz erledigen kann. Er hat mir meine eigene blaue Schreibmaschine gekauft, die ich jeden Donnerstag nachmittag zum Schreibmaschinenunterricht in die Schule schleppe, wobei mir fast der Arm abfällt, weil sie so schwer ist.

In der ersten Unterrichtsstunde stelle ich mich so blöd an, daß ich nicht mal das Papier eindrehen kann, vom Setzen des linken und rechten Seitenrandes ganz zu schweigen. Das Allerschwierigste ist, das Farbband auf der Spule einzuhaken so daß die richtige Seite des Bandes glatt von einer Spule zur anderen läuft und sich nicht verwurschtelt. Nach einigen Wochen geht es schon voran, so daß ich meinen ersten Brief für den Papa tippen kann.

»Lieber Herr, schoin, schoin«. Ich sitze am Eßzimmertisch während der Papa auf und ab geht und vor sich hinklärt.
»Lieber Herr was, Papa, wie heißt der Mensch, an den du schreibst?«
»Ach so, also, nochmal, Lieber Herr, schoin, schoin«, der Papa schaut zum Fenster raus und summt vor sich hin.
»Papa, bitte mach weiter, was ist der Name von dem Herrn?«

Es dauert fast eine Stunde bis ich die paar Zeilen von dem Brief fertig habe, weil der Papa so zerstreut ist, daß er mir nur den Anfang von einem Satz diktiert, und aus schoin, schoin muß ich ergänzen und einen Brief zusammenstellen.

Bei der Unterschrift bin ich in Tränen aufgelöst, aber als der Papa mir ein Fünf-Mark-Stück in die Hand drückt, beruhige ich mich.

Der Brief geht nach Melbourne in Australien, und andere gehen nach Kanada und nach New York und nach Brasilien und Israel und ich verdiene mir, auf Kosten meiner Nerven, doch einiges Geld dabei.

4.

Die Mutti kommt begeistert vom Elternabend nach Hause.
»Kein Wunder«, sagt sie, »daß du in den Herrn Ludewig verliebt bist. Das ist ein richtiger Menschenkenner, ein ergebener Lehrer, ein feiner, edler Mensch.« Sie lobt ihn bis in den Himmel. Die Mutti erzählt mir, daß der Herr Ludewig sehr zufrieden mit mir ist und daß ich seine erste jüdische Schülerin bin. Er weiß nicht allzuviel vom jüdischen Glauben, aber er hofft, daß die Schule am Samstag kein Problem für uns ist, da öfters Proben und Prüfungen auf einen Samstag fallen und es schwierig wäre, Termine zu verschieben, worauf ihm die Mutti versichert hat, daß sie nicht daran denken würde, mich an einem Samstag von der Schule fernzuhalten. Das hat er bewundert und begrüßt.

Dann fragt mich die Mutti was ich von der Claudia Klinger halte.
»Von der Claudia? Die ist sehr ruhig und erwachsen, finde ich. Ich glaube, sie ist älter als wir, weil sie sich schon schminkt und ihre Haare toupiert. Außerdem hat sie eine ganz tiefe Stimme wie ein Mann.«
»Ist sie gescheit?« will die Mutti wissen.
»Ich weiß nicht. Sie meldet sich nie im Unterricht.«
»Weißt du, daß sie halb-jüdisch ist?«
»Was, die Claudia? Woher weißt du das?«
»Ja, der Herr Klinger war mit seiner Frau beim Elternabend. Sehr sympathischer Mann, hat mich gleich gefragt woher ich stamme, und dann hat er mir gesagt, daß er auch Jude ist. Seine Frau ist Christin. Sie hat ihn während dem Krieg versteckt. Er sieht auch richtig jüdisch aus, weißt du. Seine Frau paßt gar nicht zu ihm. Eine dicke Große. Vielleicht solltest dich mit der Claudia befreunden. Kannst sie mal einladen. Der Herr Klinger ist sehr charmant, hat mir gut gefallen.«

Der Herr Ludewig hat der Mutti anvertraut, daß seine Frau ein Kind erwartet. Bald darauf weiß es die ganze Klasse und die Leni und ich diskutieren hin und her: Hat unser penibler Lehrer die Schweinerei mit seiner Frau gemacht oder nicht? Schwanger ist sie schließlich.

Als die Hannelore Raschke mit dem dicken Busen von unseren Vorstellungen hört, klärt sie die Leni und mich auf, indem sie uns in Einzelheiten auseinanderlegt, was es ist, das ein Mann und eine Frau im Bett machen.

»Mutti, jetzt weiß ich genau wie man ein Kind macht.«
Ich wage es, das Thema anzufassen, da die Mutti stets guter Laune ist, wenn wir alleine zusammen im Dämmerlicht in der Küche sitzen und die feuchte Haut von den Walnüssen abschälen.
»Du weißt es? Sehr gut. Dann behalte es für dich.«
»Aber ich will wissen ob es stimmt, Mutti.«
Die Mutti seufzt.
»Gut. Was weißt du?«
»Der Mann steckt den Zipfel in der Frau ihr Loch rein, wo die Periode rauskommt, stimmt's?«
»Und wer hat dir das erzählt?«
»Die Hannelore Raschke. Die weiß es von ihren Eltern, weil sie sie durch's Schlüsselloch im Bett beobachtet hat.«
»Ach so. Das hat sie getan. Nu, dann stimmt es wahrscheinlich.«
Die Mutti seufzt schon wieder.
»Nur eins merke dir, Laura, wenn eine Frau sowas macht, bevor sie heiratet, ist sie eine billige Hure.«
»Und der Mann?«
»Ein Mann kann machen was er will, nur die Frau muß rein bleiben.«
»Mit wem machen's die Männer dann, wenn die Frauen rein bleiben sollen?«
»Die finden schon jemand. Das muß dich nicht kümmern.«
»Sag mal, Mutti, wann hast du deine Periode bekommen?«
»Spät, ich war schon 17 Jahre alt.«
»Was, so spät? Die Hannelore hat ihre schon.«
»Manche bekommen es früh. Sei froh, daß du's noch nicht hast.«
»Wieso bluten nur die Frauen? Wo kommt das Blut eigentlich her?«
»Es ist das schmutzige Blut, das muß aus dem Körper raus.«
»Aber haben die Männer denn kein schmutziges Blut? Was machen die mit ihrem schmutzigen Blut? Wo geht das hin?«
»Die Männer haben kein schmutziges Blut, nur die Frauen.«
»Das ist aber ungerecht.« Mir ist der Appetit vergangen.
»Die Männer haben es besser als die Frauen, Mutti.«
»Natürlich.« Die Mutti lacht. »Bei den Juden gibt es ein Gebet, wo der Mann jeden Tag beim Aufwachen dem lieben Gott dankt, daß er

keine Frau ist. Die Frauen müssen leiden, das ist was Natürliches und von Gott bestimmt.«

Draußen ist es fast schon finster. Wir räumen die Nußschalen vom Tisch und die Mutti geht ins Speisezimmer, zieht sich ein Kopftuch an, das sie straff unterm Kinn zusammenknotet, und zündet eine weiße Kerze an, mit deren Flamme sie das Untere der zweiten Kerze schmilzt, damit sie im silbernen Leuchter kleben bleibt. Dann zündet sie mit der ersten Kerze die zweite im Leuchter an, bläst die erste aus, macht sie unten flüssig mit der Flamme der zweiten, steckt sie in den Leuchterarm und bläst die zweite aus. Dann zündet sie beide Kerzen mit einem Streichholz an. Mit ihren Handflächen zum Gesicht gewandt, macht sie drei Kreise von außen nach innen mit den Händen, bedeckt ihr Gesicht, und während sie leidenschaftlich in ihre gewölbten Hände reinflüstert, beugt sie den Oberkörper vorwärts und rückwärts, ihre Schultern beben vom Schluchzen und mir wird es elend zumute, so wie jeden Freitag beim Kerzenanzünden. Als sie sich langsam das Kopftuch aufknotet, sagt sie »Umein« und schaut mich mit roten, geschwollenen Augen traurig an. Ein »Git Schabbes« folgt, sie zieht die Tränen durch die Nase in den Hals, schluckt runter, die Feierlichkeit ist zu Ende.

Ich sage weder ein »Umein« noch ein »Git Schabbes«, denn das Ganze mit dem Weinen und dem Schneuzen und dem Traurigsein ist mir widerlich.

An der Wand im Eßzimmer spiegelt sich der Schein der Kerzenlichter in zwei eingerahmten Bildern von toten Menschen, und wenn die Nacht hereinbricht und das Zimmer im Dunkel liegt, dann fühle ich, daß die Seelen von diesen Leuten im Zimmer schweben. Der Vater von der Mutti kam in die Gaskammer in Auschwitz zusammen mit den kleinen Kindern von seiner zweiten Frau. Die ist auch vergast worden. Und die schöne älteste Schwester Rivka, die die Mutti so bewundert hat, weil sie schon verheiratet war, die hat man mit ihrem Mann und ihrer kleinen Tochter erschossen.

Die Berta und die Friede schauen selten beim Kerzenanzünden zu, weil sie sich fürchten, wenn die Mutti weint, und mitweinen, besonders die Friede. Meistens stehen wir alle im Gang hinter der Tür vom Eßzimmer und warten bis es vorbei ist, ich mit einer Wut im Herzen, daß die Mutti sich nicht beherrschen kann und uns alle unglücklich macht mit ihrem Leid.

Der Papa hat gesagt, daß die Mutti ihre Geschwister vermißt, besonders die Tante Ida, und daß er die Mutti vielleicht nach Kanada auf Besuch schicken wird.

5.

Wir haben ein neues Mädchen beim Ludewig in der Klasse bekommen, die genau so spricht wie der Bub von der Ostzone, weil sie auch von dort geflüchtet ist. Um die kümmert sich der Herr Ludewig viel am Anfang, so daß wir neidisch sind. Außer dieser haben wir noch eine andere Schülerin bekommen, die nur ein Bein hat und mit Krücken geht, und dieser schenkt der Herr Ludewig so viel Beachtung, daß wir der auch neidisch sind.

Während der Adventszeit wird viel gesungen beim Ludewig. Er hat mir die Noten für »Süßer die Glocken nie klingen« geliehen, damit ich es während der Pause mit der Friederike Langer vierhändig auf dem Klavier üben kann. Zwischen den Lehrfächern singen wir Weihnachtslieder, oft sogar dreistimmig, und der Herr Ludewig läßt die Türe offen, damit die anderen Klassen unserem Gesang zuhören können. Mir tut die Claudia leid, weil sie überhaupt kein Talent zum Singen hat.

Die Karin Beckerle, die Irene, die Leni und die Hannelore haben mich eingeladen, zweimal in der Woche nach der Handarbeit und nach dem Zeichnen zu ihrer Kirche mitzukommen, wo sie im Pfarrhaus Weihnachtslieder singen.

»Der Pfarrer muß ja nicht wissen, daß du jüdisch bist, Laura, komm einfach mit.«
»Und was ist, wenn er mich rausschmeißt?«
»Das wird er nicht tun.« Die Leni klingt überzeugend.

Der Pfarrer merkt am Anfang gar nicht, daß ein neues Gesicht da ist. Erst beim »Es ist ein Ros entsprungen«, als ich mit der zweiten Stimme dazukomme, wirft er mir einen erstaunten Blick zu, aber er dirigiert weiter mit seinem Stöcklein, und am Ende des Liedes fragt er mich nur nach meinem Namen und sagt: »Willkommen, liebes Kind.«

Ich habe kein Lieblingslied. Ich liebe alle Weihnachtslieder leidenschaftlich. Was Schöneres als unter dem Adventskranz zu stehen und zweistimmige Lieder zu singen, gibt es für mich nicht auf der ganzen Welt. Der Mutti und dem Papa habe ich gesagt, daß ich Weihnachtslieder mit meinen Schulkameraden übe. Das von der Kirche und vom Pfarrer habe ich ausgelassen.

Während dieser Zeit lädt mich die Hannelore sogar nach Hause ein zum Abendessen, wo es was Warmes gibt, nämlich einen Sauerbraten. Die Mutti würde die Hannelore oder die Leni und die Irene nie zum Abendessen einladen, weil sie nicht jüdisch sind. Nur die Claudia Klinger kommt einmal zu uns mit ihren Eltern. Da gibt es belegte Brote und einen Apfelkuchen, den die Mutti selbst gebacken hat.

6.

Letztens haben die Mutti und der Papa hin- und herdiskutiert, ob sie vielleicht die Käthi für zwei Wochen zurücknehmen sollten, während die Mutti zu Besuch bei der Tante Ida in Kanada ist. Die Friede war dafür, aber die Berta und ich haben so laut Nein geschrien, daß die Mutti und der Papa sich die Ohren zugehalten haben.

»Bloß die Käthi nicht!« schreit die Berta. »Ich werd nicht streiten mit der Laura, ich schwör's, nur die Käthi nicht, bitte nicht. Ich werd brav sein, ich versprech's euch.«

Als die Weihnachtsferien anfangen und die Mutti weggeflogen ist, bekommt der Papa die Grippe und liegt den ganzen Tag in der verstunkenen Kammer. Ich koche Suppe aus Knorrpackungen und leere seine Urinflasche aus und den ausgespuckten Schleim im Nachttopf. Die Berta hilft mir einen Dreck.

Ich muß alles selber machen, den Abfall ausleeren, in die Apotheke und zur Post gehen, einkaufen in der Ladenstraße, Geschirr abspülen und danach jeden Abend in der Küche am Tisch der Mutti einen Brief schreiben. Gott sei Dank, daß die Friede folgt, aber die fragt jeden Tag, wann die Mutti zurückkommt.

Die Berta ist immer bei der Ate und kommt nur nach Hause, wenn sie Hunger hat. Der Papa sagt, sie ist eine faule Beheime, aber er ist zu schwach, um ihr eine runterzuhauen.

Mich nennt er Lauruschka und ist sehr dankbar für meine Hilfe. Schade, daß er nicht öfters krank ist. Mir ist er viel lieber so, leidend und auf mich angewiesen, da kann man mit ihm auskommen.

Als die Mutti aus Kanada zurückkehrt, hört sie nicht auf zu schwärmen von der Tante Ida und dem Engel von einem Mann, dem Onkel Daniel, der so gutherzig ist, daß er immer Tränen in den Augen hat, und von den besten Kindern der Welt, der Tobi und der Tunka, die so alt sind wie die Berta und ich, und die gut in der Schule sind und der Mutter im Haushalt helfen und im Geschäft stehen und den Vater bedienen wie einen König, das sind Kinder, sagt die Mutti, sowas findet man selten, so gut erzogen, so ergeben und treu zu den Eltern, etwas, das man selber sehen muß um es zu glauben.

Noch dazu sprechen sie beide außer Englisch ein perfektes Jiddisch, und Französisch lernen sie in der Schule und jeden Tag haben sie der Mutti die Stiefel ausgezogen, damit sie sich nicht bücken mußte. Solche guten Kinder.

Mir wird es zum Kotzen übel und ich hasse die Tobi und die Tunka. Bin ich kein gutes Kind? Habe ich nicht den Haushalt zwei Wochen lang geführt und geschuftet wie ein Pferd? Und wie kann man ein Kind »Tunka« nennen, frage ich die Mutti. Sowas Schreckliches hab ich noch nie gehört. Das ist ja noch schlimmer als »Berta«. Tunka ist ein herrlicher Name, sagt die Mutti. Das war ja der richtige Name von ihrer gottseligen Mutter, wie kann so ein Name scheußlich sein? Ein herrlicher Name, betont die Mutti. Und eigentlich, vertraut sie uns an, sollte die Berta richtig Tunka heißen, Tunka Matla. Denn das war der wirkliche Name von der gottseligen Mutter von der Mutti. Bertas Name war ein Kompromiß gewesen, da man die Mutter von der Mutti auch Bube genannt hatte und Berta diesem Namen am ähnlichsten war in der deutschen Übersetzung. Tunka, das ging nicht in Deutschland.
»Gott sei Dank!« schreit die Berta, »Das fehlt noch!«
»Ach, was wißt ihr, Kinder,« seufzt die Mutti, »diese Namen sind doch wertvoll für uns. Wir haben doch nichts mehr als das.«

7.

In der Schule sind wir nach der andachtsvollen Advents- und Weihnachtszeit zum ernsten Arbeiten übergegangen.

Die Länder Europas werden in der Erdkunde behandelt, in der Geschichte sind wir bereits im 18. Jahrhundert angelangt.

Die Textaufgaben im Rechnen werden länger und länger und komplizierter. Im Deutschunterricht wird fast täglich eine Niederschrift diktiert, und jede Woche bekommen wir einen Aufsatz, der mindestens vier Seiten lang sein soll und bei dem wir unserer Phantasie freien Lauf geben können.

Im Zeichnen plage ich mich, aber der Herr Ludewig ist der Meinung, daß jeder Mensch zeichnen kann, und läßt mich nicht verzweifeln.

Im Turnen bin ich nur in der Gymnastik gut. Einen Kopfstand bringe ich nicht fertig, einen Handstand auch nicht und ein Rad schon gar nicht. Ein Purzelbaum ist alles was ich kann, und den auch nur vorwärts.

Die Mutti hat sich mit dem Herrn Ludewig beraten, ob sie mich nicht vielleicht doch in die Oberschule schicken sollte, aber der Herr Ludewig war der Meinung, daß ich mich nicht für's Gymnasium eigne und es nach Abschluß der 8. Klasse mit der Riemerschmid-Handelsschule versuchen könnte.

Der Papa findet, daß diese Schule den besten Ruf von den Handelsschulen in München hat. Sogar die Frau vom Senator Borst ist eine ehemalige Schülerin der Riemerschmid, hat er erfahren. Anstrengen soll ich mich weiter, damit ich gute Noten im Zeugnis bekomme, sagt der Papa, denn es ist eine Ehre auf die Riemerschmid zu gehen. Ich bin nur froh, daß ich noch ein weiteres Jahr beim Ludewig bleiben kann.

Der Papa und die Mutti haben nie Geburtstag gefeiert, aber wir wissen, wann sie geboren sind, denn sie benützen die Geburtsdaten jede Woche zum Ankreuzen von den sechs Ziffern auf dem Lottozettel. Der vom Papa ist 6.12.15, der Nikolaustag, und Muttis ist 26.3.22. Eigentlich, vertraut uns die Mutti an, ist sie im Jahre 1920 geboren worden, aber ihr Onkel Sucher, der jetzt in Israel lebt und während des Krieges im Judenrat war und nach der Aussiedlung von einer polnischen Frau versteckt wurde, hat nach der Befreiung alles durcheinandergebracht. So kam es, daß er bei der Beantragung von Kennkarten die Mutti um zwei Jahre jünger machte, wofür sie ihm dankbar ist, da sie Angst hat vorm Altwerden und bei jeder Gelegenheit einen Blick in den Spiegel wirft.

Am Abend des 26. März erlebt die Mutti eine große Überraschung. Wir sitzen um den Küchentisch rum, der Papa, die Mutti, die Friede und ich, als es an der Wohnungstüre klingelt und die Berta mit etwas in Zeitungspapier Eingewickeltem auf der Türschwelle steht und stolz in die Küche reinkommt. »Alles Gute zum Geburtstag, Mutti«, sagt sie und reicht ihr die Gabe, die die Mutti überrascht auf dem Küchentisch auswickelt.

»Ein Rollmops«, schreit die Mutti, »und eine Flasche Apfelwein«.
»Ich hab nur 70 Pfennig gehabt, Mutti.«
»Das ist ein herrliches Geschenk«, sagt die Mutti und wischt sich die Tränen vom Gesicht.
»Warum lachts ihr denn so blöd?« will die Berta wissen, weil der Papa und ich uns nicht beruhigen können. »Ich hab doch nur 70 Pfennig gehabt.«
»Berta, was Besseres hättest du mir im Leben nicht schenken können. Es ist einmalig«, versichert ihr die Mutti.
»So schöne Karten wie die Laura kann ich nicht zeichnen, Mutti. Drum hab ich dir den Rollmops und den Wein gekauft.«
Der Papa ist rot im Gesicht und nimmt die Brille ab und drückt ein Kleenex gegen die Augen, und die Mutti sehe ich zum erstenmal gerührt und ich glaube, sie mag die Berta doch ganz gern.

8.

Der Papa hat einen Fernsehapparat für's Wohnzimmer gekauft, eine Kombination Fernseher, Plattenspieler und Radio in einem Schrank mit Schiebetüren, das Beste und Teuerste, sagt der Papa.

Wir haben zwei Sender, den österreichischen und den deutschen. Als der Papa den Fernseher einschaltet, stehen wir direkt davor und starren wie gebannt auf ein Gewirr von unbeweglichen Quadraten und Kreisen und Linien auf dem Bildschirm.

»Geduld. Erst am Abend fängt das Programm an«, sagt der Papa und dreht den Knopf nach links, daß der Bildschirm dunkel wird bis auf einen winzigen hellen Punkt, der dann ganz langsam verschwindet.

Unter der Woche dürfen wir nur am Dienstag von halb acht bis acht Uhr fernsehen. Die Serie kommt aus Amerika und heißt »Vater ist der Beste« mit Robert Young. Das läßt uns der Papa anschauen, ich glaube, nur wegen dem Titel. In dieser Fernsehfamilie schreit man nicht und regt sich nicht auf. Der Vater weiß stets einen Rat und findet jede Woche eine Lösung für Probleme, statt daß er seinen Kindern eine runterhaut. Am Sonntag dürfen wir uns »Fury« anschauen. Und wenn wir die Mutti und den Papa aufregen, gibt es eine neue Strafe, Fernsehverbot.

Ich habe die Mutti gebettelt, daß ich meine Freundinnen zum Geburtstag einladen kann, aber die Mutti hat gesagt, ich soll es aufs nächste Jahr verschieben, weil sie keine Nerven dazu hat, und nächstes Jahr ist sowieso Schulabschluß und es kann eine Abschiedsfeier werden.

Die Mutti ist mit mir in die Stadt gefahren und hat mir bei Hettlage zwei ärmellose Kleider für den Sommer gekauft, ein graues mit einer rosa Borte und rosa Streifen, vorne geknöpft, und ein geblümtes in grün, rot und blau, mit rundem weißem Kragen. Und zwei hübsche Röcke und einen weißen Ledergürtel hat sie mir gekauft und einen weißen, steifen Pettycoat, der kratzt und der beim Sitzen stört, aber Pettycoats sind der letzte Schrei und sehen ganz dufte beim Hüftendrehen mit dem Hula-Hoop-Reifen aus.

Die Berta rennt in Shortshosen und alten Sachen rum, weil sie keine Lust hat, mit der Mutti zum Einkaufen in die Stadt zu fahren. Sie ist froh, wenn die Mutti ihr einen Pulli vom Oberpollinger mitbringt.

Der Papa hat der Berta bei einer Kapazität von Zahnarzt eine höchst komplizierte Spange anfertigen lassen. Der Teil, der auf dem Oberkiefer sitzt, ist mit dem vom Unterkiefer durch ein Drahtgelenk verbunden. Zu der Spange gehört ein winziger, dünner Schlüssel, den die Berta nicht verlieren darf, und mit dem sie die Spange enger machen kann, indem sie ihn in ein kleines Löchlein am Obergaumenteil reinsteckt und nach rückwärts drückt. Die Berta muß sich mit diesem Unglück abfinden, wenn sie nicht will, daß ihre Zähne schief wie ein Hausdach bleiben.

9.

Der Mai ist gekommen, in der Anlage blüht der Flieder und aus New York ist ein Paket von der Tante Jaga eingetroffen. Darin liegen zwei Blusen für die Friede und zwei Kleider. Die sollen für die Berta und mich sein.

»Schauts euch mal die Prachtstücke an. Was ganz Spezielles von Amerika. Was die für eine Mode haben.« Die Mutti schüttelt den Kopf und lächelt.

»Mutti, sowas zieh ich nicht an.« Ich bin entsetzt.

»Ich auch nicht, Mutti. Sowas Häßliches hab ich noch nie im Leben gesehen.«

»Laura, Berta, das sind Modelle, sowas sieht man hier nicht.«

»Genau, Mutti, sowas sieht man hier nicht und alle werden uns auslachen, wenn wir mit sowas angezogen kommen. Mit roten Taschen? Also sowas, Mutti, das ist doch überhaupt kein Geschmack. Wer wird denn sowas tragen?«

»Ihr werdet es tragen und du wirst sehen, Laura, jeder wird euch bewundern.«

»Was? Bewundern?« schreit die Berta. »Totlachen werden sich alle über uns, das fehlt noch.«

»Das bildest du dir ein, Berta, glaub mir's. Man wird euch neidisch sein. Solche Modelle sieht man hier nicht. Probier's doch mal an wenigstens, bevor du deinen Mund aufreißt.«

Die Berta und ich schlüpfen in die Kleider rein und starren uns im Toilettenspiegel an. Sowas Häßliches haben wir noch nie gesehen. Die Kleider sind ärmellos, mit dunkelgrünem glänzendem oberen Teil und von der Taille ab haben sie ein großes Karomuster in grün und weiß bis zum Knie. Das ginge noch. Aber auf der rechten Seite vom Rock sind riesengroße, breite, grellrote Taschen angenäht.

»Nein, nein, ich trag das Kleid nicht.« Die Berta heult schon.

»Mutti, ich würd's vielleicht tragen, wenn du nur die Taschen wegmachen kannst. Die sind ja nur angenäht. Kannst du sie nicht abtrennen?« Die Mutti schaut mich verwundert an.

»Was? Abtrennen? Die Taschen? Die sind doch grade das Interessante am ganzen Kleid. Wenn man die Taschen runternimmt, hat das ganze Kleid keinen Tam.«

»Das ist doch uns egal, ob es einen Tam hat, Mutti. Nimm die Taschen gefälligst runter. Sowas Häßliches.« Der Berta strömen die

Tränen über's Gesicht und sie stampft mit dem Fuß auf.

»Diesen Sonntag werdet ihr die neuen Kleider tragen und Schluß!«
Die Mutti hängt die Kleider auf im neueingebauten Schrank im
Gang und tatsächlich liegen sie am folgenden Sonntag morgen
frisch gebügelt und ausgebreitet auf unseren Betten.

In unseren Nachthemden eilen wir in die Küche, wo die Mutti und
der Papa am Tisch beim Kaffee sitzen.

»Mutti, du bist vielleicht gemein, daß du uns zwingst, was anzuzie-
hen, wo du genau weißt, daß es uns nicht gefällt.«

»Was hast du gesagt?« Der Papa starrt die Berta an, wobei er drohend seine Hand aufhebt, so daß wir beide zurückspringen, was ihn
zum Rasen bringt, denn nichts macht ihn wütender, als wenn er
merkt, daß wir Angst vor ihm haben. Da heult die Berta wieder.

»Laß schon, Majer«, sagt die Mutti, und zu uns: »Ziehts die Kleider
an. Nach dem Mittagessen könnt ihr euch wieder umziehen.«

»Kein Wort mehr«, schreit der Papa, »der Mutti folgen und
Schluß.«

Der Papa hat weniger Geduld als je. Er hat in den Nachrichten gehört, daß man den Adolf Eichmann gefunden hat.

Der Papa sagt, das ist der größte Verbrecher und hat teilgehabt an
der Vernichtung von 6 Millionen Juden im Krieg.

»Stell dir vor,« sagt der Papa, »man hat ihn geschnappt, in Argen-
tinien. Das sind die Israelis, die haben eine Gewiere.«

Zu einem großen Prozeß wird es kommen, in Israel, sagt der Papa,
und Augenzeugen werden aussagen, und soll er nur die Todesstrafe
bekommen.

In der Schule findet eine zahnärztliche Kontrolle statt. Der Herr
Ludewig geht mit uns mit, als unsere Klasse an der Reihe ist und als
ich dran bin und mit weitaufgerissenem Mund im Stuhl beim
Fenster sitze und der Zahnarzt mit der Lampe am Kopf und einem
Gerät in der Hand meine Zähne abtastet, kommt der Ludewig
rüber, schüttelt den Kopf und sagt:

»Tja, sowas ist ja unglaublich. Daß ein Mensch solch gesunde und
starke Zähne hat. Wie ein Pferd, Stöger. Ja, nicht mal eine einzige
Plombe. Kannst stolz sein drauf.«

Als ich das der Mutti beim Abendessen erzähle, sagt sie nur:

»Ja, wenn ich nicht im Lager gewesen wär, hätte ich auch gute
Zähne und wär gesund so wie du. Aber leider. Es war mir nicht
beschert. Leider Gottes.«

Bertas Lehrer, der Herr Kümmel, hat sich bei der Mutti über die Berta beschwert, weil sie ihm im Dantebad die Zunge rausgestreckt hat. Die Mutti hat zum Kümmel gesagt, daß sie sich mit der Berta nicht helfen kann. Der Kümmel hat vorgeschlagen, daß, obwohl die Berta ja ein ganz netter Kerl ist, man streng mit ihr sein muß, sonst hat sie Respekt für nichts und niemanden. Die Berta hat gesagt, daß der Kümmel doof in seiner schwarzen Badehose ausgesehen hat, und daß sie ihm deshalb die Zunge rausgestreckt hat.

»Sowas ist ein Grund, Berta? Kannst dich nicht beherrschen?«

»Ich hab's doch nicht so gemeint, Mutti.«

»Dann geh und schreib ihm einen Entschuldigungsbrief. Vielleicht kann dir die Laura helfen dabei.«

»Ich? Wieso soll ich ihr helfen? Ich hab ihm doch nicht die Zunge rausgestreckt, oder?«

»Geh doch, Laura. Du kannst doch gut schreiben.«

»Ich schreib kein einziges Wort. Ich bin doch nicht verrückt.«

»Du gemeine Kuh.« Die Berta macht ein Gesicht. »Blöde Sau. Ich werd's dem Ludewig sagen, daß du in der Nase bohrst, daß du's weißt.«

»Sag's ihm doch, wenn du dich traust, faules Schwein.«

»Oj, Kinder. Nicht schlagen!« fleht die Mutti.

Aber zu spät. Die Berta hat mich in den Arm gezwickt und ich habe meinen Strumpfhalter aus der Schublade geholt und ihr paar drübergeknallt.

10.

An einem brütend heißen Tag, als wir noch vor der Pause am Vormittag von der Schule entlassen werden, und ich nach Hause rase, um ins Dantebad zu gehen, wedelt die Mutti mir in der Türe einen Briefumschlag vor die Nase.

»Das ist mit der Post für dich gekommen. Kannst mir sagen was das bedeuten soll?«

»Keine Ahnung. Wieso hast du's aufgemacht? Das war doch für mich!«

»Egal, ob ich's aufgemacht hab oder nicht. Von wem ist der Brief?«

Ich nehme den linierten, in der Hälfte gefalteten Bogen Papier aus dem Umschlag. Es steht nur ein Satz in Druckbuchstaben drauf: »Ich liebe Dich.« Ringsherum ist das »Ich liebe Dich« mit roten Lippenstift-Kußlippen verziert.

»Woher soll ich wissen, von wem das ist, Mutti? Es steht doch kein

Name drauf. Ich hab keine Ahnung, wer mir das geschickt hat, ich schwör's.«

»Gut, Laura, ich glaub's dir. Nimm den Brief in die Schule mit. Vielleicht wird der Herr Ludewig wissen, von wem er ist.«

»Das trau ich mich nicht, Mutti. Warum soll ich den Herrn Ludewig mit sowas belästigen? Woher soll der wissen, von wem der Brief ist?«

»Frag ihn trotzdem. Sag ihm, die Mutti will wissen, wer den Brief geschrieben hat.«

Ein paar Tage lang gehe ich mit dem Brief in der Schulmappe rum bis ich endlich, als ich nach der letzten Schulstunde allein im Klassenzimmer bin und der Herr Ludewig mit dem Korrigieren von Klassenarbeiten beschäftigt über seinen Schreibtisch gebeugt sitzt, den Mut aufbringe und, mit dem Brief in der Hand, mich ganz nah neben ihn stelle und schweigend dastehe, bis er aufblickt und fragt:

»Na, was gibt's denn, Stöger?«

»Herr Ludewig, meine Mutter, ich meine, meine Mutter hat gebeten, daß Sie sich bitte diesen Brief anschauen.«

»Ein Brief?« Der Herr Ludewig streckt die Hand aus.

»Ja, zeig mal her.« Er studiert das Papier mit dem Lippenstift und dreht es hin und her. Dann begutachtet er den Briefumschlag und riecht sogar an dem Bogen Papier und lehnt sich zurück in seinem Stuhl und lacht. »Das ist ja gut, Stöger, daß ich sowas wieder mal erleb', ja das ist ja entzückend.«

»Wieso?« Ich verstehe nicht, was der Herr Ludewig so lustig findet.

»Ja, Stöger, ich meine es gibt nur einen, der das geschrieben haben kann. Weißt du nicht, wer es ist?«

»Wer denn?«

»Ja, natürlich der Klaus Brunner. Wer denn sonst? Das Papier riecht nach Parfüm. Der Klaus Brunner. Die Eltern haben doch einen Friseurladen in Moosach. Hast du das nicht gewußt? Der hat selbstverständlich die Gelegenheit, einen Lippenstift herzukriegen.«

»Ach so.«

»Na, Stöger. Warum so eine bedrückte Miene? Eins muß ich dem Brunner lassen. Der hat einen guten Geschmack, nicht wahr? Das ist doch klar.« Der Herr Ludewig schaut mich schmunzelnd an.

»Sag deiner Frau Mutter, daß dieser Brief ganz harmlos ist, und meiner Meinung nach hätte ihn kein netterer Kerl schreiben können als der Brunner. Und einen guten Geschmack hat er, das muß man ihm lassen. Ja sowas. Das ist doch prachtvoll.« Der Herr Ludewig lehnt sich ganz weit zurück im Stuhl und lacht aus vollem Hals.

»Stöger, würd's dir was ausmachen, wenn ich mir den Brief für einen

Tag ausleihe? Ich würd' ihn ganz gern meiner Frau zeigen. Morgen bring ich ihn dann wieder zurück.«

»Ja, Herr Ludewig, sie können ihn ruhig mitnehmen.«

Der Herr Ludewig räumt seine Papiere zusammen. Er hat keine Ahnung, daß ich nur ihn liebe und daß mir der Klaus Brunner vollkommen egal ist. Mir tut alles weh. Da steht er auf hinterm Schreibtisch und zieht sich den Kittel aus.

»Ich fahr jetzt heim. Du wohnst doch in der Borstei, Stöger, da kann ich dich mitnehmen, weil's ja gleich auf dem Weg ist.«

Oh Glückseligkeit, oh Himmel, oh Wonne. Wie lang hab ich auf diesen Augenblick gewartet, daß ich neben meinem verehrten Lehrer in seinem Volkswagen sitzen darf. Hoffentlich ist jede Ampel rot, und bitte, laß ihn ganz langsam fahren und, bitte lieber Gott, hoffentlich rede ich kein blödes Zeug daher.

Eigentlich sag ich kein einziges Wort im Auto. Der Herr Ludewig spricht vom Klassenausflug, den wir vor Schulabschluß unternehmen werden, während ich auf seine schönen Hände am Lenkrad starre und das herrliche Gefühl auskoste, daß ich so nah neben dem geliebtesten Menschen auf der ganzen Welt im VW mit dem lärmenden Motor sitzen kann.

Als ich der Mutti berichte, daß der Herr Ludewig den Urheber des Liebesbriefes als den Klaus Brunner rausgebracht hat, sagt die Mutti nur: »Briefe soll er schreiben so viel er will. Aber du sollst mit keinem Scheigitz gehen, Laura, merk dir das. Sie werden alle hinter dir her sein, weil du jüdisch bist, das reizt sie. Mir ist es genauso ergangen als ich jung war. Die Schkuzim wollten mich alle, weil sie mich nicht haben konnten. Alle waren sie hinter mir her. Sollen sie dir nachrennen so viel sie wollen, aber laß dich mit keinem ein.«

Und dann am Abend, als ich im Bett liege, höre ich durch die Wand vom Kinderzimmer wie die Mutti und der Papa in der Kammer im Bett über mich sprechen und daß sie mich vielleicht, wenn ich 14 bin, in ein Internat in Herzliya in Israel schicken werden, damit ich nicht anfange mit Gojim rumzugehen, das fehlt noch.

Um besser zu hören, was über mich geredet wird, schleiche ich mich ganz leise aus meinem Bett raus und gehe barfuß rüber zur Wand zwischen dem Toilettentisch und dem Schrank und drücke mein rechtes Ohr gegen die kalte Wand.

Die Mutti redet von Polen, das Gespräch senkt sich zu einem Flüstern, die Mutti fängt an zu stöhnen. Das Bett knarrt. Ein Schmatzen und Keuchen beginnt. Die Mutti stöhnt. Das Schmatzen wird lauter und das Keuchen geht in ein »Oj Oj« über. Ich bekomme so starke Gefühle, daß ich mich kaum auf den Beinen halten kann, aber an die Wand bin ich wie angeklebt, ich kann mich nicht wegrühren.

Das Quietschen und Knarren wird rhythmisch und schneller und das Keuchen vom Papa und das Stöhnen von der Mutti lauter, und ich glaube, ich falle in Ohnmacht vor Anstrengung und vor Müdigkeit und auf einmal geht die Kammertüre auf, Schritte im Gang, ich rase mit eiskalten Füßen ins Bett. Im Badezimmer höre ich das Wasser laufen und dann eine Türe, ein schwacher Lichtstrahl fällt durch die Türritze vom Kinderzimmer, dann vollkommenes Dunkel und wieder eine Türe und dann ist Stille und ich kann eine lange Zeit vor Herzklopfen nicht einschlafen.

Am nächsten Morgen, als die Mutti im Schlafrock in die Küche reinkommt, beobachte ich sie neugierig. Ist ihr Gesicht zerknittert und rot von dem Geschmatze und Geschaukel von gestern Nacht? Sieht sie anders aus als vorher? Nichts hat sich an ihrem Aussehen verändert. Sie ist dieselbe wie immer. Es ist mir ein Rätsel. Nach solch einer geräuschvollen Nacht müßte ein Mensch anders aussehen als vorher, irgendwie mitgenommen und abgeschunden, aber die Mutti sieht genauso aus wie gestern.

II.

Die Mutti und der Papa waren beim Herrn Klinger und seiner Frau zu Besuch, wo man sich über das Thema Urlaub unterhielt und der Herr Klinger einen Ferienort in Italien empfahl. Da hat die Mutti beschlossen, diesen Sommer für paar Wochen mit uns nach Italien zu verreisen, ohne den Papa, mit dem Herrn Klinger zusammen. Der nimmt die Claudia und den kleinen Bruder mit. Die Frau Klinger bleibt zu Hause und wird vielleicht später nachkommen.

Der Herr Klinger kennt einen schönen Platz nicht weit von Venedig, wo man Sandbäder nehmen kann und das soll das Beste für das Reißen in den Armen und Beinen sein, über das die Mutti oft klagt. Die Leni hat gesagt, daß sie den ganzen Sommer über zu

Hause bleibt, und außer der Claudia und mir fährt niemand von den anderen Schülern in so ein schönes Land wie Italien.

Am 13. Juli gibt mir der Herr Ludewig ein gutes Zeugnis. Nur im Turnen habe ich einen Vierer. In der Bemerkung steht: Eine sehr gewissenhafte Schülerin mit ausgeprägtem Pflichtbewußtsein und vorbildlichem Benehmen.

»Darauf kannst du stolz sein, Laura« freut sich der Papa und gibt mir fünf Mark für jeden Einser und drei Mark für jeden Zweier.

Und dann fahren wir mit dem Zug über Bolzano und Udine nach Grado, wo wir in einer Pension, die nicht direkt am Meer liegt, sondern viele Viales entfernt vom Strand, absteigen und in zwei schattigen Zimmern mit dicken Fensterläden die Koffer auspacken.

Das Essen ist so wie der Herr Klinger versprochen hat, einfach köstlich. Jeden Tag gibt es als Vorspeise gelbe Melone mit Schinken und danach einen Teller voll Spaghetti mit einer Bolognesesoße. Die Claudia hat gesagt, daß ich genau so gut Spaghetti essen lernen kann wie sie, wenn ich nur die übrigen Gäste beim Gabelrumdrehen beobachte und es ihnen nachmache. Nach den Spaghetti wird eine Schüssel mit grünem Salat und Karaffen mit Essig und Öl in die Mitte des Tisches gestellt. Dazu kann man Brotstäbchen essen. Die mag die Friede am liebsten. Und dann wird die Hauptspeise serviert, meistens Kalbfleisch oder Huhn in einer Tomatensoße und etwas Gemüse, und dann, wenn wir schon zum Platzen voll sind und die Mutti sagt, »Ich kann nicht mehr«, wird Eis, Wassermelone oder Kuchen aufgetragen und nach dem Ganzen wird eine Schale mit glänzenden Pfirsichen und Kirschen und Pflaumen und Aprikosen auf den Tisch gestellt und ein Teller Bel-Paese-Käse dazu. Die Mutti sorgt sich, daß sie von dem guten Essen so dick werden wird wie die Frau Klinger.

Anfangs machen wir am Morgen den Spaziergang zum Meer, aber es ist so ein langer Weg, daß wir bald zu faul sind, uns wie Maulesel beladen mit Liegestuhl, Handtuch und Schwimmreifen in der Hitze rumzuschleppen, und lieber auf der Schaukel im schattigen Garten der Pension bleiben. Am Nachmittag liegen wir im Zimmer rum und lesen Micky Maus-Hefte oder spielen Karten im Garten oder Federball und passen auf die Friede auf, während die Mutti Sandbäder nimmt für ihr Rheuma. Manchmal wandern wir mit der Friede an der Hand, damit sie ja nicht verloren geht, zu den Dünen

hin, wo die Mutti bis zum Kinn im heißen Sand unter der brütenden Sonne eingegraben liegt, aber lange halten wir uns dort nicht
auf, da wir sie nicht stören dürfen und es uns zu langweilig ist. Am
liebsten gehen wir ins Freilicht-Kino, wo aufregende Filme spielen
und wo sich kein Mensch um Jugendverbot kümmert.

Langsam gehen die Tage vorbei und kurz vor unserer Rückfahrt
nach München, überredet der Herr Klinger die Mutti, wo sie doch
sowieso schon hier ist, die Stadt Venedig zu besichtigen, da es doch
ganz in der Nähe ist, und die Mutti und der Herr Klinger machen
einen Tagesausflug, während wir Kinder in der Pension zurückblei-
ben. Bald darauf kommt die Frau Klinger an und wir treffen sie
paarmal ganz chic im weißen Kleid und weißen Hut und weißer
Tasche mit dem Herrn Klinger eingehängt beim Spazierengehen am
späten Nachmittag auf der Promenade.

Die Claudia hat mir gesagt, daß ich in München nicht unbedingt
auf die Spaghetti verzichten muß. Es gibt eine gewisse Marke Tomatenmark in einer Tube, die soll nicht schlecht schmecken und
Spaghettinudeln kann ich in Packungen kaufen und muß sie nur
zehn Minuten in einem Topf Wasser kochen.

Als wir zurück nach München kommen, gehe ich gleich zum Lebensmittelgeschäft Zimmermann und kaufe die Nudeln und das
Tomatenmark ein, und die Mutti läßt mich das an einem Sonntag
für die Berta und die Friede kochen. So gut wie in Italien schmeckt
es nicht, aber es ist nicht schlecht, und die Berta und die Friede
essen es auf, und die Mutti schlägt vor, daß ich das öfters am Sonntag machen kann, weil sie gerne mit dem Papa zum Mittagessen in
den Königshof geht.

Ende der Sommerferien nehmen mich die Mutti und der Papa in die
Möbelhäuser mit, wo es nach Holz und Polstern und Stoffen riecht
und wo die Verkäufer sehr höflich zur Mutti und zum Papa sind und
sich verbeugen und sagen: »Zu Diensten, gnädige Frau.«

Das Erste, was die Mutti und der Papa zusammen kaufen, ist ein
Kronleuchter aus Kristall mit kleinen Schirmchen. Der neue dicke
Perserteppich, den der Papa selbst ausgesucht hat, liegt bereits auf
dem Parkettboden im Wohnzimmer. Dazu kommen ein stahlblaues
Sofa und zwei stahlblaue Sessel aus Samt und in der Mitte ein run-
der Glastisch auf hohen gerundeten Beinen aus Eichenholz, in wel-

che Löwenköpfe und Klauen geschnitzt sind, ein Prachtstück, findet der Papa.

Wir dürfen nur im Wohnzimmer sitzen, wenn wir uns die Hände gewaschen haben. Als speziellen Schutz gegen Papas fettiges Haarkränzchen, das er hegt und pflegt, legt die Mutti Tüchlein über die Stuhllehnen und den Rücken des Sofas.

Wenn es draußen regnet, müssen wir unsere Schuhe ausziehen, sobald wir durch die Wohnungstüre kommen und in die Badeschuhe aus Frottee schlüpfen, die im Gang bereitstehen. Die Mutti hat sie in allen Farben gekauft und wir haben sogar extra welche für Gäste, denn die Mutti und der Papa dulden keinen Dreck in der Wohnung. Das Neueste ist, daß der Papa Rauchverbot angeschafft hat. Nur im Klo und in der Küche ist das Zigarettenrauchen erlaubt. Der Papa hat gesagt, daß die Tapeten und Gardinen vom Rauch schwarz werden und daß er in keiner verstunkenen Wohnung leben will.

12.

Die Friede ist aus ihren Kleidern herausgewachsen und hat für den ersten Schultag ein neues kariertes Kostüm bekommen. Die Berta ist so gewachsen, daß sie mich um einen Kopf überragt. Nur ich, wie der Papa enttäuscht mit dem Bleistift und Lineal an der Wand im Gang feststellt, bin um keinen Millimeter größer geworden. »Klein aber fein«, sagt er, und »Mach dir keine Sorgen, wirst noch wachsen, hast noch Zeit.«

Um so schlimmer ist meine Enttäuschung am ersten Tag in der achten Klasse. Da treffe ich im Schulhaus bei den Treppen die Leni und die überragt mich um einen Kopf. Ich stehe fassungslos vor diesem Wunder. Sie erzählt mir, daß sie sich sechs Wochen lang an eine Teppichstange gehängt hat.

»Was? Ganz einfach gehängt? Und davon bist du gewachsen?« Ich habe eine Wut. »Das hättest du mir fei schon sagen können, oder?«

»Wieso? Du warst doch gar nicht da. Wie war's denn in Italien?«

»Ganz schön. Aber wenn ich gewußt hätte, daß ich mich an eine Teppichstange hinhängen kann und man davon wächst, dann wär ich lieber hiergeblieben und vielleicht wär ich jetzt auch so groß wie du.«

Ich ärgere mich, denn vielleicht hat sie diesen Plan mit dem Hängen schon vor den Ferien gehabt und es mir nur nicht gesagt, damit ich es ihr nicht nachmache. Ich muß zu ihr raufschauen und bestimmt gefällt ihr das. Hätte ich lieber nicht Spaghetti gegessen, sondern den Sommer dazu benützt, mich in die Länge zu ziehen. Wie glücklich wär ich dann und der Papa auch.

Für die Hohen Feiertage hat sich die Mutti ein puderblaues, knallenges Kostüm gekauft, in dem sie aussieht wie ein dicker Säugling.
»Mutti, bitte tausch es um, man kann alles durchsehen.«
»Ich kann doch einen Unterrock damit tragen.«
»Mutti, bitte, man sieht alle Fettwülste.«
»Fett bin ich?«
»Na ja, nicht fett, aber nicht gerade dünn. Es macht dich fett, auch wenn du nicht fett bist.«
»Also, mir zu sagen, daß ich fett bin.«
Sie gibt das Kostüm nicht zurück, aber tragen tut sie es nur einmal am ersten Feiertag.

Den Papa, der geprahlt hat, wie leicht ihm das Fasten fällt, erwische ich an Jom Kippur spät am Abend in der Küche mit der Hand in einer Tüte Weintrauben, weil es ihm nicht gut war, und ich soll es niemandem erzählen. Das gibt mir zu denken, daß viele Leute wahrscheinlich gar nicht fasten und nur so tun.

Im Sommer ist der Herr Ludewig Vater geworden. Einen Sohn hat er bekommen, verkündet er der Klasse, und daß er manchmal müde ist, erwähnt er, weil das Kind ihn aufweckt in der Nacht.

Mit den Zähnen hat der Herr Ludewig auch zu tun. Er muß sich in chirurgische Behandlung begeben, und als er eine Woche lang nicht zu uns reden kann und auf die belegten Brote von seiner Frau verzichten muß, grinsen die Faulen und Gemeinen unter den Buben schadenfroh.

Der Papa fährt jeden Tag mit dem Auto ins Reformhaus in der Tengstraße in Schwabing, wo er frisch gepreßten Karottensaft trinkt und Ratschläge über die Gesundheit hört. Der Papa sagt, daß gelbe Rüben gut für die Haut und für die Augen sind.

Manchmal nimmt er mich mit, weil es mir bestimmt nicht schaden kann, und vielleicht wird es sogar dem Schielen helfen. Die Mutti hat gehört, daß man das Schielen in Amerika erfolgreich operiert, aber der Papa hofft, daß man es mit Karottensaft und Brillen bessern kann. Deshalb kauft er ein Trumm von einer Saftpressmaschine, mit der er die Vormittagsstunden und den Raum in der Küche derart in Beschlag nimmt, daß der Mutti nach zwei Wochen der Küchenbesatzung die Geduld reißt und sie ihn zwingt, mitsamt seiner Maschine und den Blättern der Süddeutschen Zeitung voller abgeschabter Karottenreste das Feld zu räumen; der Papa muß die Maschine zurückgeben und sich mit dem Saft vom Reformhaus begnügen, wenn er zu Hause Ruhe haben will.

Nicht weit vom Reformhaus, am Kurfürstenplatz, wohnt das Ehepaar Fingerhut, mit dem sich die Mutti und der Papa angefreundet haben. Denen gehört eine Imbißstube in der Schwanthalerstraße in der Nähe vom Telegrafenamt. Die Mutti und der Papa sagen, das ist eine Goldgrube. Wenn die Mutti und ich in der Stadt beim Einkaufen sind, gehen wir auf einen Sprung in das Restaurant der Fingerhuts und setzen uns in eine gemütliche Nische zum Würstlessen und Coca Cola Trinken.

Die Frau Fingerhut ist mollig und hat blaue Ziffern auf dem linken Unterarm, die man deutlich sehen kann. Der Herr Fingerhut hat auch blaue Nummern auf der Haut, aber da er stark behaart ist, muß man genau hinschauen zwischen dem Gekräusel, bevor sie erkennbar sind.

Mir hat die Mutti erzählt, daß die Frau Fingerhut im KZ eine Kapo war, und daß man sie deshalb nach der Befreiung zusammengeschlagen hat. Das soll ich ja nicht weitererzählen, und daß die Fingerhuts deshalb wenige Freunde haben außer der Mutti und dem Papa, davon soll ich auch niemandem etwas sagen.

»Aber was ist denn eine Kapo?« wollte ich wissen. »Ist das was Schlechtes?«
»Was Schlechtes? Eine Kapo, das war so eine Aufseherin, im Lager hat es die gegeben, und viele waren gemein zu ihre eigene Leute und haben Ohrfeigen verteilt.«
»Aber Mutti, die Frau Fingerhut ist doch so ein guter Mensch. Du hast doch selbst gesagt, daß sie den Armen hilft und daß sie nach dem Krieg ein Kind gestillt hat, weil seine Mutter bei der Geburt gestorben ist.«
»Ja, das stimmt, das hat sie, und damit hat sie viel wieder gut gemacht.«

»Wie schlecht kann sie dann gewesen sein Mutti, wenn sie jetzt so ein gutes Herz hat?«

»Oj, Laura, laß mich, das waren schlimme Zeiten damals.«

Ich hab die Frau Fingerhut gern, denn sie ist lieb zu mir. Es kann noch so zugehen im Geschäft, die Frau Fingerhut hat immer Zeit, mich an ihren Busen zu drücken und abzuküssen und mir zu versichern, daß ich die Schönste bin und genau die Richtige für ihren Sohn Leo, obwohl er jünger ist als ich. Die Mutti sagt, daß der Leo ein goldener Ehemann sein wird, weil er gut zu seiner Mutter ist und ihr jeden Sonntag das Frühstück ans Bett bringt, so ein edles Kind.

13.

Der Papa hat als neuestes Mittel für Verdauungsschwierigkeiten eine Kiste Flaschen mit Sauerkrautsaft vom Reformhaus nach Hause gebracht und in den Keller neben die Überkinger Flaschen hingestellt. Die Berta und ich haben keine offensichtlichen Probleme mit dem Stuhlgang, wenigstens nichts, das ernstlich genug wäre, um die Mutti und den Papa damit ins Vertrauen zu ziehen.

Die Friede dagegen kann kein Drucki machen und leidet an derartiger Verstopfung, daß das Thema Stuhlgang stets aktuell bei uns in der Wohnung ist, und jedesmal, wenn die Friede vom Badezimmer rauskommt, ist das erste die Frage »Klein oder groß?«

Die Tatsache, daß die Mutti ebenfalls gegen Unregelmäßigkeit der Verdauung ankämpft und aus lauter Sorgen deshalb oft ohne Resultat auf dem Klo sitzt, hat zur Folge, daß der Papa sich intensiv mit einer Lösung dieses Gesundheitsproblems befaßt.

Ob man rausgegangen ist, ob man sich ausgeleert und erleichtert hat, ob man sein Geschäft erledigt hat, ist das erste Thema des Tages, und das Für und Gegen von Hilfsmitteln wie Zäpfchen, Einlauf, braune Tabletten und Scheißmedizin in kleinen Fläschchen wird mehr diskutiert als die Wettervorhersage in den Nachrichten. Sogar nach Kanada zur Tante gehen Briefe mit dem Thema Stuhlgang, da die trägen Gedärme von der Tante sich ebenso langsam zu bewegen scheinen wie die von der Mutti.

Der Kuchentante Friede, die sich jeden Morgen vor der Schule mit Sandkuchen und Kakao erquickt hat, täglich auf nüchternem

Magen ein Glas Sauerkrautsaft aufzudrängen, bleibt erfolglos, denn der scheußliche Geruch allein genügt, sie weinend aufs Klo zu jagen, doch nicht zum Stuhlgang, sondern eher zum Brechen, wofür der Papa wenig Verständnis zeigt und die Friede wütend anfaucht. »Ich verbiete dir, auch nur ein Stück Kuchen zu essen«, schreit er sie an. »Und Schluß mit der Schokolade. Verfaulte Zähne wirst du haben von so viel Süßigkeiten.«

Am Abend, wenn die Berta und ich nach dem Lebertran und vor dem Zähneputzen ein ganzes Stück Tobler-Schokolade bekommen, steht die Friede mit offenem Mund und Tränen in den Augen neben uns und nimmt ihre Portion in Empfang, ein hauchdünnes Scheibchen, das die Mutti mit einem Messer von der Schokoladentafel abgeschabt hat. Mehr bekommt sie nicht, weil es stopft, sagt der Papa, und wenn die Friede nicht aufs Klo gehn kann, wird man den Arzt holen und er wird ihr einen Holzlöffel in den Popo reinstecken, um rauszuholen, was raus muß.

14.

Ich habe mich in den Bertelsmann Lesering eingeschrieben und bekomme neue Bücher, die frisch nach Papier riechen, mit der Post zugestellt. Stört mich der Papa beim Lesen und jagt mich an die frische Luft, so gehe ich in Richtung Dantebad zur Leichenhalle neben dem Westfriedhof und schau mir die toten Gesichter zwischen den Blumen in den weißen Kissen an. Nachts lese ich meine Bücher unter der Daunendecke mit einer Taschenlampe und einmal in der Woche, meistens am Freitag, wenn ich die Mutti in die Kammer gehen höre, lausche ich fröstelnd und mit Gruseln dem Schnaufen und Schmatzen im Bett an der anderen Seite der Wand.

Ich glaube kaum, daß es der Mutti wohltut, wenn der Papa auf ihr drauffliegt, wenn sie stöhnt und klagt, »Laß mich schon«, und »Es ist schon genug«, und »Ich kann schon nicht mehr«, und die Mutti tut mir leid, daß sie soviel aushalten muß, obwohl man ihr nichts davon ansieht.

Bestimmt ist sie zufrieden, wenn der Papa ab und zu für paar Tage verreist, obwohl die Berta diese Gelegenheiten ausnützt, der Mutti so wenig wie möglich zu helfen und sie so viel wie möglich zu ärgern.

»Warum kannst du nicht sein wie die Laura?« hört man und
»Nimm dir ein Beispiel an der Laura« und »Sollst du nur solche
Kinder haben wie du es bist, das wünsch ich dir« und »Verschleppte
Krenk« und »Neveile« und »Schämst dich nicht« und »Wirst noch
sehen, was dir blüht«, und an einem Nachmittag, als ich der Mutti
am Küchentisch beim Gänserupfen helfe, hackt sie den langen Hals
von der Gans mit einem scharfen Messer ab und sagt »So, das lege
ich der Berta ins Bett. Soll sie sich ein bißchen erschrecken, damit
sie weiß was es heißt, wenn man unverschämt zu einer Mutter ist.«

»Mutti, das ist aber zu viel, findest du nicht? Ich verstehe nicht,
warum du nicht streng mit ihr sein kannst.«
»Wie streng? Es hilft doch nichts. Sie nimmt mir das Leben zu. Die
Galle frißt sie mir auf. Ins Grab bringt sie mich noch. Soll sie sehen
was es heißt, eine Mutter zu plagen.«
»Aber Mutti, sowas hilft doch nicht. Sie wird nur noch mehr Wut
auf dich haben.«
»Soll sie. Von mir aus soll sie eine Wut auf mich haben. Sie nimmt
mir die Kräfte zu. Zu sowas hab ich Kinder gehabt.«
»Aber Mutti, das ist doch nicht meine Schuld, daß die Berta dich
aufregt. Ich kann doch schließlich nichts dafür, oder? Und die Friede
hat auch nichts getan. Immer die Berta. Und dann läßt du die Wut
an mir aus. Das ist schon ungerecht.«
»Ja, was soll ich machen? Gott hat mich gestraft.«
»Mutti, wenn du die Berta andauernd mit einem Marmeladebrot los
wirst, nur, damit du deine Ruhe hast, wird sie sich nie ändern.«
»Ich hab keine Kraft, Laura, ich will meine Ruhe haben.«
»Aber dann wird sie nie richtig erzogen. Und ich bin immer diejeni-
ge, die alles machen muß, und die Berta wird auf die Straße
geschickt. Du wirst noch sehen, Mutti, daß nichts aus ihr wird,
wenn sie keine Pflichten hat.«
»Wird auch nichts aus ihr. Was soll schon werden? Dumm ist sie
wie die Nacht finster. Von mir aus soll sie der Teufel holen«, damit
geht die Mutti mit dem Gänsehals samt Kopf, Schnabel und toten
Augen ins Kinderzimmer.

Erst am Abend, bei dem haarsträubenden Geschrei von der Berta,
als sie im Nachthemd vor ihrem aufgedeckten Federbett steht, wird
mir das Ausmaß und die Grausamkeit der unbarmherzigen Tat
bewußt.
Schuldig bin ich genauso wie die Mutti, hätte ich doch die Berta
warnen und das Ganze verhindern können. Stattdessen stand ich

dabei mit einer gewissen Genugtuung im Herzen, einem Gefühl, das jetzt dem Mitleid und der Reue gewichen ist. Was mir als ein Streich erschienen war, am Anfang, hat sich mit dem von der Mutti erhofften Resultat als so furchterregend herausgestellt, daß es scheint, als ob die untröstliche Berta tatsächlich der Teufel geholt hat.

Das erschütternde Wimmern und Wehgeschrei von der Berta, und ein Strom von keuchend hervorgestoßenem »Sowas Gemeines sowas Gemeines mei bist du gemein das hätt ich nie geglaubt daß du mir sowas Gemeines antust nie im Leben das werd ich dir nie verzeihen nie im Leben daß du mir sowas angetan hast so eine Gemeinheit« geht mir durch alle Glieder.

Ich frage mich, ob es der Mutti so geht wie mir, doch sie lächelt nur ganz langsam, und zur Berta gewandt, sagt sie: »Hast mich schikaniert? Soll dir das eine Lehre sein für die Zukunft.«
Die Berta weint noch stundenlang und die Friede weint mit aus Mitleid wie immer, und mir pocht das Herz im Hals.

15.

Der Papa hat gesagt, daß der Eichmann-Prozeß in Israel dieses Jahr anfangen wird und daß das alles im Fernsehen übertragen wird und daß ich es mir anschauen darf. In den Nachrichten und in der Wochenschau hört man das Wort Kriegsverbrechen. Der mächtige Industrielle, der Krupp, sprach im Fernsehen und der Papa wurde ganz aufgeregt. Der Krupp wird zahlen, sagt der Papa, und daß es den Papa betrifft, denn er war auch einer derjenigen, die eine Zeitlang für die Firma Krupp im Krieg gearbeitet haben.

»Geschuftet«, sagt der Papa, »Sklavenarbeit, aber man hat mir zu essen gegeben. Ohne den Krupp hätte ich den Krieg vielleicht nicht überlebt.«
Sehr anständig, daß sie es wiedergutmachen wollen, findet der Papa. Eine Summe Geld steht ihm zu, sagt der Papa, er muß es nur beantragen, und mir kommt es so vor, als ob wir reich sein werden.

Im Frühling macht mir das Zeichnen zum erstenmal Spaß, denn wir malen Kornblumen und Klatschmohn und Nelken und Rosen, und der Herr Ludewig hat einige meiner Bilder als Muster in Beschlag genommen zum Herzeigen für die zukünftigen Klassen.
In der Hauswirtschaft, deren Wichtigkeit uns Mädchen in einem

Raum in der Tiefe des Kellers der Volksschule nahegelegt wird, zeige ich noch weniger Aussicht auf Erfolg als in der Handarbeit.

Das Hacken von Wirsing, das Messen von Reis und Zucker, das Mischen von Mehl und Wasser und das Rühren von Butter und Knoblauch in der Pfanne, das unter meinem Kochlöffel statt einem goldenen ein verschmortes und stinkendes Ergebnis zur Folge hat, das alles ist mir von der Tiefe meines Herzens zuwider, und ich danke Gott, daß es nur einmal in der Woche stattfindet.

Oft verbindet der Herr Ludewig Themen der Erdkunde mit dem Deutschunterricht, indem er uns auffordert, eine Fahrt durch den Suez-Kanal aufs Papier zu bringen oder eine Pilgerreise nach den heiligen Stätten des Korans ausführlich zu beschreiben. Dabei kommt mir meine eifrige Leserei zugute und bringt Einser und das Vorlesen meiner phantasievollen Aufsätze in der Schule und das bewundernde Kopfschütteln vom Papa und der Mutti zu Hause.

Die schwierige Aufgabe, ein Thema zu wählen und als Referat von ungefähr zehn bis fünfzehn Minuten vorzutragen, hängt über uns Schülern lastend und verhängnisvoll wie eine schwarze Wolke vor dem Gewitter. Endlich habe ich mich entschlossen, ein meinem Herzen naheliegendes Gebiet zu behandeln, nämlich, die deutsche Besetzung von Polen im September 1939. Zu dem Zeitpunkt, zu dem mein Referat fällig sein wird, müßte unsere Klasse beim Dritten Reich angelangt sein, ein von mir mit ziemlicher Neugierde erwartetes Thema.

Mein Wissen auf diesem Gebiet habe ich größtenteils aus der Lektüre von Exodus von Leon Uris, vom Bertelsmann Lesering.

Von Anfang an schließt die Vergangenheit von der Mutti und dem Papa eine unparteiische Bearbeitung meiner Aufgabe aus, und dementsprechend entwickelt sich mein Referat zu einem gefühlvollen Aussprudeln von allem Bestialischen, dessen die Menschheit vor nur einer Generation fähig war. Es geht darum, meinen Mitschülern etwas, das ich nicht in meinem Geschichtsbuch finden kann, mitzuteilen.

Zwei Wochen vor meinem Geburtstag fängt der Eichmann-Prozeß an, und die Mutti und der Papa sitzen wie gebannt vor dem Fernsehschirm. Tagein, tagaus sieht man den Staatsanwalt, Gideon

Hauser, vor der Zeugenbank auf und ab gehen, mit Blättern in der Hand, gestikulierend, während der Adolf Eichmann mit Kopfhörern für die Übersetzung ins Deutsche bewegungslos in der kugelsicheren Glaszelle sitzt. Ein Zeuge nach dem anderen setzt sich in den Zeugenstand und weint, und weist mit dem Zeigefinger auf den Eichmann. Die Übersetzung für die deutschen Fernsehzuschauer klingt sachlich, aber mir kommt es vor, daß sich der Übersetzer schämt über das, was er sagen muß.

In der Schule redet kein Mensch etwas über den Eichmann-Prozeß.

16.

An meinem 14. Geburtstag darf ich endlich die Freundinnen von meiner Klasse zu einer kleinen Feier zu Hause im Eßzimmer einladen. Die Mutti hat belegte Brote vorbereitet und lernt zum erstenmal meine Mitschülerinnen kennen, über die sie in den vergangenen zwei Jahren so viel von mir gehört hat. Es ist schön, aber doch traurig, da die Tatsache, daß die zwei Jahre beim Herrn Ludewig ihrem Ende zugehen, uns nur allzu bewußt ist, und so beteuern wir uns gegenseitig, für alle Ewigkeit Freunde zu bleiben.

Trotz erneuter Versuche können die Mutti und der Papa mich nicht dazu überreden, Deutschland zu verlassen, um in ein Internat nach Israel zu gehen. Am 10. Mai 1961, gibt mir der Herr Ludewig mein Übertrittszeugnis für die Riemerschmid-Handelsschule. Das Zeugnis ist größer als die bisherigen und enthält wichtige Personalienangaben wie Daten der ersten und zweiten Impfung und der ersten Schulaufnahme.

Obendrauf, gleich unter dem Geburtsort Freising, steht schwarz auf weiß ›Bekenntnis: israelitisch‹, und obwohl unmittelbar darunter, auf der linken Seite, das Wort deutsch neben Staatsangehörigkeit steht, sehen meine Augen nur ein Wort: israelitisch. Bis jetzt stand die Religionszugehörigkeit niemals auf meinem Zeugnis. Ich bin gekennzeichnet.

Drei Tage lang, während meine Mitschüler Hitzeferien genießen, sitze ich bei der Aufnahmeprüfung auf einer Schulbank im ersten Stock in der Frauenstraße 19, und während der langen Straßenbahnfahrt mit der Linie 1 zum Tal und zurück in die Borstei wird mir bewußt, ich werde älter und eine neue Stufe des Lebens beginnt.

Nach der Hürde der Prüfung erlaube ich mir ein Schwelgen im Schmerz des bevorstehenden Abschieds von der 8. Klasse der Volksschule an der Leipzigerstraße und der Trennung von meinem geliebten Lehrer.

Doch an dem Tag, an dem ich mein Referat halte, geschieht etwas, das mein Herzeleid mindert, wenn auch in enttäuschender Weise. Mein anfangs etwas stockender Vortrag ist in vollem Schwung, da wird die Belehrung und Aufklärung meiner Mitschüler, die mit offenen Mündern vor mir sitzen, nach den ersten fünf Minuten gestoppt.

»Nein, da muß ich aber unterbrechen, Stöger«, der Herr Ludewig hat sich, sichtbar erregt, von seinem Sitz am hinteren Ende des Klassenzimmers erhoben.

»Hier muß einiges erklärt werden. Nicht alle Tatsachen sind wiedergegeben. Damals, müßt ihr wissen, haben andere Einzelheiten und Bewegungen mitgespielt. Zum Beispiel die Politik der Zeit, die schlimme Wirtschaftslage in Deutschland nach dem ersten Weltkrieg. Das haben wir bereits besprochen. In der Bevölkerung herrschte große Armut. Und, ganz klar waren die Deutschen nach dem Friedensvertrag von Versailles ein gedemütigtes Volk.«

Die Karin Beckerle und die Leni Lorenz hat der Herr Ludewig bei ihrem Referat nicht unterbrochen. Ich stehe da, gequält von der Erkenntnis, daß der Herr Ludewig nicht beeindruckt ist, nicht meinen Mut bewundert, ein heikles Thema anzugreifen. Ich rede von Menschenverfolgung, von Haß und Totschlag und ich schäme mich sogar, daß ich von sowas reden muß, und er verteidigt das. Man kann es doch gar nicht verteidigen. Warum tut er es? Was gehen mich die politischen Verhältnisse an?
»Also, mach weiter, Stöger.«
Mein Gesicht ist heiß. Wie soll ich jetzt weiterreden?

Zögernd, mit besorgten Blicken zum Herrn Ludewig, umsonst auf Bestätigung oder wenigstens Ermunterung hoffend, rede ich zu Ende, von Menschenvergasung, von Menschenverbrennung, von Massengräbern, von kleinen Kindern, die erschossen wurden, in die Totenstille der Klasse hinein und in die fassungslosen Gesichter meiner Mitschüler hinein, an denen ich erkenne, daß sie von diesem Teil der deutschen Geschichte keine Ahnung haben.

Ich bin froh, als es vorbei ist. Mein Referat, auf das ich so stolz war, ist zu Ende. Ich setze mich auf meinen Platz. Und da fängt der Herr Ludewig wieder an.

»Diejenigen, die das angestellt haben, über das die Stöger gerade gesprochen hat,«, sagt er, »das waren die Schurken und Verbrecher der Nationalsozialisten. Diese Leute waren aber eine Minderheit der deutschen Bevölkerung«, meint er. »Und trotzdem, Schüler,« sagt der Herr Ludewig, »wir müssen doch anerkennen, daß der Adolf Hitler einiges Gute geleistet hat. Er hat zum Beispiel die Arbeitslosenzahl beträchtlich verringert. Und dadurch, daß die Leute Arbeit hatten, konnte sich jeder einen Volkswagen leisten.
Das Autobahnnetz hat er auch um etliches erweitert, nicht wahr?«

Und in diesem schrecklichen Zweiten Weltkrieg, erzählt uns der Lehrer, hat Deutschland unendlich gelitten. Er selbst wurde im Rußlandfeldzug verwundet. Und dann befand er sich in Kriegsgefangenschaft. Und als er endlich nach Hause kam, da hatte man nichts zu heizen und anständige Schulbücher konnte man auch nicht auftreiben. Wir sollen uns sowas mal vorstellen.

Später, allein im Klassenzimmer, als die anderen schon gegangen sind, vertraut er mir an, die Lieder, diese herrlichen Melodien, die er als Bub in der Hitlerjugend gesungen hat, die waren doch was Schönes, schade, daß sie heutzutage verboten sind.

Ich bin traurig an diesem Tag. Ich hatte Bestätigung, Bekräftigung, sogar Beifall und Lob für mein Referat erwartet, und mir stattdessen Rechtfertigung und Verteidigung der Nazis anhören müssen.

Am Tag der Abschlußfeier, in Anwesenheit unserer Eltern, festlich gekleidet, tragen wir im Klassenzimmer »Das Lied von der Glocke« von Friedrich von Schiller vor. Und wir singen »Am Brunnen vor dem Tore« und »Wahre Freundschaft soll nihicht wahanken« und »Von Luzern ahauf Wäggis zua, hollaradihija, hollaradiho«, ach, die schönen deutschen Lieder, begleitet vom Herrn Ludewig am Klavier. Und ich halte die Abschlußrede, obwohl der Herr Ludewig die Karin Beckerle dazu ausersehen hatte, mein Aufsatz aber gewonnen und ich darauf bestanden hatte, die Sprecherin zu sein, was ich nun bereue, da ich meine Ansprache nur stockend und stotternd hervorbringe und mich danach mit heißem Gesicht auf meinem Platz niederlasse.

Auf meinem Entlassungszeugnis steht außer meinem Geburtsdatum und Geburtsort wieder das Wort »israelitisch« neben »Bekenntnis«, aber abgekürzt: »israel.«.

17.

Auf Empfehlung von Herrn und Frau Fingerhut fahren wir diesen Sommer nach Milano Marittima an der Adriatischen Küste von Italien ins Hotel Arcadia, das zwar nicht direkt am Meer, doch als viertes Hotel vom Strand entfernt nahe genug liegt, die Bläue des Mittelmeers zu erspähen, denn die Mutti hat geschworen, daß sie niemals wieder in so ein Loch wie das vom vorigen Sommer fahren wird.

»Ein Paradies«, Frau Stöger, hat die Frau Fingerhut uns vorge-schwärmt, »Sie werden sich erquicken, das verspreche ich Ihnen.«

Die Mutti sagt, wir sollen gut zum Papa sein, und daß wir ihn lieb haben müssen, denn er bleibt zu Hause und verdient Geld, damit seine Kinder einen schönen Urlaub geniesen können.
Am Abend der Abreise vor dem Schlafwagen erster Klasse, zeigt der Papa mit dem Finger auf eine Gruppe Leute, die etwas entfernt von uns weiter unten am Bahnsteig stehen.»Siehst du, Laura, ich will dir nur zeigen, das dort sind reiche Leute, aber die fahren nicht erster Klasse, so wie ihr, sondern zweite, weil sie zu geizig sind. Für meine Familie nur das Beste. Ich will, du sollst einen herrlichen Urlaub haben, und schreib ab und zu.« Damit küßt er mich und drückt mich an sich und riecht sauber und frisch nach Old Spice, und er tut mir so leid und ich liebe ihn trotz allem und es schmerzt mich, daß ich ihn im geheimen oft verflucht habe.

Der Papa hat zwei Schlafabteile im Nichtraucherwaggon für uns gemietet, eins für die Mutti und die Friede und eins für die Berta und mich. Wir fahren durch den Brenner und können bis Bologna schlafen, aber bei Sonnenaufgang bin ich schon wach, und auf dem Bauch liegend, mit der Nase an die Fensterscheibe gedrückt, starre ich auf die vorbeisausenden rötlich angehauchten Tannenhänge und Felsengipfel, und wie schön ist es doch, am Leben zu sein.
In dem Durcheinander und Gewirr von Italienisch auf dem Bahnhof von Bologna, schafft die Mutti es zu meiner Bewunderung, mit Gepäck und drei Kindern, den Verbindungszug nach Cesena zu

erreichen, und von dort fährt uns ein lächelnder unrasierter Italiener mit überschwenglichen Ausrufen von »Bon Giorno« und »Bella Bellisima« und »Bambina« und »Prego Prego« in halsbrecherischem Tempo die kurze Strecke über Cervia nach Milano Marittima und vor den Eingang des Hotels Arcadia, wo er sich mit zahlreichen Handküssen und lauten »Grazies« von uns verabschiedet.

Die Spaghetti schmecken noch besser, als wir sie vom vorigen Jahr in Erinnerung haben, und das Hotel Arcadia hat eine Bar im Erdgeschoß, wo ich mir Coca Cola mit Eis, Zitrone und Rum bestellen kann.

Nach einer Woche kennt uns jeder am Strand, zumal die Berta sich gewisse Ausdrücke in Italienisch angeeignet hat, die sie den auserwählten ihr unsympathischen oder, wie sie sie bezeichnet, blöden Typen, die sie anstarren, ins Gesicht schreit. »Oj, bist du ein Unglück. Hast du einen Pysk. Riboinischiloilom! Zu sowas bin ich in Urlaub gefahren, daß ich mir deine Frechheiten anhören muß. Was haben dir denn die Leute getan? Kannst dich nicht beherrschen, Berta? Nächstes Mal bleibst zu Hause, das versprech ich dir.« Der Mutti läuft der Schweiß vom Gesicht vor Hitze und Aufregung.

Ich bin froh, als die Fingerhuts mit ihrem Mercedes ankommen, damit die Mutti Gesellschaft hat. Die Frau Fingerhut hat nicht übertrieben mit dem Loblied über ihren Sohn, aber ich will mal jemand heiraten, den ich nie gekannt habe, einen ganz Fremden, das ist viel romantischer.

Jeden Vormittag schweben die Mutti und die Frau Fingerhut in ihren straff aufgeblasenen Schwimmreifen mit der Friede in der Mitte in den sanften Wogen des Meeres und am Nachmittag sitzen sie im Garten und mischen und legen die Karten aus, während sie Zigaretten rauchen.
Einmal in der Woche begleitet die Mutti die Fingerhuts nach Cervia zum Markt und kommt mit Regenschirmen und Halstüchern und Tischdecken, spottbillig erstanden, zurück.

Abends spazieren wir oft zur Hauptstraße, wo die Eisdielen und die Geschäfte grell beleuchtet sind. Die Mutti sucht sich Lederwaren aus, kann sich aber mit den Verkäufern und Geschäftsbesitzern niemals über die Preise einigen. Sowas nennt die Mutti Handeln, und wie sehr sie die Ware auch begehren mag, tut sie so, als ob ihr gar nichts daran gelegen ist, vielmehr, daß sie dem Geschäftsführer einen Gefallen tut, wenn sie ihm die Tasche oder die Schuhe oder das Portemonnaie überhaupt abnimmt.

Bei solchem Handeln wird mit Bleifstift auf einen Zettel gekritzelt, und wenn die Mutti ablehnt und betont, daß der Preis zu hoch ist, streicht der Verkäufer zwei Ziffern, die mindestens drei Nullen angehängt haben, mit einer dicken Linie durch und schreibt neue Ziffern darunter. Wenn die Mutti den Kopf schüttelt, werden diese durchgestrichen und mit anderen ersetzt, meistens doch mit genau denselben wie vorher. Oft geht das Aufschreiben und Durchstreichen so weit, daß man einen neuen Zettel braucht und je länger das Handeln dauert, desto wütender das Durchstreichen und das erneute Kritzeln, bis die Mutti oft ganz auf den Kauf verzichtet, und mit einem Bona Sera den Laden verläßt.

Dann kommt es nicht selten vor, daß uns ein Geschäftsangestellter auf der Straße mit Signora, Signora, prego, zurückruft, und unter Klagen und mit gebrochenem Deutsch betont, daß man, trotz großem Verlust, und obwohl man viele Bambinos zu ernähren hat, bereit ist, und dies nur wegen der Mutti ihrer Schönheit, eine Ausnahme zu machen, und schon wird zum untersten Preis auf dem vollgeschmierten Zettel die Ware eingepackt. »Siehst du, Laura«, lächelt die Mutti jedesmal zufrieden, »so macht man das.«

Die Frau von unserem Oberkellner heißt Laura, unsere Bedienung heißt Lauretta und jedes dritte Mädchen am Strand, ob blond oder dunkelhaarig, dick oder schlank, groß oder klein, heißt Laura. Auf einmal scheint mir mein Name gar nicht mehr sonderbar, eher gewöhnlich.

In Italien nennt man uns Tedesca und ich merke, daß diese Bezeichnung in etwas abfälliger Weise betont wird. Die Mutti sagt, daß die Italiener die Deutschen nicht mögen, sie aber brauchen wegen dem Tourismus, und daß die Italiener ein judenfreundliches Volk sind und sogar aussehen wie Juden und auch in ihren Gebärden und Gesten sich so benehmen wie Juden, und deshalb sind sie der Mutti sympathisch.

ZUR MITTLEREN REIFE

I.

Obwohl die Mutti es vorgezogen hat, das Gedeihen meiner weiblichen Formen zu übersehen, hat die Frau Fingerhut in der Umkleidekabine am Strand Augenschein davon genommen und redet der Mutti zu, daß sie mir nach der Rückkehr nach München einen Büstenhalter bei Peter Palmers kauft.

Und so kommt es, daß ich vor Schulanfang Ende August in den Besitz eines steifen, weißen, mit Spitze besetzten BeHas komme, der, obwohl so unbequem wie ich geahnt hatte, trotzdem höchst willkommen ist in meiner Garderobe. Der Papa, bei dem wir uns für jedes neue Kleidungsstück bedanken, sagt, ich soll den Büstenhalter tragen gesunderheit und auf hundert und zwanzig Jahre, und, mit Lineal und Bleistift über meinem Kopf, bei der Wand im Gang, stellt er zu seiner Freude fest, daß ich während des Sommers zwei ganze Zentimeter in die Höhe geschossen bin.

Während wir an der Adria gebadet haben, hat der Papa einen Toaster gekauft und sich in der Handhabung dieses Gerätes eingeübt. Das Brot, das man in den Toaster reinsteckt, heißt Toastbrot und man kann es in langen Zellophanpackungen von recht vielen viereckigen, einen Zentimeter dick geschnittenen weißen Scheiben kaufen.
Der Papa sagt, daß eine Scheibe Toast leichter zum Verdauen ist als die frischen Semmeln vom Milchladen, die für den Dickdarm eine Belastung darstellen. Ein Stück Toast mit Ölsardinen, einer Kraft-Scheiblette und Salzgurken obendrauf ist eine Delikatesse, sagt der Papa.

Der Papa zeigt uns wie man den Toaster auf eine gewisse Bräune einstellt, wie man die Scheiben Toast in die zwei mit Draht umgebenen Fächer steckt, nicht zu tief rein, damit sie sich nicht einklemmen, wie man den Hebel runterdrückt, mit Gefühl, langsam, und dann soll man möglichst dabeistehen und aufpassen, damit der Toast nicht zu dunkel wird, denn, obwohl man ihn auf eine gewisse Bräune eingestellt hat, ist es ratsam, vorsichtig zu sein. Es ist ja schließlich doch nur ein Apparat und so ein Gerät kann Fehler

machen. Nachdem der Toast rausgesprungen ist, warten, bis er sich
ein bißchen abkühlt, damit man sich nicht die Finger verbrennt,
und dann rausnehmen ohne die Seiten dabei zu streifen, damit keine
Brösel entstehen, die, wenn sie sich ansammeln, die Funktion des
Gerätes belasten und den Toaster verklemmen und außerdem das
Tischtuch beschmutzen. Dann die Butter ganz leicht wie eine Feder
auf den Toast streichen, damit er nicht zerbröckelt.

»Papa, wir können aber trotzdem Schinkensemmeln essen, oder?
Oder müssen wir den Toast essen?« »Müssen mußt du gar nichts.«
Obwohl der Papa das so leichthin gesagt hat, sieht er nicht zufrieden
aus. »Schinken kommt nicht mehr ins Haus.«
»Aber wieso? Die Mutti ißt ihn doch auch so gern.«
»Ich sage Schluß. Kein Schinken mehr. Juden essen kein
Schweinefleisch.«
»Und was ist mit der Kalbfleischwurst und der Gelbwurst?«
»Die kannst du essen, von mir aus.«
»Und die Streichleberwurst oder den Pressack? Kann ich den kau-
fen?«
»Wenn du willst. Du kannst alles essen, nur kein Schweinefleisch.«
»Aber bis jetzt haben wir's doch immer essen können.«
»Bis jetzt hast du, und von jetzt ab kannst du nicht mehr.«

2.

Die Mutti und der Papa haben gesagt, daß die Tante Ida nächsten
Sommer auf Besuch zu uns kommt, um ihre Gesundheitsschaden-
rente zu erledigen, und bei dieser Gelegenheit werde ich sie kennen-
lernen, und hoffentlich wird sie Gefallen an mir finden, denn die
Mutti und der Papa haben die Absicht, mich nach Beendigung der
Handelsschule in drei Jahren nach Kanada zu schicken, wo ich als
Sekretärin arbeiten kann, und wo es viel mehr Juden gibt als in
Deutschland, und wo ich schon jemanden finden werde zum Hei-
raten. Drei Jahre sind eine lange Zeit, und vorläufig denke ich nicht
viel über meine Zukunft nach, da ich mit Eindrücken meiner neuen
Schule im Tal beschäftigt bin.
Ich bin eins von 32 Mädchen in der Klasse 1 g von der Frau Antonia
Kuithan in der Städtischen Riemerschmid-Handelsschule in Mün-
chen, deren Aufnahme eine mir erwiesene Ehre darstellt, die ich zu
schätzen und zu achten habe, und deren ich mich würdig erweisen
soll, indem ich die dreimonatige Probezeit erfolgreich bestehe.

Die Frau Kuithan ist eine große Dame von mächtiger Statur mit gewaltiger Adlernase im breiten Gesicht, wie geschaffen für die Rolle eines Indianerhäuptlings. Das Einzige was fehlt, ist der Federschmuck auf den rabenschwarzen, schnurgeraden Haaren. Diese Lehrerin wird uns in den Fächern Kurzschrift, Maschinenschreiben, Kaufmännischer Schriftverkehr und Schönschrift unterrichten.

Im Rechnen, in der Buchführung und der Wirtschaftslehre haben wir den Herrn Dr. Lösch, einen schlanken und gut gekleideten Brillenträger und schwärmerischen Verehrer der amerikanischen Methode der Fernsehreklame, welche er vor kurzem, während eines Aufenthaltes in den Vereinigten Staaten, die Gelegenheit hatte zu begutachten. Die Mainzelmännchen sind ja ganz niedlich, findet er, und die Werbung der Hausschuhmarke Romika ist nicht schlecht, aber die Uhr, die vor dem Programm am Abend auf dem Fernsehschirm erscheint, ist wahrer Unsinn. Wertvolle Sekunden, ja, sogar Minuten, schwinden dahin, unausgenützt, indem der Zeiger Strichlein um Strichlein dahintickt.

Die Amerikaner dagegen verlieren keinen Augenblick zwischen Sendungen, den Zuschauer mit Coca-Cola-, Pepsi-Cola- und Zigaretten-Werbungen zu bombardieren, denn Zeit ist Geld, und in dieser Beziehung hat die deutsche Wirtschaft einiges zu lernen. Der Herr Dr. Lösch ist ein intelligenter Mann und macht einen guten Eindruck auf die Mutti und den Papa, als sie ihn am Elternabend kennenlernen.
Doch am sympathischsten ist ihnen der dicke und freundliche Herr Wanger, der die Warenkunde lehrt, und dem die Rs vom Vordergaumen runterrollen. Er stammt aus dem Sudetenland, jüdisch noch dazu, vertraut er der Mutti und dem Papa an, doch ich brauche es niemandem zu sagen. Wie gibt es sowas? Ein jüdischer Lehrer in einer städtischen Schule? Ich dachte, alle Erwachsenen, die jüdisch sind in Deutschland, sind vom KZ und sprechen kein gutes Deutsch.

Einmal nimmt er mich beiseite und sagt mir, daß er sich sehr gefreut hat, die Mutti und den Papa kennenzulernen. Eigentlich ist es ein Wunder, daß er den Krieg überlebt hat, aber er hat Glück gehabt, er war versteckt. Wußte ich eigentlich, daß es außer mir noch ein jüdisches Mädchen in der Riemerschmid gibt? Nein? Die Trixi Künstler. Ein sehr kluges und bescheidenes Mädchen, eine Klasse höher als ich. Es wär schön, findet der Herr Wanger, wenn wir zwei Mädchen uns befreunden würden, denn wir Juden müssen doch zusammenhalten, nicht wahr?

Dem Deutschunterricht sah ich mit einigem Bangen entgegen, da unserer Lehrerin der Ruf als eine strenge Hexe vorausging. Sie heißt, sehr passend, Frau Richter, ist klein von Statur, mit ernster Miene, und vom ersten Augenblick an ist es klar, daß diese Frau keinen Unsinn duldet. Als sie unsere erste Hausaufgabe, einen Aufsatz, benotet zurückgibt, ruft sie mich zum Pult, wedelt meine beschriebenen Seiten vor mir hin und her und will wissen, wer mir bei der Arbeit geholfen hat. Meine Mutter vielleicht oder der Vater oder gar die Großeltern?

In der Erdkunde bearbeiten wir Rohstoffe, Erwerb und Verdienst anderer Länder und in der Geschichte wird die Demokratie der Bundesrepublik nach dem 2. Weltkrieg und die Beschaffenheit unserer Regierung behandelt. Der Herr Dr. Lösch sagt, die Mauer in Berlin ist eine Schande für das gesamte deutsche Volk, die Mutti und der Papa sagen, die Mauer ist die Strafe für das deutsche Land. Der Willy Brandt ist immer in den Nachrichten und man hört nichts als Bellin, Bellin. Und die Mauer steht.

Ich sitze neben der Irene König in der dritten Bank der Mittelreihe. Die Irene ist ein Einzelkind und hat es sehr gut zu Hause. Ihre Mutter näht ihr schöne Kleider und sie bekommt alles was sie will und muß sich mit niemandem streiten. Auf der Bank hinter mir sitzt die dicke, sommersprossige Anneliese neben der zierlichen Christine Frammelsberger, dem Liebling aller Lehrkräfte.

Die ehrgeizigsten sind die Heidi und die Hilde Berger auf den ersten zwei Bänken in der Fensterreihe, glücklicherweise noch vor der Mauer im Frühling aus der Ostzone geflüchtet, ein Jahr auseinander im Alter, doch auf derselben Stufe. Wenn die jüngere Hilde Eins minus auf einer Probe bekommt und sieht, daß ihre Schwester einen Einser hat, färbt sich ihr Gesicht rot vor Ärger. Ich glaube, die zwei Schwestern werden sich eines Tages zu Tode arbeiten mit ihrer Streberei. Im Turnen und Sport rennen sie am schnellsten, springen am höchsten und schießen die Volleybälle mit einer Kraft über das Netz, daß wir staunen.

In der letzten Bank in der Fensterreihe sitzt die Josephine Kneidl, die Pfiffi, die Größte in der Klasse, die sich hauptsächlich und intensiv damit beschäftigt, mit einem Stilkamm ihr toupiertes und vom ständigen Sprühen klebriges Vogelnest auf dem Kopf zu erhöhen, und es scheint als ginge sie nur ganz nebenbei in die Schule, um ihre Einser gnädig in Empfang zu nehmen. Ein Glück, daß sie in der letzten Bank sitzt, denn niemand könnte über ihre Frisur auf die Tafel sehen.

Während des Unterrichts ist kein Bayrisch erlaubt, aber vor und nach dem Unterricht und in der Pause kann jeder reden wie er will, und wenn die Pfiffi mit ihrem Bayrisch anfängt, dann verstehen die Heidi und die Hilde aus der Ostzone kein einziges Wort.

Einen Schulhof hat die Riemerschmid nicht und während der Pause gehen wir zu zweit in derselben Reihenfolge, in der wir in der Klasse sitzen, im Gang leise auf und ab und essen unsere Brotzeit. So kommt es, daß ich Gelegenheit habe, mit der Christine, die hinter mir geht, anzuknüpfen, denn nichts wünsche ich mir sehnlicher, als daß sie meine Freundin wird.

Während der Religionsstunde muß ich in ein anderes Klassenzimmer gehen, wo ich mich mit Schularbeiten beschäftigen kann. Ich bin nicht mehr die Einzige, die vom Religionsunterricht ausgeschlossen ist. Die drei blassen Zeugen Jehovas in meiner Klasse und die von Gesundheit strotzenden ostdeutschen Geschwister, die keiner Religion angehören, leisten mir Gesellschaft.

Einmal in der Woche fahre ich am Nachmittag mit der Linie Eins zum jüdischen Religionsunterricht ins Luisengymnasium. Wir sind 20 Mädchen und sitzen nebeneinander an Tischen, die der Länge nach zusammengerückt sind. Der Lehrer ist ein moderner Mann, der nicht in zerfetzten Lumpen zum Fenster rausstarrt, so wie der ehemalige in der Möhlstraße, sondern uns wie Gleichaltrige behandelt und über jüdische Geschichte und Gesetze diskutiert. Ich hatte bis dahin keine Ahnung, daß der David, der mit der Schleuder den Goliath bezwang, jüdisch war.
Die Geschichte hatte ich im evangelischen Religionsunterricht in der Volksschule zwar schon gehört, aber kein Wort von jüdisch war damals erwähnt worden. Und der Name Adam, lerne ich, stammt vom Hebräischen und bedeutet Mann, und ich frage mich, ob der Metzger Adam das wohl weiß.

Der Papa hat mir den Pentateuch gekauft, einen grünen, in Leder gebundenen Wälzer mit hauchdünnen raschelnden Seiten. Da steht alles drin, was ich wissen muß, doch was mich am meisten interessiert, ist, wer mit wem gelegen ist. Diese alten Bibelmänner sind ja mit ganz schön vielen Frauen gelegen und haben eine Menge Kinder gezeugt und sind steinalt geworden und sogar als Greise haben sie weitergezeugt, und es scheint mir, daß sie mit dem Zeugen und sich Vermehren unterm Sternenhimmel äußerst beschäftigt waren.

3.

Der Eichmann-Prozeß geht weiter und zu seiner Verteidigung wiederholt der Eichmann mit ruhiger Stimme und einer kühlen Reserve ein ums andere Mal, er habe auf höheren Befehl gehandelt, er habe sich nur nach Anordnungen gerichtet, er hatte sich an Vorschriften zu halten, es war seine Pflicht, den Anweisungen von Vorgesetzten zu folgen, er tat seine Pflicht und nichts weiter. Kein Wort von Entschuldigung, kein Wort von Reue, keine Bewegung im Mienenspiel. Und trotzdem, er tut mir doch irgendwie leid, denn er sitzt wie eine Maus in der Falle.

In meiner Vorstellung sehe ich die Jahre vom Zweiten Weltkrieg wie eine einzige lange Nacht voller Züge mit menschlichen Transporten zur Gaskammer.

Jedesmal, wenn die Fernsehübertragung vom Prozeß zu Ende ist, geht die Mutti vom Wohnzimmer raus, wischt sich die Tränen von den Augen und seufzt: »Oj, verbrannt und gharget sollen sie alle werden.« Dann geht sie in die Küche und zündet sich eine Zigarette an.

»Mutti, wie bist du eigentlich nach Bergen-Belsen gekommen? Warst du vorher nicht in einem Lager, wo du genäht hast?«
»Das war ich auch, in Grünberg. Dort ging es uns nicht schlecht. Aber nach einem Jahr hat man uns nach Neusalz überführt und da haben wir's schon nicht mehr so gut gehabt wie in Grünberg. Aber ich muß sagen, wir haben einen guten SS-Mann gehabt.«
»Einen guten SS-Mann?«
»Ja, wirklich, einen guten SS-Mann. Einen sehr guten. Der hat immer zu mir und zur Ida und zur Jaga gesagt: Sorgt euch nicht,

Kinder, so lang ich da bin, wird euch nichts passieren.« Die Mutti schüttelt den Kopf. »Und dann sind die Russen näher gekommen und man hat uns evakuiert und wir sind zu Fuß im Schnee gegangen, sechs Wochen lang, nach Bergen-Belsen.«

»Aber wo habt ihr denn geschlafen?«

»In Scheunen bei Bauern. Wir hätten ja entlaufen können. Unser SS-Mann hat gesagt, wir können weglaufen, weil zum Tod gehen wir sowieso, aber wir haben Angst gehabt, allein zu sein, es war doch Krieg.«

»Und dann?«

»Und dann? Dann sind wir in Bergen-Belsen angekommen und dort, dort sind die Menschen weggestorben wie die Fliegen, und ich hab Typhus bekommen und man hat mich auf einen Haufen Leichen raufgelegt, weil man geglaubt hat, daß ich schon tot war, aber die Tante Ida hat mich gerettet und unter ihrer Pritsche versteckt, und bald nachher sind die Engländer reingekommen und haben uns befreit. Gott sei Dank. Und die Tante Ida hat sich einen Kocher besorgt von irgendwoher und sie war die erste draußen auf dem Hof was hat gekocht und sie hat mir und der Jaga Haferbrei gemacht, und schwarzen Kaffee hat sie mir gegeben mit einem Teelöffel und dann ist es mir langsam besser gegangen. Nu schoin.« Die Mutti seufzt und ich hab Angst, daß sie gleich zu weinen anfängt. »Wenn nicht die Tante Ida, dann wär ich jetzt nicht mehr am Leben.«

»Und dann?«

»Nu, und dann waren wir befreit und ich bin nach Ungarn gefahren, zum Onkel Paul.«

»Das ist der Pinje, oder?«

»Ja, mein Bruder.«

Jedesmal, wenn die Mutti eine Pause macht, und vor sich hinstarrt und an der Zigarrette zieht, denke ich, sie ist zu Ende, aber dann fährt sie fort. »Ja, und die Hedi, die Frau vom Onkel Paul, die hat mich wie ein Meschuris behandelt, da bin ich weg nach Freising und dort hab ich den Papa getroffen.«

»Und die Mutti war die Allerschönste, das kann ich dir sagen.« Der Papa ist in die Küche reingekommen.

»Sie war die Schönste vorm Krieg und sie ist immer noch die Schönste.«

Am 15. Dezember wird der Adolf Eichmann zum Tode verurteilt und die Mutti und der Papa sind zufrieden. Eine Woche später braucht die Mutti Erholung und fährt mit der Friede für zwei

Wochen auf Urlaub in die Dolomiten. Der Papa bleibt zu Hause mit der Berta und mir, und wenn er viel zu erledigen hat, dann gibt er mir Geld, damit die Berta und ich ins Wirtshaus gegenüber von der Borstei zum Mittagessen gehen können.

Die Berta mag gern Leberknödelsuppe essen und ich bestelle mir immer Schweinebraten, der Papa braucht das nicht zu wissen, und Semmelknödel und Kartoffelsalat.

Aber wenn der Papa Zeit hat, dann geht er am Vormittag mit uns zu Fuß zum Takt von Eins, Zwei, Drei, Vier, Links, Rechts, Links, Rechts, den ganzen Weg von der Borstei in die Stadt zum jüdischen Restaurant, damit wir von der Bewegung und der frischen Luft Appetit zum Essen bekommen. Der Berta stehen lange Hosen gut, aber ich will eher die feine Dame spielen und Nylonstrümpfe tragen in der Kälte im Matsch und Schnee und eisigen Wind, als mich zu erniedrigen, wie eine fette Wanze in den breiten Schihosen die Dachauerstraße runterzumarschieren.
Venenentzündung ist die Diagnose vom Arzt, als ich nach einer Woche der modischen Ausstattung im Winterwetter mit heißen, roten Beulen an den Waden und Unterschenkeln im Bett liege. Vom geschmolzenes Hühnerfettschmieren, das der Papa paar Tage lang mit viel Gestank und wenig Erfolg versucht hat, hält der Arzt nicht viel. Stattdessen verordnet er einen elastischen Verband, den ich mir um die Beine wickeln muß wie eine alte Frau, und damit es niemand sehen soll, habe ich keine andere Wahl, als die verhaßten Schihosen zu tragen.

Vom Marschieren ist keine Rede mehr, wir hocken zu Hause, und wenn im Fernsehprogramm ein Film steht, der für Jugendliche nicht geeignet ist, und der Papa am Abend nicht zu Hause ist, machen wir den Fernsehapparat auf und eine von uns sitzt am Rand vom Sessel und die andere steht bei der Wohnzimmertüre und lauscht mit einem Ohr und klopfendem Herzen zum Hof. Bei dem kleinsten Geräusch von einem Motor, einer Haustüre oder Schritten im Treppenhaus, wird der Fernseher ausgemacht, die Türe vom Schrank vorsichtig zugeschoben, damit es nicht knallt, und dreht sich der Schlüssel tatsächlich im Schloß von der Wohnungstüre, liegen wir Scheinheiligen tief atmend in unseren Betten, wenn der Papa ins Zimmer späht. War es ein falscher Alarm, und nichts rührt sich im Treppenhaus, so kriechen wir wieder aus den Betten raus und zurück ins Wohnzimmer zum amerikanischen oder französischen synchronisierten Film und warten auf den Kuß oder auf den Mord, wegen dem er uns verboten war. Der Arzt hat mir ein Attest gegeben, welches mich einen Monat lang vom Turnen entschuldigt, und nachdem die Schule wieder angefangen hat, kann ich mit den glücklichen Leidenden, die ihre Periode haben, am Rand der Turnhalle sitzen und sorglos zuschauen.

Meistens bin ich um Viertel nach Eins mit der Schule fertig und um zwei Uhr zu Hause. Klavierunterricht bekomme ich jetzt in der Borstei, gleich in der Voitstraße, von einer fetten Frau, die mich anstatt der langweiligen Czerni-Etüden, schöne Strauss-Walzer spielen läßt.

4.

Die Mutti und der Papa haben mir eine dänische Zimmereinrichtung aus Teakholz gekauft und ich ziehe vom Kinderzimmer aus und ins ehemalige Wohnzimmer ein. Die Berta und die Friede bleiben im Kinderzimmer und die Mutti schläft auf dem Ruhebett im Eßzimmer. Auf meinem wuchtigen neuen Schreibtisch steht auf der linken Seite ein in Silber eingerahmtes Photo in schwarzweiß von Präsident Kennedy. Die Amerikaner haben ein Glück. Die Russen müssen sich mit dem alten Nikita Chruschtschow abfinden, bei dem von Klasse nicht zu reden ist. Wenn der Chruschtschow eine Wut bekommt, knallt er mit der Faust auf den Tisch und wenn das nichts hilft, dann zieht er einen von seinen verkrümmten Schuhen aus, und haut mit dem auf den Tisch.

Der Kennedy dagegen trägt gut gechneiderte Anzüge und die Mutti sagt, seine Krawatten sind teuer. Die Frau vom Chruschtschow ist die alte, dicke, verrunzelte Nina in schwarzen Kleidern und orthopädischen Schuhen, der Kennedy ist mit der hübschen Jacqueline verheiratet, die Pariser Modelle trägt. Und kleine Kinder hat der Kennedy, die unterm Schreibtisch in seinem Büro im Weißen Haus in Washington Versteck spielen.

Der Papa sagt, in Amerika wird viel geschossen. Mir scheinen die Amerikaner lässige Typen zu sein, die von Kind auf im Sattel sitzen und mit geraden, weißen Zähnen an einem Strohhalm nagen oder Kaugummi kauen.
Wenn ich auf dem Heimweg von der Schule mit der Straßenbahn

vom Tal, am Marienplatz vorbei, die Kaufinger und Neuhauser-straße runter in Richtung Stachus fahre, kann ich die Reklamen von den Kinos sehen. Wildwest-Filme und Detektiv-Filme interessieren mich nur, wenn eine Liebesgeschichte mit eingesponnen ist. Sehnsüchtig warte ich auf meinen 16. Geburtstag, damit ich endlich einen heißen Liebesfilm auf der großen Leinwand sehen kann.

Auf die leidenschaftlichsten Liebesfilme muß ich warten bis ich 18 bin, es sei denn, ich habe die Gelegenheit, einen Jugendverbot-Film im Fernsehen anzuschauen. Wenn man so erwachsen aussieht wie die Pfiffi Kneidl von meiner Klasse, kümmert sich kein Mensch um einen Ausweis. Mich hat man endlich aufgehört zu fragen, ob ich 12 bin. Die Mutti hat gesagt, ich soll froh sein, daß ich so jung aussehe, denn wenn ich mal dreißig bin, dann wird mich jeder auf 20 schätzen. Das ist mir überhaupt kein Trost, wenn ich mich mit Doris-Day-Filmen begnügen muß.

Der Schauspieler, für den ich am meisten schwärme, ist der Gary Cooper, und nachts, im Bett, bin ich die Ingrid Bergmann im Schlafsack unterm spanischen Sternenhimmel in »Wem die Stunde schlägt«.

In der Passage von der Neuhauser Straße spielt der Film »Manche mögen's heiß« mit der Marilyn Monroe, der weltberühmten hüften-wackelnden Sexbombe. In den hat man mich reingelassen, ohne Fragen zu stellen.
»Mutti, ihr müßt euch den Film anschauen.«
»Wie heißt der Film, sagst du?«
»Manche mögen's heiß. Bitte bitte schaut euch den Film an, heute abend gleich. Ihr werdet euch bedanken bei mir.«

Um was es sich handelt, will der Papa wissen, und obwohl er die Geschichte kompliziert findet, entschließt er sich zum Kinobesuch, als ich ihm den Tango von einer der letzten Filmszenen vorsinge, denn der Tango ist sein Lieblingstanz.

Bis die Vorstellung im Kino zu Ende ist und der Papa den Tango aus dem Film im Treppenhaus singt, haben die Berta und ich gerade genug Zeit gehabt, einen spannenden Jugendverbot-Film im Fernsehen anzuschauen. Der Papa sagt, er wird sich ganz auf meinen Geschmack verlassen in Zukunft, und ich soll ihm mehr Filme aussuchen.

Ich fange an, das Kino-Programm in der Süddeutschen Zeitung zu studieren und das Theater-Programm auch.

»Willst du nicht mal ins Theater gehen, Papa? In der Kleinen Komödie spielen lustige Sachen.«

Und wenn die Mutti und der Papa an Samstag Abenden die Wohnungstür zumachen und ins Deutsche Theater oder in die Münchner Kammerspiele oder in die Kleine Komödie gehen, sitzen die Berta und ich im Wohnzimmer und schauen uns Jugendverbot-Filme im Fernsehen an.

Solche Art von Unterhaltung muß im voraus geplant werden, damit der Papa genügend Zeit hat, Theaterkarten zu besorgen, denn wenn der Papa keine guten Plätze bekommt, dann geht er nirgends hin. Der Papa muß das Beste haben, und wenn der Preis nicht hoch ist, dann kann die Ware nicht gut sein. Der Papa sagt, man bezahlt für Qualität.

Von allen Männern in München ist der Papa der Eleganteste. Er trägt Anzüge nach Maß gearbeitet vom Schneider François beim Platzl in München, ein kleiner Mann mit flinken Händen und viel Talent, der zu bedauern ist, sagt der Papa, weil er sein ganzes Vermögen im Kasino zurückläßt, eine Tragödie.

Die Mutti und der Papa nennen den Herrn François nicht François sondern sie rufen ihn Franzois, reimt mit Alois, da sie glauben, er ist ein Franzose, und ein Franzose in Jiddisch ist ein Franzois, auch wenn er aus Rumänien stammt und nur französisch tut.

Der Papa sagt, ein Anzug muß sitzen wie angegossen. An den Schultern und am Rücken soll das Jacket glatt liegen wie ein See. Der Papa darf sich rühren, aber der Stoff nicht. Wenn der Papa zur letzten Anprobe geht, dann fahren die Mutti und ich mit und bekommen einen Handkuß vom François.

Meistens findet die Mutti eine kleine Kräuselung zwischen Kragen und Schultern, wenn der Papa sich vor dem Spiegel hin und her dreht, und so viel der François auch rumtänzelt mit Stecknadeln im Mund und den englischen Stoff glättet und streichelt, es hilft nichts. »Glatt liegen muß er«, sagt die Mutti, und hilft dem Papa aus dem Jacket raus, und der François versichert der Mutti und dem Papa, daß der Anzug bei der nächsten Anprobe perfekt sitzen wird oder sein Name ist nicht François.

Seine Hemden sucht sich der Papa selbst aus, berät sich am Ende aber doch mit der Mutti, und die Wahl der Socken und der Krawatten überläßt der Papa ganz dem Geschmack von der Mutti.

Die Unterwäsche kauft er sich allein, Fruit of the Loom von Amerika, das Beste was es gibt, sagt der Papa. Der Papa trägt goldene Manschettenknöpfe zu den Hemden und elegante Nadeln zu den Krawatten, und seine Schuhe sind englisch und italienisch.

Bevor der Papa die Wohnung verläßt, bürstet er seinen Hut vor dem Wandspiegel im Gang, zeigt uns stolz, daß man sich in seinen auf Hochglanz polierten Schuhen spiegeln kann, und fragt jedesmal: »Nu, wie schau ich aus?«
»Einmalig, du schmeckst weg«, versichert ihm die Mutti.
»Brauchst etwas Geld?« fragt sie immer, und der Papa streckt die Hand aus und sagt: »Gib mir ein bissel Taschengeld, Hela«, denn bei uns in der Familie hält die Mutti das Geld, weil es dem Papa durch die Finger rinnt. So sparsam wie die Mutti ist, so geschwind ist der Papa mit dem Weggeben.

5.

Zum 15. Geburtstag hat der Papa mir eine goldene Denkmünze mit dem Kopf von der Anne Frank gekauft und eine Halskette dazu. Das trage ich mit meinen weichen neuen Pullis von dem Geschäft von der Ryba in der Dachauerstraße. Die Frau Ryba ist ein neugieriges Weib, die alles wissen muß. Die Mutti geht nur zu ihr, weil man dort italienische Orlon-Pullis billiger kaufen kann. Das Geschäft ist eng und vom Boden bis zur Decke mit Pullovern in Zellophan vollgestopft.

Die Frau Ryba hat gesagt, daß mein Büstenhalter viel zu klein ist und daß ich rausquelle. Die Mutti begreift nicht, woher mein Busen kommt, und kauft mir neue BeHas und gibt meine alten ausgelatschten der Berta zum Anprobieren.

Die Mutti sagt, es ist schade, daß ich keine Zitzen auf den Brustwarzen habe. Das ist ein Fehler von Geburt aus und die Hebamme hat gleich nach der Entbindung festgestellt, daß ich hohle Brüste habe, und wenn ich mal Kinder bekomme, werde ich sie nicht stillen können.

Aber vielleicht kann man etwas mit meinen Augen machen. Das Schielen wird immer schlimmer und der Papa hat endlich eingewilligt, daß wir uns wegen einer Operation erkundigen können, obwohl er im Grunde genommen dagegen ist.

Die Mutti und ich fahren zur Universitätsklinik, wo man ihr einen berühmten Professor empfohlen hat. Als er mich untersucht, zittern seine Hände und die Mutti sagt, der Mann ist zu alt zum Operieren und vielleicht ist er noch ein Antisemit dazu, und der Papa sagt »Gott behüte.«

Die Frau Fingerhut hat der Mutti von einem jüngeren Augenarzt vorgeschwärmt, dem Herrn Dr. Neuhann, dessen Praxis nicht weit von der Fingerhut-Wohnung entfernt ist, auf der Leopoldstraße.

Der Herr Dr. Neuhann scheint um die 40 zu sein. Er ist groß und schlank mit feinen Gesichtszügen und dunklen Haaren. Die Untersuchung verläuft anders als die in der Universitätsklinik. Der Herr Dr. Neuhann sitzt mir so nahe gegenüber, daß seine Augen in meinen Augen versinken. Ich kann kaum atmen. Als er mein Gesicht mit seinen Fingerspitzen abtastet, muß ich meine ganze Kraft zusammenreißen, um nicht meine Arme um seinen Hals zu legen. Er kann mich operieren so oft er will und alles andere ist mir egal. Ein Termin für die Operation im Rotkreuz-Krankenhaus wird für Ende August festgesetzt.

6.

Am letzten Tag im Mai ist der Adolf Eichmann tot, aufgehängt in Israel, und eine Woche später fahren wir Schüler der 1 g von der Riemerschmid-Handelsschule mit der Frau Kuithan im Autobus nach Dachau zur Besichtigung vom Konzentrationslager, genau demselben, aus dem der Papa im Jahre 1945 befreit worden ist.
Mir ist es schwer im Herzen, als wir vor der Mauer des Lagers vom Bus aussteigen, und nichts möchte ich lieber, als daß es den anderen auch so schwer im Herzen ist wie mir. Doch die betrachten diesen Tag als einen wie alle anderen, begrüßen ihn sogar als einen willkommenen. Schließlich ist man auf einem Ausflug, wo man schwatzen kann und kichern und befreit ist von der langweiligen Schule.

Wie kann ich eigentlich erwarten, daß es meinen Schulkamera-
dinnen so zumute ist wie mir? Die wissen ja nichts von Suppe weggeben und von Schlägen und von Mord und Gas und Verbrennen.
Und trotzdem, ich möchte, daß sie ernst sind, daß sie sich besinnen
auf die Vergangenheit und daß es sie interessiert, genau so wie der
Twist und wie die Beatles und die letzte Mode. Hier stehen ja
schließlich die Ziegelöfen und hier liegen die Tragbahren für die
Beförderung der Leichen.

»Obwohl Dachau als Vernichtungslager für politische Häftlinge,
Homosexuelle und Juden errichtet wurde, kam es eigentlich nicht
zur Benützung der Gaskammern und Öfen«, spricht ein Lehrer zu
seiner Klasse. Das klingt sehr sachlich. Ich weiß, daß die Menschen,
die hier gestorben sind, vor Hunger und Ermattung und Krankheit
umkamen, daß sie an den Folgen von medizinischen Experimenten
starben und daß viele Häftlinge von Pistolenkugeln niedergeschos-
sen wurden. Zum Andenken daran hat man rote Blumen an der
Hinrichtungsmauer entlang gepflanzt.

Andere Schulklassen sind da zur Besichtigung und man hört die
Stimmen der Lehrkräfte und wenn ich nur könnte, dann würde ich
so laut schreien, daß es jeder hören kann: Es war doch nur vor etwas
mehr als 17 Jahren, daß man hier gemordet hat, nur vor zwei Jahren
mehr als unser Alter, das ist so nahe in der Vergangenheit. Wie kann
man da rumgehen und so tun, als ob das einen gar nichts angeht?
Aber dieser Tag geht vorbei und andere Schüler werden am nächsten
und übernächsten kommen und ich wäre dankbar, wenn sich
jemand empören würde und ausführlich über das Verbrechen der
nicht so fernen Vergangenheit sprechen würde. Vielleicht hätte das
Ganze dann einen Zweck. So scheint es mir mehr ein Zwang zu sein
als daß es einen Zweck hätte.

Ob meine Eltern denn auch im Konzentrationslager waren, erkundigt sich die Christine im Bus auf der Rückfahrt und ich bin so
glücklich, daß sie gefragt hat, als ob ich ihr was Schönes erzählen
könnte. Es war halt Krieg, sagt sie mir, ihre Familie hat auch gelitten, und ob ich nicht zu ihr nach Hause kommen will, ihre Oma
und Mutti kennenlernen.
Die Christine wohnt in einem alten Haus in der Nähe vom Schuttberg am Rande von Schwabing. Sie hat ein gemütliches Dachzim-
mer und eine umfangreiche Schallplattensammlung. Alles ist sehr
ordentlich und geschmackvoll eingerichtet und man fühlt sich rich-

tig wohl bei ihr. Ein Vater ist nicht da. Niemand schreit. Die Christine ist das Vollkommenste an Weiblichkeit was mir je begegnet ist. Mein Bestreben geht dahin, so zierlich und so hübsch zu werden wie die Christine.

Wenn wir am Wochenende an den Schaufenstern der Stadt vorbeibummeln, begeistere ich mich für alles, was der Christine gefällt. Wenn wir zum Lindberg in der Sonnenstraße gehen, kaufe ich mir die selben Platten wie die Christine. Als die Connie Francis beim Oberpollinger Autogramme verteilt, stehe ich mit der Christine zusammen in der Schlange. Als die Christine vom Jazz schwärmt, begleite ich sie in ein Jazz-Konzert im Deutschen Museum, obwohl mich die Musik nicht im geringsten interessiert. Die Mutti fragt mich oft:

»Und was wirst du tun, wenn die Christine in die Isar springt? Wirst ihr sicher nachspringen, oder?« Aber die Mutti ist genau so von der Christine begeistert wie ich und zum erstenmal akzeptiert sie eine Freundin, die nicht jüdisch ist, und ich darf sie nach Hause zu uns einladen, und die Mutti macht ihr sogar belegte Brote, und der Papa sagt »klein aber fein«, und das ist schon ein Kompliment, denn der Papa hat einen guten Geschmack.

7.

Der Herr Roßbach hat dem Papa ein altes Ölgemälde, »Der Pfeifenraucher«, von einem jüdischen Maler verkauft. Es hängt im Wohnzimmer, wo der Papa viel Naches schöpft, wenn er nach dem Mittagessen sein eingeschmiertes Halbkränzchen Haare an das Handtuch am Sesselrücken lehnt und in Ruhe das Bild betrachtet. Das lenkt ihn ein wenig ab von seiner Enttäuschung über meinen schlechten Charakter.

Der Papa sagt, daß ich mich versündigt habe, und daß er sich von mir weit mehr erhofft hat, als daß ich gekochten Schinken in der Wohnung verstecke. Dabei war es nur die Angst vor ihm, die mich dazu gebracht hat, den frischen Schinken in Papier eingewickelt in den Brotkasten zu schmeißen, als der Papa an einem Nachmittag unverhofft nach Hause kam; denn auf dem Küchentisch hätte er ihn sofort gerochen.

Genützt hat es mir nichts, denn der Papa ging, als er mich in der Küche am leeren Tisch sitzen sah, zum Schrank hin, wo er gleich im vorderen Fach das verhängnisvolle, halboffene Päckchen vom Metzger Adam vorfand.

»Kannst du mir sagen was das bedeuten soll, Laura?« Der Papa sah mir fest in die Augen und ich fing an zu zittern.

»Ich weiß nicht, Papa. Ich hab den Schinken nicht gekauft.«

»Und wer hat ihn gekauft, wenn ich dich fragen darf?«

Ich zögerte mit der Antwort, und was ich endlich stammelte, war, »vielleicht die Mutti?«, und wußte sofort daß meine Lage hoffnungslos war, als der Papa den Kopf zur Küchentüre raussteckte und rief, »Hela!«, und dann zu mir gewandt, sagte: »Schinken im Brotkasten? Sowas würde die Mutti nicht machen. Hela!« Und als die Mutti in die Küche reinkam, blickte sie mich nur traurig an und sagte leise: »Laura, Laura. Lügen tust du auch noch.«

Schläge wären gar nicht so schlimm gewesen. Hätte ich doch nur die Wahrheit gesagt. Nachdem ich die Küchentüre hinter mir geschlossen hatte, stand ich im Gang und hörte an der Wand, »für sowas opfert man sich auf« und »wie haben wir uns das verdient?« und »wie kann man so schlecht sein?« und »nach wem geht sie?« und »oj oj, laß mich schon, zu sowas hat man Kinder«.

Wäre wenigstens mein Jahreszeugnis von der Riemerschmid besser ausgefallen, dann hätten sich die Mutti und der Papa damit trösten können, aber mit den Vierern in der Buchführung, in der Wirtschaftslehre und in der Wirtschaftserdkunde verbessere ich meine Lage kein bißchen. Unter das Zeugnis hat die Frau Kuithan geschrieben, daß ich klug bin und noch Besseres leisten könnte und daß ich stets ein sehr lobenswertes Betragen zeigte.

Der Papa sagt, ich werde eine gute Sekretärin werden. Das Maschinenschreiben und die Kurzschrift machen mir eigentlich Spaß, aber die Wirtschaftsfächer finde ich uninteressant und die Buchhaltung ist ein mir unverständliches Gewirr von Soll und Haben, von Zinssätzen und Hypotheken, von Brutto und Netto, von Gewinn und Verlust. Der Herr Dr. Lösch hat der Mutti und dem Papa geraten, mich zum Nachhilfeunterricht zu schicken, und mir hat er einen Zettel mit dem Namen und der Adresse einer Lehrerin in die Hand gedrückt.

Während der ersten Woche der Sommerferien, fahre ich ein paarmal mit der Straßenbahn zur Leopoldstraße und stehe gegen fünf Uhr nachmittags hoffnungsvoll an der Straßenecke gegenüber dem Gebäude, in dem der Herr Dr. Neuhann seine Praxis hat. Umsonst, er kommt niemals raus und ich fahre enttäuscht zurück in die Borstei.

8.

Die Tante Ida ist aus Montreal mit dem Flugzeug in München Riem angekommen. Der Papa und die Mutti holen sie vom Flughafen ab und die Berta, die Friede und ich warten zu Hause, bis die erregten Stimmen von der Mutti und dem Papa im Treppenhaus die Erscheinung der uns fremden, aber verehrten und angebeteten Tante aus Kanada ankündigen.

Unsere erste Verwandte vom Ausland, die wir kennenlernen. Wir sind außer uns vor Freude und Erwartung. Die Tante ist klein, hat hochtoupierte, schwarze Haare, braune Augen und eine Nase, die ein bißchen schief ist, weil sie im Lager gebrochen wurde, mit einem Gewehr, hat die Mutti erzählt, und daß wir nicht von der Nase reden sollen, hat sie gesagt, weswegen wir überhaupt nur auf die Nase starren, denn sonst hätten wir es gar nicht gemerkt, daß sie ein bißchen krumm ist.

Die Tante sieht der Mutti keinen Tropfen ähnlich. Sie redet laut und lacht viel und freut sich, daß sie bei uns auf Besuch ist. Sie war noch nie auf Urlaub, erzählt sie, seit sie nach Kanada ausgewandert ist, und daß sie bißchen Angst hat, im Jeckeland zu sein.

Der Onkel Daniel, das goldene Herz, und die zwei Kinder von der Tante, die Guten, sind zu Hause geblieben und betreuen das Geschäft und den Haushalt in Montreal. Was zweites wie diese Kinder von der Tante gibt es auf der ganzen Welt nicht, sagt die Mutti. Die Tante Ida soll für die nächsten paar Tage ihren Koffer im Kinderzimmer hinstellen und mit der Friede und der Berta zusammen schlafen, und dann fahren wir alle nach Milano Marittima in dasselbe Hotel wie im letzten Sommer.

Jeden Vormittag, während die Mutti das Mittagessen kocht, badet sich die Tante Ida lang und gemächlich und wenn sie angezogen ist, geht sie mit uns dreien in der Anlage spazieren. Die Mutti beklagt sich bei mir, daß die Tante sich soviel baden muß, während sie in der Küche schwitzt, aber sie tröstet sich damit, daß wir bald wegfahren zur Erholung.

Am Nachmittag hat die Tante Geschäfte mit dem Papa und der Mutti zu erledigen, und am Ende des Tages sitzen sie meistens alle in der Maxburg zusammen und rauchen Zigaretten. Wenn die Mutti Lust hat, dann macht sie Erdbeeren mit Sahne und dazu Butterbrote zum Abendessen und danach spazieren wir zur Rollschuhbahn, damit die Tante über das Vorwärts- und Rückwärtsfahren und die Dreiersprünge von der schlanken Berta im kurzen Faltenröckchen staunen kann. Vor dem Schlafengehen wickelt sich die Tante Toilettenpapier um den Kopf, damit sich kein Haar in ihrer Frisur krümmt, und wenn sie am Morgen aufsteht, sieht sie aus, als wäre sie gerade vom Friseur gekommen.

Nach Italien geht es erster Klasse Schlafwagen und im Hotel Arcadia werden wir von dem alten Personal so herzlich willkommen geheißen, daß wir uns wie geschätzte Stammgäste fühlen. Die Mutti, die Friede und ich teilen uns ein Zimmer und die Tante schläft mit der Berta, die sie so gern mag, weil sie so witzig und so lustig und so ein netter Kerl ist.

»Du, der Tante ihr Busen hängt bis zum Boden runter.«
»Was sagst du?« Die Mutti lacht, während sie ihren Koffer auspackt.
»Ehrlich, Mutti, ganz schlimm, richtig ausgelatscht. Die arme Tante, mir tut sie leid.«
»Wann hast du ihren Busen gesehen?«
»Grade jetzt, sie hat schon ausgepackt und sich umgezogen. Bei der Tante geht alles schnell. Sie hat ihre Busen vom Boden aufgehoben und einen nach dem andern in den Büstenhalter reingeschoben.«
Die Berta zeigt uns wie die Tante es gemacht hat und die Mutti lacht Tränen.

Gleich am ersten Tag, als die Tante die schönen Bikinis am Strand bewundert, findet sie an ihrem gestreiften Badeanzug, den sie aus Kanada mitgebracht hat, keinen Gefallen mehr und schon am zweiten Abend gehen wir zusammen in die Stadt, damit die Tante sich etwas Neues kaufen kann.

Als sie sich in einer Boutique für einen grünen Bikini entscheidet, dessen rüschenbesetztes Höschen eine ganze Handbreit unterm Bauchnabel aufhört, meint die Mutti, das wäre auch was für sie, und daß die warmen Sonnenstrahlen am Strand ihrer Narbe am Bauch bestimmt wohltun werden, und fragt die Verkäuferin, ob ein Bikini in ihrer Größe da ist.

Ich bin entsetzt. »Mutti, ich fleh dich an. Keinen Bikini.«

»Und warum nicht?«

»Mutti, wenn man so einen Bauch hat, dann trägt man keinen Bikini.«

»Du kümmer dich nicht um meinen Bauch. Wirst sehen wie du aussiehst, wenn du in meinem Alter bist.«

»Ich sag ja nichts, Mutti, aber du siehst besser aus in einem Badeanzug.«

»Grade, weil du das sagst, werd ich mir einen Bikini kaufen.«

Und damit läßt sie sich den einzigen einpacken, der ihr nicht zu eng ist.

Am nächsten Tag schlendert die Mutti im Sand neben den Wellen entlang in einem schwarzen Unterteil, das gerade noch den Bauchnabel zudeckt. Über einem guten Stück Narbe und 20 Zentimetern von entblößtem Bauch thronen zwei schwarze Tassen von einem trägerlosen BeHa mit einer Schleife in der Mitte. Auf ihrem Kopf sitzt ein gelber Turban aus Stroh. Neben der Mutti spaziert die Tante Ida mit einer weißen Strohglocke auf der Frisur, im grünen Bikini, dessen BeHa mit einem festen Knoten an den Trägern im Nacken gesichert ist. Es ist kein Wunder, daß die Fotografen ihnen nachrennen.

»Schämst dich mit mir, was Laura?« Und als ich nichts darauf erwidere, »Wenn man im Lager war, kann man keine gute Figur haben«, und als ich stumm bleibe, »Oj, bist du schlecht. Ich schäme mich direkt vor der Tante Ida, das kann ich dir sagen.«

»Das tut mir leid, Mutti, daß du dich schämst. Ich schäme mich auch, daß meine Mutter in einem Bikini am Strand rumläuft, und schlecht bin ich deswegen noch lange nicht, und daß du im Lager warst, das ist auch nicht meine Schuld.« Die Mutti redet paar Tage kein Wort mit mir.

Der Berta ist es egal, ob die Mutti einen Bikini an hat oder einen Badeanzug. Die beschäftigt sich lieber damit, gewisse Wörter auf italienisch zu beherrschen und die Urlauber am Strand auf sich aufmerksam zu machen. Am Abend beim Twisttanzen in der Bar singt sie in perfektem Englisch »Love love me do, you know I love you, I'll always be true, so pleahehehease, love me doho, o o oh love me do» zu den Platten von den Beatles.

Ein Fotograf hat ein Bild von der Berta am Strand geknipst und es in seinem Schaufenster in der Stadt ausgestellt. Darauf bildet sie sich etwas ein. Außer den Fingerhuts sind noch paar jüdische Familien aus Deutschland im Hotel, so daß genug Gesellschaft da ist. Ich habe drei Verehrer, die mich im Meer auf Händen tragen, und in die Berta hat sich ein Typ mit gekräuselten Haaren aus Rosenheim verknallt. Der ist zwar jüdisch, aber sprechen tut er wie ein urechter Bayer. Nach den Sommerferien will er die Berta in München besuchen, und die Mutti träumt schon wieder von einem Schwiegersohn.

Im Hotel ist ein Zimmer frei geworden. Der Papa soll ankommen. »Was macht ihr solche Gesichter?« will die Mutti wissen. »Ach, Mutti, du weißt schon, der Papa verdirbt uns alles.« »Regst dich schon auf, Berta? Gott im Himmel. Wenn nicht der Papa, dann wären wir überhaupt nicht auf so einem schönen Platz. Wie könnt ihr nur so undankbar sein!«

Wenn die Berta der Mutti auf die Nerven geht, entsteht im Lauf des Wortwechsels aus dem »du« ein »ihr«, und ich werde eine Mitschuldige. »Was tut euch denn der Vater?« will die Tante wissen. »Oj, was seid ihr nur für Kinder«, klagt die Mutti. »Ihr solltet nur mal sehen, was für goldene Kinder die Tante hat und wie sie ihren Vater behandeln. Was heißt behandeln, sie vergöttern ihn. Und jetzt stehen sie im Geschäft und führen den Haushalt und schuften den ganzen Sommer, und ihr habt schönen Urlaub und seid nicht mal dankbar dafür. Zu sowas hab ich Kinder gehabt. Oj, laß mich schon.«

»Also Mutti, tu doch nicht so«, die Berta schaut mich hilfesuchend an. »Was können denn wir dafür, wenn sich der Papa wegen jedem Dreck aufregt?« »Dann sollt ihr ihn nicht aufregen. Beherrsch dich mit deinem Pysk und brauchst nicht heulen wegen jeder Kleinigkeit.«

Als der Papa ankommt, tun wir so, als ob wir uns freuen, aber ich weiß, daß er merkt, daß wir uns gar nicht freuen, und er tut mir schon wieder leid deswegen. Der Arme, er will ja nur, daß wir ihn küssen und umarmen und lieb haben, aber wir haben Angst vor ihm, die Friede am meisten, und der Papa ist unglücklich darüber. Wegen dem Papa müssen wir uns die Badeanzüge ausziehen, sobald wir vom Wasser rauskommen, damit wir unsere Blasen nicht erkälten. Bei der Mahlzeit soll Ruhe herrschen und nach dem Essen müssen wir mindestens eine Stunde warten, bis wir wieder zum Strand gehen können, damit der Magen sich nicht überarbeitet. »Dein Vater ist ganz schön streng«, finden der Leo und die anderen und der Freund aus Rosenheim.

Für die Tante hat der Papa gute Nachrichten mitgebracht. Ihre Gesundheitsschadenrente wird erledigt sein, wenn sie von Italien zurückkommt, so daß sie im September zurück nach Kanada fahren kann.

9.

Etwas Schreckliches ist passiert. Im Speisesaal wird aufgeregt geflüstert, auf der Terrasse herrscht ein beklommenes Schweigen und am Strand brüllen die Zeitungsverkäufer »Il Morte» und »Marilyn Monroe» und stapfen durch den Sand von einem Liegestuhl zum anderen und haben selten so viele Zeitungen verkauft. Wie ist sowas möglich? Die Marilyn Monroe kann doch nicht tot sein.

Der Papa geht in die Stadt und holt sich eine deutsche Zeitung und auf der ersten Seite steht in riesigen schwarzen Buchstaben »Marilyn Monroe Selbstmord«. Der Papa schüttelt den Kopf,«sie hat sich umgebracht mit Schlaftabletten.«
»Stell dir vor«, sagt der Papa, »sie war sogar mit einem Juden verheiratet. Ein Bühnenautor. Soll hochintelligent sein.«
»Papa, vielleicht war sie unglücklich, weil sie nicht so gescheit war wie er. Sie war doch bloß ein Sex-Symbol.«
»Hier steht, daß sie geschieden war von ihm.«
»Siehst du, Papa, ihr Busen hat ihm nicht gereicht.«
»Da kannst du recht haben, Laura. Schade. Sie war doch einmalig.«

Mir ist der ganze Urlaub verdorben. Ich kann es kaum erwarten, nach Hause zu fahren und operiert zu werden. Meine drei Verehrer haben versprochen, mich im Krankenhaus zu besuchen.

Zurück in München hat der Papa viel mit der Tante Ida zu erledigen, die sich freut, daß sie bald nach Hause fahren kann, aber zugleich traurig ist, daß sie uns verlassen wird. Noch nie im Leben hat sie es so schön gehabt, versichert sie uns, und daß sie dem Papa und der Mutti stets dankbar sein wird, und daß sie sich freuen wird, wenn ich in zwei Jahren nach Kanada komme, und alles dazu tun wird, damit ich auswandern kann. Weg von Deutschland. Es wird tatsächlich so kommen, daß ich in ein fremdes Land gehen werde. Bis jetzt war das etwas, das weit in der Zukunft lag, auf einmal rückt es ganz nahe. Die Tante ist da, in zwei Jahren werde ich bei ihr sein, in Kanada, weit weg. Es wird zur Wirklichkeit, daß ich fort muß, und eigentlich möchte ich gar nicht weg.

Die Berta überragt mich um einen Kopf, und jeder bewundert ihre Größe, als ob ihr Wachstum eine persönliche Leistung wäre, während ich mich mit der Bezeichnung »Die kleine Mollige« abfinden muß. »Wirst noch wachsen«, tröstet mich der Papa, »hast noch Zeit. Mach dir keine Sorgen. Nur soviel belegte Brote sollst du nicht essen, sonst wirst du dick.«

Zwischen meinen Beinen hat sich aus den allerersten borstigen Haaren ein dichter Urwald entwickelt, und unter den Armen habe ich ein Büschel Haare, aber die Periode läßt auf sich warten. Die Mutti sagt, besser später als früher, wer braucht das? Aber sollte die Berta ihre vor mir bekommen, überlebe ich es nicht.

Der Papa macht sich große Sorgen wegen meiner Augenoperation, weil er überzeugt ist, daß man sich nur von Professoren operieren lassen soll, und schließlich ist der Herr Dr. Neuhann kein Professor. Aber trotz aller Einwände vom Papa, kommt der Tag, an dem ich mich in ängstlicher Erwartung mit meinen zwei neuen geblümten Schweizer Battistnachthemden von Peter Palmers im Rotkreuz-Krankenhaus einfinde.

Nach der Schönheitsoperation stehen sie alle an meinem Bett in der halbprivaten Station, die Mutti, die Berta, die Friede, der Papa und die Tante Ida, und weinen sich aus wegen meinen verbundenen Augen und weil die Tante wegfahren muß.

Am Abend macht der Herr Dr. Neuhann seine Visite und sitzt am Rand von meinem Bett und hält meine Hand und entschuldigt sich, daß er mir eine Spritze in den Augapfel reingehauen hat. Am nächsten Vormittag löst er den Verband und untersucht mein Auge von einer Nähe, die mir das Atmen erschwert. Nach ein paar Tagen drückt er mir einen Spiegel in die Hand, und sofort weiß ich, daß die Operation schief gegangen ist. Mein rechtes Auge schwebt in der äußeren oberen Ecke vom Augapfel.

Der Herr Dr. Neuhann erklärt mir, daß es ihm nicht möglich war, alle vier Muskeln zu verkürzen und es einer zweiten Operation bedürfe, um den Fehler zu korrigieren. Vor sechs Monaten kann er das nicht tun, und mir scheint es wie eine Unendlichkeit bis dahin. Der Papa sagt, wir hätten zu einem Professor gehen sollen, und regt sich auf und macht der Mutti Vorwürfe.

10.

Wegen der Operation und den darauffolgenden jüdischen Feiertagen habe ich einiges in der Schule versäumt. Dort redet niemand von meinem Froschauge und alle tun so, als ob nichts los wär.

Mein Stundenplan mit Nachhilfeunterricht und Französisch ist derart überfüllt, daß kein Nachmittag für den jüdischen Religionsunterricht frei ist.

Wenn ich von der Schule spät nach Hause komme, hat die Mutti längst das Geschirr vom Mittagessen abgespült und ist in die Stadt gefahren. Im Eßzimmer wartet die Friede auf mich, damit ich ihr bei den Rechenhausaufgaben helfe. Wenn ich ihr das Einmaleins nicht beibringe, dann macht es der Papa und der ist schnell zum Schreien und Schlagen bereit, wenn sich die Friede schwer tut.

Ich habe gemerkt, daß der Papa es respektiert, wenn ich mir nichts gefallen lasse, und stelle ich mich zwischen ihn und die Friede, dann lacht er nur und dreht sich um und geht weg.

Die Friede ist so dankbar, daß sie mir für ein Zehnerl Belohnung eine Tüte Himbeerguttel oder Malzbonbons einkauft, wenn ich in ein Buch vertieft bin. Die Berta hat kein Geld, weil sie nichts tut im Haus oder in der Schule, was ihr paar Mark einbringen würde. Von mir bekommt sie kein einziges Bonbon, wenn sie mit Micky Maus-Heften im Bett faulenzt anstatt ihre Hausaufgaben zu machen. Deshalb gibt es fast täglich Streitereien.

Am Nachmittag schreit die Berta, daß ich ein Geizhals bin, und am Abend verlangt sie, daß ich sie die Lösungen der Textaufgaben und Teile meiner Aufsätze von meinen alten Schulheften der achten Klasse abschreiben lasse.

»Laura, bitte, hilf ihr doch«, plagt mich die Mutti.

»Mutti, der Herr Ludewig merkt es doch, daß sie es nicht allein gemacht hat.«

»Mei bist du gemein. Sowas Gemeines wie du«, heult die Berta, »ich hasse dich.«

»Jetzt helf ich dir erst recht nicht.«

»Du blöde Kuh. Angeberin.«

»Laura, ich fleh dich an. Laß Ruhe sein. Ich kann es nicht aushalten.«

»Mutti. Ich helfe ihr einen Dreck. Sie soll ihre Hausaufgaben selber machen. Ich bin doch nicht für sie verantwortlich.«

Letztens hat sich das Fräulein Wimmer von der Borstei-Verwaltung wieder mal über die Berta bei der Mutti beschwert, weil die Berta einer Frau auf der Dachauerstraße die Mütze vom Kopf gerissen hat.

»Ich bitte Sie, Frau Stöger, wie soll denn das weitergehen?«
Die Mutti hat zum Fräulein Wimmer gesagt, daß ihr ein strenges Internat in der Schweiz empfohlen worden ist, und der Berta hat sie prophezeit, daß es ihr finster sein wird im Leben.

11.

An einem Abend im November schreit die Berta um Hilfe am Klo, und nachdem die Mutti ihr Beistand geleistet hat, kommt sie aus dem Badezimmer und verkündet, daß die Berta ihre Periode bekommen hat.

Als die Berta mit verweinten Augen im Gang erscheint und sich mit vielen »Auas« und beiden Händen den Bauch hält, schleiche ich mich ins Badezimmer, mache die Türe zu, ziehe ein Stückchen Watte aus der Packung im Medizinschrank, stopfe es in die Unterhosen, und gehe zur Mutti in die Küche, wo die Berta am Tisch weint, und ich flüstere in ihr Ohr, daß ich's auch hab und daß ich schon weiß, was ich machen muß.

»Siehst du, Berta, die Laura hat auch ihre Periode. Aber die führt sich nicht so auf wie du. Sie geht ins Badezimmer, nimmt die Watte raus, und fertig. Und du, du stellst dich an wie ein kleines Kind, daß ich dir sogar noch die Watte in die Hosen reinlegen muß, ein unbetamtes Schlamassel. Oj. Nimm dir nur ein Beispiel an der Laura.«

»Ja, ja, ich weiß schon. Die Laura kann alles und ich bin unbetamt. Laßts mich doch in Ruh.«

Einen Monat später fahre ich in der Pause von der Schule mit blutigen Unterhosen nach Hause, schlucke Thomapyrin, und frage mich, warum ich die Berta beneidet habe.

Der Papa sagt, gesund bleiben wird man im Winter nur, wenn man viel Jaffa-Grapefrucht ißt, und gleich kommt er mit einer Kiste voll nach Hause. Leider ist die Grapefrucht ziemlich sauer, so daß man Zucker drüber streuen muß, um sie zu geniesen, und wenn die Berta ein bißchen Zucker verschüttet, schreit sie der Papa an, daß sie zwei linke Hände hat und unbetamt ist, und knallt ihr eine rein. Da schmiert sie sich lieber Marmelade auf zwei Scheiben Brot, drückt sie zusammen, und verschwindet aus der Wohnung.

12.

Die Mutti hat mir mein erstes Paar Stöckelschuhe gekauft, und ein rosarotes ärmelloses Abendkleid wird bei der Schneiderin genäht, weil ich dieses Jahr zum erstenmal auf einen Hanukkah-Ball im Bayerischen Hof gehen darf. Wenn ich allein zu Hause bin, übe ich das Stöckelschuhstolzieren, damit ich auf dem Ball nicht rumwackeln werde wie eine Gans. Nach etlichen hundert Malen mit dem Lexikon auf dem Kopf im Gang auf und ab, gehe ich wie ein Mannequin auf dem Laufsteg, aber draußen auf dem Pflasterstein ist es nicht so leicht wie auf dem Linoleumläufer, und auf dem Kopfsteinpflaster und Ziegelsteinweg bleiben die Stöckel in den Spalten stecken, und ist man erst aus den Schuhen rausgeflogen und in Nylonstrümpfen weitergestolpert, eilt man zurück, hofft, daß es keiner gesehen hat, und versucht, die Stöckel mit beiden Händen aus ihrer Einklemmung zu reißen. Da sind schon etliche Absätze abgebrochen. Wenn mir nur keiner in den Straßenbahnschienen stecken bleibt. Da muß man den Schuh gleich liegen lassen und sich in Sicherheit bringen.

Auf dem Ball tanzt niemand mit mir außer dem Papa, aber schön ist es, mit lackierten Fingernägeln zwischen der Frau Fingerhut und der Mutti am Tisch zu sitzen und sie beim Champagnertrinken und Zigarettenrauchen zu beobachten.

Mein Halbjahrzeugnis hat mir einen Fünfer in der Buchführung eingebracht und so kommt es, daß ich zwei Stunden in der Woche für den Nachhilfeunterricht opfern muß. Trotz dem Fünfer, hat der Papa mir 60 Mark gegeben, damit ich mir im Kaufhof den heißbegehrten grünen Anorak mit einer Pelzkapuze kaufen kann, genau so einen wie ihn die Christine zu Weihnachten bekommen hat, aber ihr steht er besser, weil sie dünn ist.

Ich lebe in Stöckelschuhen. Enge Cordsamtröcke, Rollkragenpullis und darüber Schipullover, Stöckel und schwarze Strumpfhosen sind der letzte Schrei. Mit den Strumpfhosen ist das Problem des Strumpfhaltertragens gelöst. Kein häßliches Ziehharmonikamuster vom Strumpfhaltergummizug auf dem Hinterteil, und keine Kreise und Dullen von Strapsknöpfen und Strapshäkchen auf der Schenkelhaut.

Die Christine hat mich zu einem Faschingstanz in einem Keller eingeladen. Dort rauche ich meine erste Zigarette, inkognito als Indianerin in einem knielangen Leinwandsack, mit brauner Schminke auf dem Gesicht und einer Feder auf dem Kopf. Die luftdichte Bräune wische ich erst drei Tage später, als mir schlecht ist, mit Watte und einem Hilfsmittel von der Drogerie von der Haut ab, aber das Päckchen Zigaretten habe ich gleich unter meinen Strümpfen in der untersten Schublade vom Toilettentisch verstaut.

13.

Der Papa sagt, er hat gut verdient in Freising, so daß es ihm möglich ist, anderen, die es nötig haben, zu helfen, ihre Rente zu erledigen. Er führt diese Menschen zum Rechtsanwalt, zum Arzt, hilft ihnen mit dem Ausfüllen von Formularen, und macht es ihnen leichter, damit alles, wie er sagt, ruckzuck erledigt wird, und damit sie so schnell wie möglich nach Hause fahren können.

Oft bringt der Papa am Abend die Kunden vom Ausland zu uns in die Wohnung. Wer nicht raucht, darf im Eßzimmer sitzen, aber die meisten KZler rauchen und müssen in die Küche. Bei diesen Gelegenheiten soll ich so gut sein und meine Stenografiekenntnisse dazu benützen, die körperlichen und seelischen Leiden von diesen Menschen aufzuschreiben und später mit drei Durchschlägen abzutippen, damit er etwas Schriftliches in der Hand hat.

Manche reden von Durchfall, von Blut im Stuhl und im Urin, und ich darf nicht reagieren, muß aufnotieren wie ein Roboter. Viele haben Nierenleiden von den Schlägen, die sie im Lager bekamen. Die KZler fürchten sich vor der Nacht. Sie haben Albträume. Sie wachen schweißgebadet auf. Sie haben Angstzustände. Und alle sind nervös, so wie die Mutti und der Papa.

Wenn ich mit dem Stenografieren fertig bin, tippe ich an meinem Schreibtisch den Bericht mit Personalien und der Bundesentschädigungsgesetznummer auf der Maschine ab. Nur keinen Fehler machen, denn schlimmer noch als Durchfall und blutiger Urin ist das Radieren, wenn man zwischen vier weißen Blättern drei schwarze Kohlepapiere in der Schreibmaschine stecken hat.

Bei einem Gläschen Schnaps in der Küche oder im Eßzimmer werden die KZler lebhaft im Gespräch, so daß ich nicht umhin kann, einiges davon mitanzuhören. Es dreht sich stets um dasselbe: Wann man ausgesiedelt worden ist, in welchem Lager man war, wie lange, wen man verloren hat, von wem man befreit worden ist und wie Juden heutzutage noch in Deutschland leben können. Das klingt wie ein Vorwurf, und zur Verteidigung sagen die Mutti und der Papa, daß sie ihre Kinder ins Ausland schicken werden, die Laura schon bald, und zwar nach Kanada. Das findet man gescheit, die Kinder soll man nur wegschicken, und mir klopft dabei das Herz bis in den Hals und runter in die Hosen.

Oft behaupten die Kunden, daß der Papa sich benimmt wie ein ganzer Jecke, weil er schon so lange in Deutschland lebt und richtig pedantisch ist, und der Papa lacht nur und fragt, seit wann es eine Sünde ist, ordnungsliebend zu sein. Übrigens gibt es auch anständige Deutsche, betont der Papa, und, nein, sagen die Kunden vom KZ, verbrannt sollen sie alle werden, so wie sie die Juden verbrannt haben.

Für meine Schreiberei bekomme ich ein Fünfmarkstück, aber die Erleichterung nach der Mühe ist mehr wert als das Geld.

14.

In der Riemerschmid ist während der Pause ein Mädchen mit langen gekräuselten Haaren auf mich zugekommen und hat sich mit leiser Stimme als Trixi Künstler vorgestellt. Es wäre schön, sagt sie, wenn wir uns mal treffen könnten, und reicht mir einen Zettel mit ihrer Telefonnummer. Eine jüdische Freundin hatte ich bis jetzt noch nicht und das einzige, was zu dieser Verbindung führt, ist eben die Tatsache, daß wir beide jüdisch sind.

Leicht ist es nicht, mit der Trixi auszukommen. Ihr Wesen ist derart zurückhaltend, daß ich ihr jedes Wort aus der Nase ziehen muß. Ein paarmal gehen wir ins Kino und anschließend in ein Café, wo ich Gesprächsstoff finden muß, wenn mich die Trixi mit traurigen Augen anblickt.

»Trixi, wieso habe ich dich eigentlich nie in der Reichenbach-Synagoge gesehen?«
»Ach, mein Vati geht da nicht hin.«
»Ach so.«
»Wir leben ziemlich abgesondert, weißt du.«

Sie erzählt mir, daß sie nach Abschluß der Riemerschmid dieses Jahr in die Journalistenschule in der Nähe vom Lenbachplatz eintreten möchte, wenn es ihr Vater erlaubt. »Und was sagt deine Mutter dazu? Du sprichst ja nur von deinem Vater.«
»Ach, meine Mutti, die ist krank, mit der kann ich überhaupt nicht sprechen.«
Ich habe Angst, sie mehr zu fragen, aber sie fährt fort:
»Meine Mutti ist in einer Heilanstalt, schon ewig, seit ich klein war. Ich habe nur meinen Vati. Meine Mutter kenne ich eigentlich nicht.« Ein beklommenes Schweigen folgt.
»Ist dein Vater streng?«
»Ja, eigentlich schon.«
»Da hast du noch Glück, daß du gut in der Schule bist.«

Sie will mir helfen mit der Buchführung und ich lade sie nach Hause ein. Die Mutti und der Papa freuen sich, daß eine jüdische Freundin zu mir gekommen ist und sind nett zur Trixi und fragen, wie es dem Vater geht. Anscheinend wissen sie Bescheid über ihre Mutter. Die Trixi schaut sich meine Bücher vom Bertelsmann Lesering an und wir blättern in den alten Filmprogrammen, die ich gesammelt habe, und es ist nicht so langweilig wie sonst, wenn wir uns treffen.

Als die Trixi nach Hause gefahren ist, frage ich die Mutti, ob sie weiß, was mit der Mutter von der Trixi los ist.

»Das ist eine traurige Geschichte«, sagt die Mutti. »Sie ist in einer Irrenanstalt, schon lange.«
»Du meinst in einer Heilanstalt, oder?«
»Hat die Trixi es so genannt? Gut. Es ist ein Sanatorium für Nervenkranke. Ihre Mutter war im Lager, und später hat sie den Verstand verloren.«
»Mutti, das ist ja furchtbar, die ärmste Trixi.«
»Ist es ein Wunder? Es ist gut, daß du mit ihr befreundet bist, Laura. Sie hat doch niemanden. Wirklich. Sie ist zum Bedauern.«

15.

Der Papa hat mir meine letzte Watsche gegeben wegen einer Kugel Erdbeereis. Zuerst, als ich am Nachmittag vom Café in die Wohnung kam, hat er geschrien »Kein Eis im April« und dann hat er mir so eine geschmiert, daß das Eis durch die Küche segelte, ins Spülbecken platschte und zerrann. Mit geschwollener Backe sitze ich auf dem Klodeckel im Badezimmer und alles was ich rausbringe ist ein Strom von Ich-hasse-dichs. Außer meinem hörbaren Leid tut sich kein Mucks in der Wohnung bis die Mutti nach Hause kommt, und da reiße ich mich zusammen und gehe zurück in die Küche.

»Heute war das letztemal, Papa, daß du mich geschlagen hast. Ich werde 16 Jahre alt. Alt genug, mir ein Eis zu kaufen, wann ich will. Wage es nicht, mich noch einmal anzurühren, und bis du dich entschuldigst, rede ich kein Wort mit dir.«
Der Papa schaut mich stumm an. Kaum habe ich die Küchentür hinter mir geschlossen, höre ich wie die Mutti mit unterdrückter Stimme sagt, »Majer, Majer, sie hat doch recht. Was schlagst du so schnell?«

Am Abend entschuldigt sich der Papa bei mir, und ich weiß, daß er es bereut hat und daß es ihm leid tut, aber ich muß mich trotzdem versichern. »Versprichst du es, Papa, daß du mich nie mehr im Leben schlagen wirst? Versprichst du es? Du schwörst es? Bestimmt? Du meinst es. Ganz ehrlich. Wenn du es nämlich wieder tust, dann glaube ich dir kein Wort mehr. Also, du wirst mich nie mehr schlagen. Nie mehr im Leben.«

16.

Zum 16. Geburtstag habe ich ein neues Auge bekommen. Zwar hatte der Herr Dr. Neuhann mir in Bezug auf die Spritze nicht die Wahrheit gesagt, aber er hatte recht, als er behauptete, ich hätte mich aus Angst vor der Nadel sonst nicht operieren lassen, und er war ausschließlich darauf bedacht, meine Schönheit wiederherzustellen.

Kurz vor meiner Entlassung vom Krankenhaus, erscheint ein Geistlicher in meinem Zimmer und will mit mir beten. »Ich kann mit Ihnen nicht beten, wissen Sie«, es ist mir sehr peinlich, »ich bin nämlich jüdisch.«
»Nun, wir Menschenkinder sind doch alle Schäflein auf Gottes großer Weide, nicht wahr? Ich bin zwar kein Rabbiner, aber Gott hört jedes Gebet.« Er faltet die Hände, »laß uns beten« und murmelt leise, und ich bin froh, als er weggeht, weil mir das Beten unangenehm ist.

Ich bete nur, wenn ich in einer ganz verzwickten Lage bin oder grade bevor ich eine Probe zurückbekomme. Meine Gebete lauten so: Bitte, bitte, lieber Gott, nur keinen Vierer, alles, nur keinen Vierer. Oder beim Fernsehen: Bitte, bitte, lieber Gott, laß den Papa vor Mitternacht nicht nach Hause kommen, bitte, bitte. Oder so: Bitte, bitte, lieber Gott, mach, daß die Mutti nicht operiert werden muß. Da hilft mir aber das Beten wenig, denn der Frauenarzt hat bei der Mutti ein Myom, so groß wie ein Kinderkopf, in der Gebärmutter festgestellt. Jede Anstrengung macht ihr Beschwerden, und als sie mich im Krankenhaus besuchte, war sie außer Atem vom Treppensteigen und hielt sich den Unterleib vor Schmerzen. Das macht mir viel Sorgen. Anfang Juni soll sie von einem Professor operiert werden.

Mein rechtes Auge ist schön geworden, und gleich, als ich zurück nach Hause komme, stelle ich mich vor den Spiegel am Toilettentisch. Da kommt die Friede in mein Zimmer mit schuldbewußter Miene auf dem Gesicht und der Mutti im Tau, eine Zigarettenschachtel in der erhobenen Hand.

»Kannst mir sagen, Laura, was das bedeuten soll?«
»Was, die Zigaretten?«

»Seit wann rauchst du?«

»Wer hat bei mir in der Schublade rumgestöbert, will ich wissen?«

»Egal wer. Sind das deine Zigaretten?«

»Ja schon, aber ...«

»Kein aber. Rauchst du? Gut. Aber tu es nicht hinter meinem Rükken. Und sag nichts zum Papa davon. Ich werd's ihm schon beibringen.« Danke, lieber Gott, vielen, vielen Dank!

Es scheint, während meiner Abwesenheit hat die Friede die Zigaretten entdeckt, weil die Mutti sie in mein Zimmer geschickt hat, um nach Strumpfhosen zu suchen.

»Hier, nimm dir deine Zigaretten zurück. Kannst sie in den Schreibtisch legen. Niemand wird sie dir wegnehmen.« Die Friede starrt mich mit großem Respekt an, und ich glaube, so dankbar war ich der Mutti noch nie.

17.

Der Papa ist zur Kur nach Bad Füssing gefahren, und nach dem Abendessen sitzen die Mutti und ich in der Küche beim offenen Fenster und rauchen und die Mutti erzählt mir von zu Hause und wir unterhalten uns über Männer und was man mit ihnen machen kann und was verboten ist.

»Eins sollst du dir merken, Laura, wenn du keine Jungfrau bist, hast du nichts zu bieten. Jeder Mann will eine Jungfrau heiraten.«

»Aber die Männer, die müssen's doch mit irgendjemand machen.«

»Die finden schon jemand. Nur dich sollen sie nicht haben. Ein Mädchen muß sauber sein, sonst ist sie gar nichts wert.«

»Also, Mutti, du sagst, ein Mann kann tun was er will, aber ein Mädchen muß rein bleiben.«

»Rein und unschuldig. Ein Mann kann tausende Frauen haben. Das soll dich nichts angehen. Es ist besser sogar, der Mann soll mehr Erfahrung haben als die Frau.«

»Das finde ich so ungerecht. Der Mann kann machen was er will, und dem Mädchen ist alles verboten.«

»Was heißt verboten? Wer sagt, daß alles verboten ist?« Die Mutti lacht. »Du kannst alles machen, alles, nur das nicht.«

»Nur das nicht?«

»Du weißt schon, was ich meine.«

»Alles kann ich machen bis auf das?«
»Kannst dich drücken, kannst dich küssen, kannst alles machen, nur das Allerletzte nicht. Behüte dich davon.«

Das Zigarettenrauchen zu zweit nach dem Abendessen wird zur Gewohnheit. Wenn der Papa nicht zu Hause ist, freut sich die Mutti, daß ihr jemand beim Rauchen Gesellschaft leistet und die Schranken zwischen der Mutti und mir sind viel niedriger geworden. Ich komme mir direkt erwachsen vor und alles, was sie mir sagt, höre ich mir gut an.

Ein Mädchen muß einen guten Ruf haben, sagt die Mutti. Wenn sie sich nur einmal vergißt, dann nennt man sie gleich eine Hure. Und je reiner sich ein Mädchen hält, desto mehr rennen ihr die Jungens nach und versuchen, sie zu verunreinigen. Ich soll rein bleiben, so wie die Mutti. Die Mutti war eine Jungfrau, als sie der Papa geheiratet hat. Das kann mir ein Vorbild sein.

Die Mutti hat eine Kusine namens Peschia in New York. Die Peschia und ihr Mann Fischl haben einen Sohn namens Schmilusch, in meinem Alter, dessen Bild die Mutti auf meinen Nachttisch gestellt hat. Aus Schmilusch ist in Amerika Sam geworden und dieser Sam hat ein Photo von mir zu sehen bekommen und hat sich in mich verliebt. Die Mutti sagt, daß ich vielleicht den mal heiraten kann, denn er ist nur ein zweiter Cousin, das wäre schon in Ordnung. Nur von einem Scheigitz soll ich mich durchlassen, Gott behüte, denn dann habe ich keine Eltern mehr, sagt die Mutti.

Bei den Fingerhuts ist ein dicker jüdischer Marvin aus Chicago auf Besuch. Der hat sich auch in mich verliebt und die Mutti sagt, es macht nichts, daß er dick ist, dafür ist er höflich und so sauber, daß er glänzt, und was ist die Ehe schon mehr als eine Gewohnheitssache. Die Hauptsache ist, ein Mann bietet einer Frau ein gutes Leben, das andere kommt nach. Was ist schon das bißchen Drücken und Rumschmusen. Davon kann man schließlich nicht essen. Hat man es gut in der Ehe, dann liebt man den Mann. Ich kann mir das nicht so genau vorstellen. In den Liebesromanen steht es ganz anders.

Die Berta sagt, sie wird keinen Dicken küssen oder irgend jemand, der sie anekelt, da kann er noch so viel Geld haben. Die Berta hat angefangen, Röcke zu tragen, und wäscht sich mit mehr als zwei

Tropfen Wasser am Morgen, weil sie auf jemanden spinnt, und wir sollen bloß unseren Mund halten und so tun, als ob dieser Mensch gar nicht existiert.

Sie steht immer vor dem Toilettenspiegel im Kinderzimmer mit einem Zeigefinger auf dem Nasenrücken, um zu sehen wie ihr eine grade Nase stehen würde. Ein Bub im Schulhof hat verkündet, daß die Berta eine Judennase hat.

»Warum hab ausgerechnet ich alle schlechten Sachen vom Papa geerbt? Ist sowas gerecht? Wieso hat die Laura nichts vom Papa bekommen? Wieso nur ich?«

»Red keinen Schmarrn, Berta.« Die Mutti schüttelt den Kopf.

»Wieso Schmarrn? Schau mich doch mal an!« Die Berta heult und stampft mit dem Fuß. »Die Laura, die hat alles von dir, und ich? Ich hab das Schlimmste vom Papa.«

»Was hast du? Die Nase? Die paßt doch zu dir. Ohne die Nase wär dein Gesicht nicht interessant.«

»Du hast gut reden, Mutti. Weil deine Nase schnurgerade ist. Warum hab ich nicht deine Nase bekommen? Die Laura mit ihrem Puppengesicht. Die hat deine Nase und deine Augen, und ich hab eine Hakennase und ausgelatschte Bieraugen. Ist sowas gerecht?«

»Was heißt hier gerecht? Du sollst zufrieden sein mit dem was du hast. Bist schlank, hast eine tolle Figur, hast herrliche Haare, was willst du noch mehr? Wer schaut schon auf die Nase? Geh doch, Berta.«

»Berta! Einen häßlichen Namen hab ich auch. Warum habts ihr mich Berta genannt? Sowas Scheußliches.«

»Du versündigst dich, Berta. Der Name ist von meiner gottseligen Mutter.«

»Jetzt heul bloß nicht, Mutti. Was kann denn ich dafür, daß deine Mutter so geheißen hat? Ihr hätts mich doch Bärbel nennen können, oder?«

»Oj, Berta.«

»Dicke Henne Berta rufen sie mich.«

»Aber du bist doch nicht dick.«

»Ist doch egal. Sie rufen's mich trotzdem. Dicke Henne Berta! Dicke Henne Berta! Und jetzt schau meine Nase an, schau doch mal. Jetzt ist sie rot,« schreit die Berta, »weil ich geheult hab. Schau mich doch an, wie häßlich ich bin!«

»Oj, Berta, laß mich.«
»Ist doch wahr!«

Die Berta ist überzeugt davon, daß sie ein Junge hätte werden sollen. Dann hätte der Papa sie lieber und würde ihr nicht andauernd eine runterhauen, und dann wäre es auch nicht so schlimm mit der Nase. Sie denkt, daß der Papa enttäuscht war, als sie auf die Welt kam, weil er auf einen Jungen gehofft hat. Und sie glaubt, daß der Papa deshalb immer seine Wut an ihr ausläßt.

Als der Papa von seiner Kur gut erholt zurückkehrt, wird die Mutti operiert und bald darauf kommt sie in eine Privatklinik zur Genesung. Dort liegt sie in einem kleinen hellen Zimmer, wo der Dunst von Schweiß und Krankheit schwer im Raum hängt. Die Mutti ist schwach und erholt sich nur sehr langsam. Ich sitze jeden Nachmittag bei ihr im Zimmer, bis der Papa kommt und mich ablöst.

Für die Christine und die Trixi und meine anderen Freunde habe ich keine Zeit, kaum, daß ich meine Hausaufgaben erledigen kann, denn ich muß einkaufen und Essen vorbereiten und die Friede vorm Papa beschützen; ich habe alle Hände voll zu tun, so daß ich am Abend todmüde ins Bett falle.

Der Papa frißt sich auf vor Verdruß, weil die Friede so viel Angst vor ihm hat. Er sagt, er weiß sich nicht zu helfen mit ihr, und was ist schon dabei, wenn er ab und zu die Hand zu ihr aufhebt. Die Mutti fragt nach der Berta, aber die Berta kommt sogar am Sonntag, wenn ich die Friede mitnehme, nicht mit ins Krankenhaus auf Besuch. Die Mutti hat gesagt, daß für die Berta im September ein Platz in einem Internat in Montreux in der Schweiz reserviert ist, und hoffentlich wird man sie dort ändern.
Von der Privatklinik fährt der Papa die Mutti direkt nach Bad Wiessee in eine Pension am Sonnenbichl, damit sie sich besser erholen kann.
Mittlerweile habe ich mein Zeugnis mit drei Vierern in Buchführung, Geschichte und Erdkunde bekommen. Wieso die Frau Kuithan geschrieben hat, Laura arbeitete mit großem Fleiß, ist mir ein Rätsel, das Bekenntnis zum israelitischen Glauben ist auf diesem Zeugnis nicht mehr erwähnt. Endlich!

18.

Am ersten Sonntag in den Sommerferien ziehen wir uns alle drei
schön an und fahren nach Bad Wiessee, die Mutti besuchen. Als wir
am Sonnenbichl vom Auto aussteigen, tritt die Friede erstmal gleich
in eine Pfütze, worauf der Papa sie anbrüllt und ihr eine ins Gesicht
knallt. Alles ist verdorben. Die Friede hat ein geschwollenes Gesicht
und ist untröstlich. Ich hasse den Papa vor Wut. Ich hasse ihn, ich
hasse ihn, ich hasse ihn. Die Berta hat selber Angst, und die Mutti
jammert, »Zu sowas kommst du her und bringst mir die Kinder?
Daß ich mich aufregen soll? Wozu brauch ich das? Ich bin herge-
kommen zur Erholung, nicht zur Aufregung. Oj. Hab ich nicht
genug gelitten in meinem Leben? Laß mich doch in Ruh.«

Lange bleiben wir nicht am Sonnenbichl. Das Mittagessen schmeckt
nicht, und auf der Heimfahrt wird kein Wort gesprochen. Nur eins
sagt der Papa, »Merkt euch Kinder, von zu Hause wird nichts
erzählt.«

Als die Mutti endlich wieder daheim ist, packen wir die Koffer und
es geht im Zugabteil erster Klasse nach Italien, ohne den Papa, Gott
sei Dank.
Im Hotel Arcadia ist der Direktion ein Fehler unterlaufen und es ist
kein Platz da für uns. Aber wir haben Glück, denn der hiesige ehemalige Oberkellner und seine Frau haben das neue moderne Hotel
Silver, nur zwei Viales vom Strand entfernt, etwas südlich vom
Hotel Arcadia eröffnet, und dort sind zwei Zimmer im fünften
Stock mit schöner Aussicht frei und einen Aufzug hat es auch, so
daß die Mutti keine Treppen steigen muß.

Ich bin glücklich, sobald ich nur einen Glimmer vom Meer sehe
und die Berta ist auch zufrieden. Die Mutti ist nicht begeistert,
denn sie vermißt ihre Gesellschaft vom Hotel Arcadia. Ein
Spaziergang vom Hotel Silver zum Hotel Arcadia dauert eine halbe
Stunde. Dort sitzen die Bekannten und Freunde vom vorigen Jahr
beim Kartenspiel im Garten, als wir am ersten Abend vorbeikommen. Die Mutti bittet den Hotelbesitzer, ihr sofort Bescheid zu
geben, wenn etwas frei wird.

Am nächsten Tag beim Mittagessen im Hotel Silver stößt mich die
Mutti mit dem Ellenbogen an. »Schau mal, Laura. Das nenne ich

einen tollen Mann.« Drei Leute stehen beim Eingang vom Speisesaal, eine winzige Dame mit einem schwarzen Knoten im Nacken, ein großer graumelierter Herr, welchen die Mutti einen tollen Mann genannt hat, und zwischen den beiden die Verkörperung eines griechischen Gottes, das Bild einer perfekten Schönheit, der Sohn dieses Paares, wie ich annehme, vielleicht 18 Jahre, mehr kann er nicht sein.

Die Berta und ich haben unsere Gabeln niedergelegt und starren wie hypnotisiert. Uns schräg gegenüber ist ein Tisch für drei Personen gedeckt, und an diesen wird die Familie vom Oberkellner geführt. Wenn ich die Erscheinung dieser Vollkommenheit in weißen Shortshosen und dunkelblauem Baumwollhemd bei jeder Mahlzeit bewundern kann, so bin ich sehr froh, daß im Hotel Arcadia kein Platz für uns ist. »Das sind bestimmt Franzosen«, sagt die Mutti, »Vater, Mutter und Sohn, das sieht man gleich« und »starrts nicht so viel.« »Mutti, Mutti, er hat zu uns rübergeschaut, ich glaub, ich fall in Ohnmacht.« Die Mutti lacht. »Oj, seids ihr noch kindisch.«

Die Schönheit und seine Eltern trinken Wein zum Essen anstatt Sprudelwasser und alle drei haben die feinsten Manieren. Als sie nach der Mahlzeit weggehen, wird es trübe und düster im Speisesaal, obwohl draußen die Sonne vom blauen Himmel lacht. Am Nachmittag sehe ich sie nicht am Strand, aber zum Abendessen finden sie sich wieder ein und inzwischen ist der Unbekannte noch schöner geworden, als er zur Mittagszeit war. Der Berta hat sich während des Tages eine vierzehnjährige, sommersprossige Schweizerin angeschlossen, die im selben Hotel wohnt wie wir. Gemeinsam beschließen die zwei, sich im Hotel rumzutreiben und dem Schönen aufzulauern. Ohne Erfolg. Nach dem Abendessen ist er nirgends zu finden.

Die Berta schläft lange am Morgen, aber ich habe mir dieses Jahr einen Wecker mitgebracht, damit ich den Sonnenaufgang nicht versäume, so wie im vorigen Sommer. Und als ich um fünf Uhr früh ein bißchen verschlafen im Korridor vom 5. Stock auf italienischen Holzstöckeln stehe, da öffnet sich vor mir der Lift und drinnen warten die Schönheit und seine Eltern, daß ich einsteige, und alles was ich stammeln kann, sind paar Bon Giornos. Die kleine Dame öffnet den Mund zum Sprechen, und ein perfektes akzentloses Deutsch kommt raus.

»Sie sind auch eine Frühaufsteherin, nicht wahr?« Sie nennt mich
Sie. »Wir schwimmen täglich beim Sonnenaufgang.«
»Das ist aber ein Zufall, ich auch.« Ich weiß nicht, was ich sonst
noch sagen soll. Ich kann nur an die schlafende Berta denken, die
dieses Erlebnis verpaßt hat.

Der Schöne heißt Patrick Chiché und er wohnt in Vevey. Als er noch
den Mund auftut und deutsch spricht, mit einem französischen Akzent, ist alles aus. Die Mutter erzählt, sie ist eine urbürtige Deutsche,
durch die Liebe und Ehe zum Monsieur Chiché in die französische
Schweiz verpflanzt, wo sie gern zu Hause ist, aber jede Gelegenheit
ausnützt, deutsch zu sprechen, so wie jetzt mit mir. Patrick soll im
September nach Toronto, um dort Architektur zu studieren.

Wir sind am Strand angekommen und sie laden mich ein, zusammen mit ihnen zu schwimmen, neben Patrick im glitzernden Sonnenaufgang in der Adria. Später verabreden wir uns alle für den
nächsten Morgen um dieselbe Zeit. Seine Mutter nennt es ein Stell-
dichein.

Die Berta, als ich ihr von meinem morgendlichen Erlebnis berichte,
sagt, »Mei, hast du ein Glück«, daß aber nichts auf der Welt sie um
fünf Uhr früh aus dem Bett bringen würde. Ihr Respekt für mich
wächst, als beim Mittagessen die ganze dreiköpfige Familie Chiché
zu uns an den Tisch kommt und mich begrüßt wie eine alte
Bekannte. Die Mutter vom Patrick gratuliert der Mutti zu ihrem
reizenden Dreimäderlhaus und es wird viel hin- und hergelächelt.
Am Nachmittag am Strand schlendert der Patrick zu unserem
Schirm und läßt sich auf meinem karierten Badetuch nieder, so
nahe, daß Härchen sich berühren. Da schaut mich die Berta mit
noch größerem Respekt an als vorher beim Mittagessen.

Der Patrick will zurück ins Hotel, er hat etwas vergessen auf dem
Zimmer, ob ich ihn begleiten will, ja, ich will, und im Aufzug nach
oben legt er seinen Mund auf den meinen und ich bekomme meinen
ersten tiefen Zungenkuß. Vielleicht muß ich noch lernen, wie man
sowas macht, denn nur die Lippen auseinanderzuspreizen und mit
der Zunge im Mund zu wühlen ist nicht das, was ich mir unter
einem Kuß vorgestellt hatte.

Beim Runterfahren bekomme ich meinen zweiten Kuß, und der ist
wenig besser als der erste.

Hand in Hand spazieren wir zum Schirm am Strand zurück, wo sich die Frau Fingerhut eingefunden hat. Im Hotel Arcadia ist ein Doppelzimmer frei geworden. Morgen kann die Mutti mit der Friede umziehen. Die Mutti sagt, sie wird einmal in der Woche zur Kontrolle herkommen, um nachzusehen, daß die Berta ihre Shortshosen, Pullis und Unterhosen vom Stuhl aufgehoben hat, damit keine Schlamperei herrscht.

Die Frau Fingerhut und die Mutti sprechen in Polnisch über mich, und was da los ist, will die Frau Fingerhut wissen. Nichts, sagt die Mutti, ist los, was soll schon los sein?

Nach dem Mittagessen am folgenden Tag, als die Mutti schon fort ist, will der Patrick mir seine Briefmarkensammlung auf seinem Zimmer zeigen. Er hat außer seinen weißgestärkten Shortshosen und Hemden in allen Farben vier lederne Alben voller Briefmarken nach Italien mitgeschleppt. Lange beschäftigen wir uns aber nicht damit. Ihn interessiert mein Busen viel mehr als die Briefmarken.

Am Abend nehmen wir die Berta und die Schweizerin mit in die Stadt, wo der Patrick in einer Schießbude die Nummern so lange runterknallt, bis man mir ein fettes rosa Schwein als Preis überreicht. Wenn er nur die Lippen nicht so weit ausbreiten würde beim Küssen.

Die Berta und die Schweizerin spionieren mir jeden Tag nach, wenn ich zum Briefmarkenanschauen gehe, und wenn ich mich zum Abendessen umkleide, will die Berta wissen, was wir die ganze Zeit im Zimmer machen. »Sag mir bloß nicht, daß ihr zusammen im Bett liegts. Ich kapier nicht, wieso der Mensch sich ausgerechnet in dich verknallt hat.«
Auf Bertas Stuhl in unserem Zimmer türmen sich die Kleidungsstücke bis zur Lehne rauf, und die Mutti kommt unverhofft an einem Vormittag mit der Friede vorbei und schmeißt sie alle auf den Boden, damit die Berta die Sachen im Schrank aufhängt oder in eine Schublade legt.
»Mutti, die Laura ist verlobt.« Die Mutti lacht nur.
»Was sagst du! Und wo ist der Verlobungsring?«
Ich zeige der Mutti das rosa Schwein, das der Patrick mir geschenkt hat. »Ich werde mich verloben, Mutti.«
»So? Verloben? Wer sagt das? Hat er schon gesagt, er will dich heiraten?«

»Nein, aber er hat gesagt, er wird auf mich warten.«

»Ach so. Er wird warten. Gut. Wir werden noch sehen.«

»Mutti, wenn er jüdisch wäre, dann würde es dir überhaupt nichts ausmachen, oder?«

»Das kann sein. Er ist aber nicht jüdisch. Was brauchen wir da viel zu reden?«

»Ich heirate ihn trotzdem, auch wenn er nicht jüdisch ist.«

»Laura, ich will mich nicht aufregen. Ich geh zurück ins Hotel Arcadia. Kannst mich dort besuchen, wenn du willst.« Die Mutti hat eine Wut.

Am Abend schlendern der Patrick und ich Hand in Hand am Hotel Arcadia vorbei, dort, wo die Mutti mit der jüdischen Gesellschaft im Garten beim Kartenspielen sitzt. »Wir sind verlobt, Mutti«, rufe ich ihr von der Straße zu.

»Man hört. Sie ist verlobt.« Die Mutti schnalzt mit der Zunge und schüttelt den Kopf.

»Laura, teures Kind, komm doch mal her«, ruft die Frau Fingerhut vom Tisch und winkt mit der Hand. »Was für ein schöner Junge, so eine Schönheit habe ich noch nie in meinem Leben gesehen. Bist du verliebt, wie?« Sie küßt mich ab von oben bis unten, während der Patrick daneben steht und von allen angeglotzt wird. »Bist noch zu jung zum Heiraten«, sagt die Mutti. »Hast noch Zeit. Hören Sie,« in Polnisch zur Frau Fingerhut gewandt, »er hat ihr doch ein Schwein gegeben.« »Lassen Sie sie, Frau Stöger. Soll sie bißchen glücklich sein. Laura, du bist ein Schatz,« schreit sie, »bist das beste Kind der Welt, ich bin verliebt in dich«, und beim Verabschieden drückt sie mich an ihren Busen und küßt mich nochmal ab, »geh, und viel Vergnügen.«

19.

Die Madame Chiché hat mich »Kleines Dickerchen« genannt und mein Selbstvertrauen ist mit einem Schlag dahin. Bin ich wirklich so fett, daß man mich ein kleines Dickerchen nennen muß? Vielleicht hatte der Papa recht gehabt, als er mich im vergangenen Jahr beschwöre, nicht so viele belegte Brote am Abend zu verschlingen.

Dickerchen, das geht aber doch zu weit. Dabei schlottert mir mein Lieblingskleid vom letzten Sommer nur so um die Hüften. Der

Patrick sagt, ich soll nicht auf seine Mutter hören, die trinkt manchmal zu viel, und ich bin kein Dickerchen. Aber die Madame Chiché läßt nicht davon ab, mich täglich zu fragen, »Na wie geht es denn dem kleinen Dickerchen?« Und deshalb kann ich keine Spaghetti mehr genießen und keine Nachspeise, und wenn ich erst mal zu Hause bin, werde ich, anstatt zehn belegte Brote zu kauen, jeden Abend Yoghurt löffeln, bis ich schlank bin wie eine Tanne.

Der Patrick fährt ab und ich bleibe zurück mit Liebeskummer und Erinnerungen. Wer kann da schon essen? Lieber weinen und Zigaretten rauchen. Im Schmerz wühlen, bis zu Hause ein weißes Kuvert mit Schweizer Briefmarken ankommt. Also hat er mich doch nicht vergessen. Bald darauf reist die Berta ab in die Schweiz, und auf einmal herrscht Stille und Frieden in der Wohnung, daß es direkt unheimlich ist.
Die Neujahrskarten werden abgeschickt, die Mutti kauft mir ein Kamelhaarkostüm bei Hettlage und einen schwarzen seidenen Pulli im Geschäft von der Frau Ryba, die mich ausfragt, ob ich schon einen Freund habe und warum ich nicht in den jüdischen Klub gehe. Dort soll ein neuer Leiter aus Israel sein und im Keller hat man eine Diskothek eröffnet. Ein schöner Platz für die jungen Leute, sagt die Frau Ryba. Sie haben sowas nicht gehabt in Polen vor dem Krieg. Ach, wie sie die Jugend beneidet. Die Mutti stimmt überein. Ja, wie schön wäre es, noch einmal jung zu sein, und wieviel hat man versäumt. Aber leider ist es zu spät.

Der Leo schreibt aus England, wo man ihn ins Whittingham College in Brighton geschickt hat, damit er die englische Sprache lernt. Direkt gegenüber von seinem College ist eine Finishing School, das Fairlie Place College, das mir gut gefallen würde.

Mein letztes Jahr in der Riemerschmid hat angefangen und die Angst vor der Zukunft wird überwältigend. Die Mutti und der Papa haben immer gesagt, »Wenn du achtzehn bist, raus aus dem Haus, mußt für dich selber sorgen.« Davor wird mir bange.

Deutsch ist mein bestes Fach in der Schule und ich überlege mir, ob ich nicht auf die Journalistenschule gehen soll, so wie die Trixi, und in München bleiben kann. Davon sind die Mutti und der Papa nicht begeistert.
»Die Tante hat schon angefangen, die Einwanderung für dich zu beantragen.«

»Mutti, meine Englischkenntnisse sind nicht gut genug, daß ich so ohne weiteres in Kanada als Sekretärin arbeiten kann. Das Lesen und Schreiben geht, aber sprechen tu ich doch überhaupt nicht.«
»Das lernt man schnell. Wenigstens kennst du die Sprache. Was haben die Leute vom Lager gemacht? Die haben überhaupt keine Sprachkenntnisse gehabt. Was hat die Tante Ida gemacht? Sie hat kein Wort Englisch gekannt.«
»Ja, Mutti, aber ich habe Angst. Mir wäre es viel lieber, wenn ich besser Englisch könnte. Kannst du mich nicht wenigstens für ein Jahr nach England schicken, damit ich die Sprache lerne, bevor ich nach Kanada geh? Dann bin ich wenigstens achtzehn. Ich finde siebzehn ist ziemlich jung, um ins Ausland zu gehen.«
»Wir werden's uns noch überlegen«, sagt die Mutti.

20.

Zwei Jahre sind vergangen, seit ich aus der achten Klasse Volksschule entlassen wurde, und es zieht mich zurück in die alte Schule an der Leipziger Straße und zum Herrn Ludewig ins Klassenzimmer. Und dort sitze ich an einem Nachmittag in der Zeichenstunde im Herbst, als die Schüler mit Pinsel und Wasserfarben die Ahorn- und Eichenblätter malen, so wie meine Klasse es vor langer, langer Zeit getan hat. Die Bilder an der Wand hängen auf denselben Plätzen, und der Goethe 1749-1832, der Schiller 1759-1805, der Mozart 1756-1791 und der Beethoven 1770-1827 sind mit ihren Geburts- und Todesdaten für ewig in mein Gedächtnis eingeprägt.

»Ja, Laura, das ist aber eine Überraschung, daß Sie mich besuchen in meiner alten Schule. Das ist ja prächtig. Bleiben Sie ein bißchen nachher, damit wir uns unterhalten können, nicht?« Und als der letzte Schüler das Klassenzimmer verlassen hat, fragt mich der Herr Ludewig nach der Berta, dem netten Kerl, und nach der Mutti und dem Papa, und die Friede sieht er ja hier in der Schule manchmal.

»Tja, Laura, und Sie machen heuer die Mittlere Reife. Wie die Zeit vergeht. Geht's dann ins Berufsleben?«
Ich erzähle ihm von meinen Auswanderungsplänen.
»Nach Kanada? Das ist ja ein ganz anderer Erdteil. Amerika. Was wollen Sie denn dort machen?«
»Ach so, ich wußte nicht, daß Sie dort Verwandte haben.«

»Und Ihre Eltern wollen Sie so weit wegschicken. Ich hatte beim Elternabend stets das Gefühl, daß Ihre Eltern besorgt sind um Sie. Ich kann mir nicht vorstellen, daß sie ihre Laura in ein anderes Land schicken. Noch dazu Übersee. Ich meine, das ist doch eine ganz andere Mentalität da drüben. Sie sind doch eine Deutsche, nicht wahr? Werden Sie unser Deutschland nicht vermissen dort drüben?«

Er hat recht mit seinen Besorgnissen. Aber ich kann ihm einfach nicht erklären, daß ich auch eine Jüdin bin, nicht nur eine Deutsche, und daß ich eigentlich nicht weiß, was ich sein soll oder sein kann oder sein darf, deutsch oder jüdisch, daß ich es nicht in einen Topf werfen kann, und daß ich es einfach mal versuchen muß, woanders zu leben als in Deutschland, und daß ich manchmal gar nicht in Deutschland bleiben will, wenn ich an die Vergangenheit denke. Aber nur dann.

Der Herr Ludewig sagt, seine Frau bäckt einen köstlichen Apfelkuchen und er möchte die Mutti, den Papa, die Friede und mich gerne zum Kaffee einladen an einem Sonntag. Und so kommt es, daß wir zwei Wochen später an einem sonnigen Nachmittag mit dem Auto zum Ludewig nach Hause fahren. Daß wir unser Ziel erreichen, hat der Papa nur mir zu verdanken, da ich mich auf das Lesen von Landkarten verstehe, und der Papa, als wir vor der richtigen Adresse ankommen, sagt, daß er noch nie im Leben sowas Gescheites gesehen hat wie mich.
Beim Herrn Ludewig zu Hause ist es richtig gemütlich, und den Lehrer mit Frau und Kind zu Hause zu sehen, ist etwas Erstaunliches. Daß er ein Familienleben außerhalb der Schule führte, das hatte ich eigentlich niemals ernstlich erwogen und so kommt es mir fast lächerlich vor, ihn als Familienvater in Hauspantoffeln beim Servieren zu beobachten.

Nach dem Kaffee zeigt der Herr Ludewig der Friede die Schaukel im Garten, aber die Friede hat Angst, und ich kann sie nicht dazu bewegen, sich auf die Schaukel zu setzen. Die Friede klebt lieber bei der Mutti und sagt nur ja und nein und dankesehr, und ich merke wie der Herr Ludewig sie nachdenklich beobachtet.

Später, beim Weggehen, nimmt er mich beiseite und sagt, daß er sich Sorgen macht um das Friedelein. Für ihr Alter sei sie gesellschaftlich viel zu rückständig, ja man könnte es als menschenscheu bezeichnen, und daß er so ein verängstigtes Kind noch nie gesehen hat, und er sagt das als Pädagoge. Als ich das der Mutti und dem Papa später wiederhole, meinen sie nur, die Friede ist doch das Jüngste und bißchen verwöhnt, das ist natürlich.

21.

Als der Oktober sich langsam seinem Ende nähert, treffe ich mich mit der Trixi an einem Samstag Abend und wir fahren zusammen in den jüdischen Klub. Der neue Leiter, ein Dubi Skolnik mit melancholischen Augen, sucht Mitglieder für seine Tanzgruppe.

Er spricht deutsch mit einem charmanten Akzent, und seine Assistenten, namens Yossi und Reuben, die sogenannten Madrichim im Club, sprechen so reizend wie der Dubi.

Außer diesen Dreien gehört noch ein Mitglied zu der Gruppe, die man von Israel nach München geschickt hat, ein kleiner, depressiver Typ mit dunkelblondem, gewelltem Haar und Vollbart, in welchem, zwischen kaum sichtbaren Lippen, entweder eine Trompete oder eine Zigarette steckt. Dieser heißt Se'ev und seine traurigen Augen schreien nach Trost und um Hilfe, und irgendwie gibt er mir das Gefühl, daß die Hilfe von mir kommen wird. Der Mann ist unsere musikalische Begleitung zum Tanzen und ist bei jeder Probe da mit seiner Trompete.

Die Trixi und ich schaffen uns blaue Röcke und weiße Blusen an, die übliche Kleidung, die man zum israelischen Tanzen trägt. Die Mutti und der Papa sind außer sich vor Freude. Ihre Tochter hat jüdische Gesellschaft.

Ganz stimmt das eigentlich nicht, denn es sind ein paar Halbjuden da und ein paar Christen kommen manchmal. Darunter ist ein deutsches Geschwisterpaar, Bruder und Schwester, die auf dem Weg sind, zum jüdischen Glauben überzutreten. Warum will man jüdisch werden? Sie sagen, sie schämen sich als deutsche Christen und fühlen sich wohler unter Juden.

Der Se'ev nennt mich bereits Schatzi und sagt, ich bin der Lichtblick seines Lebens. Bitte, bitte, ein winziges Küßlein, damit die Sonne für ihn scheint, bettelt er, sobald er mich sieht, und trotz dem struppeligen Bart und dem anhaftenden Zigarettengestank, sind seine Lippen weich wie Samt. Den Dubi kann ich mir gleich aus dem Kopf schlagen, rät er mir, weil der eine Freundin hat, mit der er zusammen lebt, ein deutsches christliches Mädchen. Alle Israelis stehen auf deutsche Mädchen, sagt der Se'ev, christliche, nicht jüdische. »Nicht zu glauben«, sagt die Mutti. »Da kommen die Israelis hierher und nehmen sich christliche Mädchen. Eine Schande.«

22.

In der Riemerschmid ist es üblich, daß jede Klasse für eine Woche während der dreijährigen Schulzeit in ein Ferienheim auf dem Land fährt, und Mitte November ist die 3 g von der Frau Kuithan dran. Etwas Schularbeit ist auch dort nötig, aber dieses Landschulheim wurde ursprünglich gegründet, um den Mädchen, denen kein Urlaub gegönnt wäre, einen zu bieten.

Ich teile ein Zimmer mit fünf von meiner Klasse. Nachts erzählt die Pfiffi schweinische Witze im gemeinsten Bayrisch, so daß wir vor Lachen Bauchweh bekommen. Von Schlafen ist keine Rede. Die meisten von uns liegen zu zweit im Bett, weil man sich viel besser unterhalten kann, wenn man nicht zum oberen Bett rauf- oder zum unteren Bett runterflüstern muß.

Zwei Tage vor unserer Rückkehr nach München, spät am Abend, spüren wir eine Unruhe im Haus, ein Poltern auf den Treppen, und unsere Türe wird aufgerissen mit der Nachricht, daß Präsident Kennedy erschossen wurde, tot, ermordet. Das kann nicht wahr sein. Mit den Witzen ist es aus. Präsident Kennedy, der Freund von Deutschland, tot. Was wird aus uns werden? Wenn das starke Amerika verwundbar ist, auf wen kann man sich dann jetzt noch verlassen? Vielleicht wird es Krieg mit Rußland geben. Wir haben Angst. Kennedy war die Verkörperung von Kraft und Zuversicht. Das Leben würde immer besser werden, es würde immer aufwärts gehen. So war es, seit wir auf die Welt kamen; jetzt sind wir nicht mehr so sicher.

Das München, in das wir am Sonntag Morgen zurückkehren, steht trüb und traurig, und beim Theater am Gärtnerplatz wehen drei lange, schwarze Fahnen von der Fassade. Da glaube ich es endlich. Die Mutti und der Papa warten auf mich, als ich mit meinem Koffer durch die Wohnungstüre komme. Vom Wohnzimmer klingt gedämpft eine ernste Ansagerstimme vom Fernsehapparat. Bilder flickern, Stationen seines Lebens ziehen vorbei, Kennedy als Held im Zweiten Weltkrieg, mit Chruschtschow in Wien, mit seinen Kindern im Weißen Haus, und in Deutschland, vor fünf Monaten, als er so charmant lächelte und rief, »Isch bin ein Berliner!«

Am Montag, als ich von der Schule nach Hause komme, wird sofort der Fernsehapparat aufgemacht, und kaum, daß sich das Bild eingestellt hat, erschießt vor meinen schockierten Augen ein rundlicher kleiner Mann den des Mordes an Präsident Kennedy angeklagten Harvey Oswald. Das Ganze sieht aus wie ein Wildwestfilm, und der Papa hat schon recht gehabt, als er behauptete, daß man in Amerika schießt.

Am Tag der Beerdigung, dumpfe Trommelwirbel, ein endloser Trauerzug in der Fernsehübertragung, und die Mutti sagt nur, »die arme Jacqueline, die arme, arme Jacqueline. Schau nur wie tapfer die Frau ist.« Und die armen Kinder, denke ich mir, und daß wir alle arm sind, weil der Präsident Kennedy tot ist.
Der Papa und die Mutti gehen auf Zehenspitzen um mich rum. Vor dem amerikanischen Konsulat in München stehen Schlangen von Menschen, die stundenlang warten, nur, damit sie ihre Namen in ein Beileidbuch eintragen können. Der Papa ist gegangen und ist nach Hause gekommen mit einem neuen Bild von Präsident Kennedy für mich. Der Papa liebt mich bestimmt. Vielleicht ist es nicht seine Schuld, daß er oft so aufgeregt ist.

23.

Diesen Winter trägt man schwarz. Das ist die vorherrschende Farbe in meinem Kleiderschrank. Für den Hanukkah-Ball im Bayerischen Hof haben die Mutti und ich uns schwarze Samtkleider nähen lassen. Man sagt, ich habe mich rausgemacht, Tanzpartner habe ich, aber die sind zu jung.

Für ältere Männer bin ich immer noch ein Kind, denn der Reuben vom Klub steuert zu fortgeschrittener Stunde auf unseren Tisch zu, verbeugt sich, während ich mich erwartungsvoll vom Stuhl erhoben habe, vor der Mutti, und tanzt einen Walzer mit ihr anstatt mit mir.

Seit die Berta weggefahren ist, gibt es zu Hause keinen Streit. Die Mutti macht ihre nächtlichen Besuche beim Papa in der Kammer, aber mehr als zweimal die Woche tut sie es nicht, so daß ich an Schultagen noch zum Lesen und knapp sechs Stunden Schlaf komme, denn vor Mitternacht lege ich meine Taschenlampe und mein Buch selten weg.

Da die Buchführung mir immer noch zu schaffen macht, habe ich dieses Jahr auf das Französisch verzichtet. Vom jüdischen Religionsunterricht ist keine Rede, und das Klavierüben habe ich aufgegeben, worüber sich der Papa so geärgert hat, daß, als ich eines Tages von der Schule heimkam, das Klavier nicht mehr da war. Verkauft, hat der Papa gesagt. Schluß. Das ganze Geld für Klavierstunden rausgeschmissen, umsonst, für sowas plagt man sich ab. Der Papa ist schwer enttäuscht. Aber er sagt, wozu sich ärgern? Da will er lieber kein Klavier in der Wohnung haben.

Jeden Sonntag Vormittag schaut sich der Papa den Frühschoppen im Fernsehen an, wo Männer in bequemen Sesseln über Politik und Wirtschaft diskutieren. Der Papa interessiert sich für solche Themen, die Mutti nicht. Die schaut sich lieber die Unterhaltungsprogramme an.

Einmal in der Woche gehe ich mit der Christine am Abend in die Tanzstunde, weil ich unbedingt den Bossa Nova und den Slap lernen will. Die Christine hat es gut, die kann mit jedem tanzen und muß sich keine Gedanken darüber machen, welcher Religion ihr Partner angehört. Mein Partner ist ein höflicher Rothaariger, der zittert beim Tanzen. Mir tut es leid, daß ich mich überhaupt angemeldet habe, denn ich werde nicht auf den Abschlußball gehen können mit einem Christen, das kommt nicht in Frage, sagen die Mutti und der Papa, und ein Jude ist nicht da in der Tanzstunde, kein einziger.

Im Klub gibt es Jungens, die sich mit mir unterhalten, und dann gibt es solche, die mit mir im Dunkeln spazierengehen und meinen Busen hinter einem Gestrüpp abtasten.
Und dann ist der Se'ev da, ein erfahrener Mann, der zwischen Trompetenblasen und Zigarettenrauchen von nichts anderem spricht, als von der Liebe, ihrer Form und Art, ihrer Zusammensetzung, ihrer Vollkommenheit, ihren verborgenen Winkeln, dem seligen Höhepunkt der Vereinigung zwischen Mann und Frau, und wenn ich es ihm gestatten werde, will er mein Lehrer sein.

223

Will ich nicht einmal mit ihm im Auto sitzen, damit wir uns in Ruhe über dieses Thema unterhalten können? Er nennt mich seine Süße und seinen Schatz und ich werde ihn noch wahnsinnig machen. »Du machst mich verrückt, Schatz«, jammert er, »mit deiner Sturheit.«

Mein Widerstand schmilzt dahin, als er eines Abends glatt rasiert im Klub erscheint. Der Bart ist weg. Er hat ein Gesicht. Wir gehen Autofahren in seiner winzigen Klapperkiste. Fahren tun wir eigentlich kaum mehr als zehn Minuten, parken tun wir weit länger, meistens den ganzen Sonntag Nachmittag und manchmal auch unter der Woche nach der Schule.

Als wir das erstemal parkten, und der Se'ev mir tief in die Augen sah und mich seine Geliebte nannte, fing ich an zu heulen und gestand ihm, daß ich Schwierigkeiten habe mit dem Küssen. Er fand das einen Blödsinn und bewies mir hinter der Windschutzscheibe das Gegenteil, und da es draußen regnete, vernebelte sich das Glas von allen Scheiben und hätte der Se'ev nicht rechtzeitig seine Türe einen Spalt geöffnet, wären wir erstickt.

Was nützt dem Träger das schönste Gesicht, die beste Figur, wenn er nicht zur Liebe taugt? Der kleine Häßliche, wie ihn die Mutti nennt, macht mich hilflos, wenn er mich küßt. Der Se'ev erzählt mir, daß er alles, was er kann, von der blonden Luba, einer Kabarett-Artistin, mit der er zusammen lebt, gelernt hat. Er sagt, die Luba ist ein Schwein im Bett. Ich dagegen bin der reine Unschuldsengel, und so sehr der Se'ev auch darauf brennt, mich in die dunklen Geheimnisse der Liebe einzuweihen, respektiert er meinen Wunsch, mich keusch zu halten bis zur Hochzeit, unbeschmutzt, wie die Mutti sagt. So lebe ich von einem Parken zum andern. Ist es da ein Wunder, daß meine Schularbeit zu wünschen übrig läßt?

Mit dem kaufmännischen Rechnen plage ich mich genauso wie mit der Buchhaltung. Die schlechten Noten könnte ich noch ertragen, aber das fast tägliche Blamieren vor der Klasse, wenn ich die Antwort nicht weiß, oder eine falsche gebe, ist zu erniedrigend. Lieber schon gar nicht in die Schule gehen. Schlurfe ich in der Früh käseweiß mit verzerrtem Gesicht vom Badezimmer, so glaubt der Papa, es ist der Kartoffelsalat in den Imbißstuben, der mir den Magen verdirbt, und ich soll mich davor hüten.

Der Winter ist fast vorbei, der Föhn hat den Schnee geschmolzen, und als eine Buchführungsprobe sich drohend vor mir auftut wie eine finstere Höhle, treibe ich meine Schauspielkunst so weit, daß der Papa mit mir im Auto zum Schwabinger Krankenhaus rast, wo die Spezialisten nach hastiger Untersuchung eine akute Blinddarmentzündung feststellen. Ich muß von 10 nach rückwärts zählen und wache nach der Nummer Sieben mit vier metallenen Klammern am Bauch in einem Zimmer für zwei auf.

Im Krankenhaus ist es schön. Man kann sich ausruhen, und lesen kann ich den ganzen Tag. Der Papa hat mir die Buddenbrooks gebracht.

Dreimal am Tag wird meine Temperatur gemessen und nachmittags werde ich mit Alkohol abgerieben. Zum Essen bekomme ich köstliche Kraftbrühe mit Eigelb, Kartoffelpürree und Spinat und roten Gelee oder Vanillepudding. Ich will gar nicht nach Hause. Meine Bettnachbarin ist schon lange da und muß noch lange bleiben, da sie eine schwierige Hüftoperation hinter sich hat. Wenn der Arzt mit seinen Assistenten zur Visite erscheint, dann zieht er ihr blutige Gazeschlangen aus dem Loch in ihrer Hüfte und stopft es mit frischen weißen wieder aus. Ich weiß nicht, wie sie das aushalten kann.

Jeden Morgen nach dem Frühstück meldet sich eine junge Schwester, frisch von der Ludwig-Maximilians-Universität, in einem blau-weiß gestreiften Kleid mit kurzen Ärmeln, weißer Schürze und steifem Käppchen auf den dunkelblonden Locken, und während sie die Leintücher straff zieht und die Kopfkissen aufschüttelt, zitiert sie Romantisches von Rainer Maria Rilke und Novalis. Meine Nachbarin mit der Hüftwunde hilft ihr ab und zu mit einem Wort aus, wenn sie steckenbleibt, oder sie wechseln sich ab mit dem Gereimten und ergötzen sich am Reichtum der deutschen Poesie.

So ein Beruf wie Krankenschwester wäre nicht schlecht. Man sieht stets adrett aus, hat ein Lächeln auf dem Gesicht, spricht ein gebildetes Deutsch, und nebenbei rückt man die Patienten in ihren Kissen zurecht, schiebt das Tischlein mit der Mahlzeit in eine bequeme Lage, gibt den Blumen frisches Wasser aus der Leitung, verteilt Illustrierte, mißt Temperaturen und zählt den Puls, alles angenehme Sachen, die nicht anstrengen und sogar Zeit übrig lassen für das Schwelgen in der Dichtkunst.

Als ich nach einer Woche vom Krankenhaus entlassen werde, holt mich der Papa mit drei Kissen im Vordersitz vom Wagen ab, und fährt so vorsichtig nach Hause, als ob er eine Dresdner Porzellan Dame im Auto hätte.

Auf dem Schreibtisch in meinem Zimmer finde ich eine dunkelblaue Samtschachtel, in der eine goldene Gedenkmünze mit dem Profil von Präsident Kennedy liegt. Der Papa sagt, ich soll ihm nur Freude machen, dann kann ich alles haben, alles was ich will, nur Sorgen soll ich ihm nicht bereiten. Nichts ist ihm zu schade für mich, ich soll nur ein gutes Kind sein, das ist alles was er sich wünscht. Und wenn ich sage »danke, Papa«, und ihm einen Kuß gebe und er mich an sich drückt, fühle ich, außer Schuld, nichts im Herzen, und so sehr ich wünsche, ich könnte ihm das bieten, wonach er sich sehnt, ich kann es nicht, obwohl ich weiß, daß er mich am liebsten mag von uns dreien.

Mit dem Tanzen ist es vorbei für eine Zeitlang, das ist schade, und mit dem Turnen ist es vorläufig auch aus, gerade jetzt, wo ich soweit Fortschritte gemacht habe, daß ich nicht mehr vorm Ball davonlaufe. Aber die Buchführungsprobe wartet und eine ganze Menge Arbeit, die ich nachholen muß.

24.

Die Mutti ist für paar Tage nach England geflogen, hat sich das Fairlie Place College in Brighton angeschaut, und beschlossen, mich vorerst mal im September dorthin zu schicken. Die Kanadische Einwanderungsbehörde hat uns eine Verlängerungsfrist gewährt, und so fällt mir eine Last vom Herzen, daß ich noch ein ganzes Jahr habe bis ich weg muß.

In der Diskussionsgruppe im Klub hört man verschiedene Meinungen über das Thema Juden in Deutschland:
Es gibt diejenigen, die fragen: Wie kann ich als Jude hier leben?
Und solche, die sagen: Ich hasse die Deutschen.
Und es sind manche da, die antworten: Du wohnst hier angenehm in Deutschland? Gehst zur Schule? Deine Eltern haben ein Geschäft? Wer kauft ein bei ihnen? Deutsche? Wir verdienen unseren Unterhalt von den Deutschen. Willst du weg? Dann geh weg. Aber lebst du hier zwischen den Deutschen und von den Deutschen, dann sollst du sie nicht hassen.

Unsere zwei Christen finden, wir sollen alle hierbleiben und eine neue jüdische Generation bilden. Das Judentum hat doch geblüht in Deutschland vor der Hitlerzeit, sagen sie, und es kann wieder so werden.

Ich kann das Wort »Jude« kaum über die Lippen bringen. Mir klingt das Wort »Jude« wie ein Fluch in den Ohren, wie eine Beschmutzung, etwas Erniedrigendes, und nur durch innerlichen Zwang bewahre ich ein Gefühl des Stolzes, eines künstlich errungenen Selbstbewußtseins, damit ich meinen Kopf hochhalten kann und mich nicht schämen muß, jüdisch zu sein. »Jude« ist ein gelber Stern auf einer zerrissenen Jacke.

25.

Ein mir bis jetzt nur durch Neujahrswünsche bekannter Name ist zu uns zu Besuch gekommen, ein Cousin von der Mutti, der aus dem selben Städtchen stammt wie der Papa, ein Schlomo Gross aus Israel.

Der Schlomo war nicht im Konzentrationslager, da er bereits Mitte der 30er Jahre noch als junger Bursche sein Bündel gepackt hat und mit einer Zionistengruppe aus Chrzanów zu Fuß nach dem damaligen Palästina gegangen ist. Und als er dort ankam, hat er als Briefträger angefangen. Heute ist er ein hohes Tier im Finanzministerium. Vor seiner Ankunft bei uns hat mir das die Mutti bei einer Zigarette in der Küche erzählt, und ich konnte nicht umhin, zu bemerken:
»Der war aber gescheit, daß er abgehauen ist.«
»Gescheit?« Die Mutti ist tief verletzt. »Was heißt gescheit? Und wir waren dumm?«
Sofort tut es mir leid, daß ich, ohne zu denken, so rausgeplatzt bin.
»Mutti, ich hab's nicht so gemeint. Wirklich nicht. Aber warum seid ihr eigentlich geblieben?«
»Ja, wer hätte gedacht, daß das alles so kommen würde? Kein Mensch hat sich das vorgestellt. Wir haben doch ein schönes Leben geführt. Bei uns zu Hause hat es Orangen und Bananen gegeben. Sowas war ein Luxus damals, das kannst du dir nicht vorstellen. Und bei meiner Großmutter haben die armen Leute am Freitag nachmittag angeklopft und sich Geld geborgt. Das war eine reiche Frau. Sogar eine Kutsche und Pferde haben wir gehabt. Du hast doch das Bild gesehen oder?« »Ja, ich hab's gesehen, wo ihr alle in Mänteln mit Pelzkrägen vor der Kutsche steht.«

»Nu, siehst du doch. Es war das herrlichste Leben. Auf Vakazien sind wir jedes Jahr gefahren. Das hat sich nicht jeder leisten können. Wir waren die angesehenste Familie in Trzebinia, verstehst?«
»Ja, das weiß ich, Mutti.« Traurig ist es in der Küche, obwohl es draußen so schön ist in der Anlage, wo die Brunnen plätschern. Wenn ich nur nicht erwähnt hätte, daß der Schlomo gescheit war. Ich könnte mir die Zunge abbeißen vor Ärger.

Der Schlomo ist ein vornehmer Mann. Wie ein Graf sieht er aus. Meine Überraschung kennt keine Grenzen. Er spricht mehrere Sprachen. Er ist gebildet. Er hat gute Tischmanieren. Er ist höflich. »Ja, was willst du?« sagt die Mutti. »Er war doch nicht im Lager. Das war ein freier Mensch. Das ist was ganz anderes. Denkst du vielleicht, daß alle Juden so sind wie wir?«

Ich verbringe jede Minute, die mir nach der Schule übrigbleibt, mit dem Schlomo. So einen lässigen Mann habe ich noch nie gesehen. Man kann sich über alles mit ihm unterhalten. Von seiner Tochter, die in meinem Alter ist, und die bald in die Armee muß, hört er nicht auf zu reden. Das Wichtigste an seiner Reise ist, daß er ihr eine Umhängetasche kauft. Sowas wie sie sich wünscht, kann man in Israel nicht bekommen, und man muß es Deutschland lassen, sagt er, sie haben die beste Qualität.

Beim Mädler am Marienplatz helfe ich ihm, eine Tasche auszusuchen. Der Papa führt ihn zum Mittagessen zum Humplmayer aus und einmal fahren wir mit ihm nach Bad Wiessee. Ich bin todtraurig, als er uns verläßt. Der Papa muß auch fort, zur Kur, nach Bad Aibling, und so bleiben die Mutti, die Friede und ich alleine zu Hause.

Die Mutti kauft mir einen himbeerfarbenen Sommermantel aus Leinen und ein roséfarbenes Sommerkostüm aus Rohseide, ein paar enge Röcke und Pulligarnituren und ein gelbes Sommerkleid mit Trägern, und wenn mich jemand von den Nachbarn in der Borstei am Samstag Nachmittag oder am Sonntag mit meiner Mozartschleife im Haar zur Straßenbahn gehen sieht, heißt es, »Ja, Laura, ich hab dich ja gar nicht erkannt, eine Figur hast du, ja du lieber Gott, wie gibt's denn das?«
Zu Lag-ba-Omer fahren wir an einem der letzten Maitage vom jüdischen Klub mit dem Bus auf ein Picknick. Der Se'ev hat seine Trompete mitgenommen und trägt sie in der Hand, da er im schwarzen Trompetenkasten seinen Vorrat an Marlboros verstaut

hat. Es ist ein glücklicher Tag, und als ich am Abend die Wohnungstür aufschließe, da sitzt die Berta am Küchentisch. »Mei, ich hab nicht gewußt, daß ich so eine hübsche Schwester hab«, sagt sie zu mir.

Die Berta ist rausgeflogen aus dem Internat, trotz ihrem Sopran im Chor, wo sie Die Schöne Blaue Donau geträllert hat. Das war wunderbar, erzählt sie uns, das andere hat ihr gereicht. Abends ist sie heimlich mit Freundinnen aus dem Zimmerfenster gestiegen und in das Städtchen gewandert, wo man sich amüsiert hat. Der Höhepunkt ihres Aufenthaltes in der Schweiz war der Besuch der Rolling Stones im örtlichen Hotel gewesen. Rausgeschmissen hat man sie wegen Aufhetzerei und schlechtem Einfluß auf die anderen Schülerinnen. Nun kann sie zu Hause bleiben und im September wird man sie in die Handelsschule schicken.

26.

Die Berta, die immer laut und herausfordernd kundgab, sie ist unschuldig und unberührt, hat ihren ersten Kuß vom fast achtzehnjährigen Dieter Seehohn bekommen, für den sie schon seit langem schwärmt, und dessen Zimmerfenster im dritten Stock vom Eckhaus Lampadius-Franz-Marc-Straße in Sichtweite rückt, wenn sie ihre Brille auf die Nase setzt, denn sie ist so kurzsichtig geworden wie der Papa, trägt aber ihre Gläser nur, wenn sie sehen will; sonst läuft sie in einem Nebel rum.

Schräg gegenüber vom Dieter in einer Dachwohnung der Franz-Marc-Straße wohnt der Fips, der so alt ist wie der Dieter, und der, wenn er mittags vom Gymnasium kommt und durch den Hof nach Hause geht, den berühmten Marsch von Aida pfeift, damit ich weiß, falls ich zu Hause bin, daß er da ist.

Seine ursprüngliche Zuneigung zur Berta, durch ihre Verschmähung ausgelöscht, entbrannte erneut, für mich, und ich empfing sie mit Freude, da mit dem Se'ev Schluß ist, seit die schweinische Luba nach dem Ausflug mit dem Klub von mir Wind bekam und ihm gedroht hat, mich umzubringen.

Der Fips ist noch kleiner als der Se'ev, aber er hat etwas Männliches und er ist da, im Hof, auf der Bank in der Anlage, im Dantebad, auf der Rollschuhbahn, der Fips ist immer da. Er tut sich so schwer in der Schule wie ich und hat Angst, daß er sogar noch sitzen bleibt, was kein Wunder ist, wenn wir, anstatt zu büffeln, in Dieters Wohnung am Nachmittag zu Brahms' Ungarischen Tänzen rumknutschen. Die Berta und ich tun beide das Verbotene, was nicht die Tat selbst, sondern ausschließlich mit wem man es tut, betrifft. Zu Hause wird kein Wort davon erwähnt.

Der Papa hat Kornflakes nach Hause gebracht. Das schmeckt gut und spart viel Zeit am Morgen, wenn man sich zur Schule beeilen muß. Vielleicht können Kornflakes das Leben für die Berta erleichtern, denn erwischt der Papa sie mit einer zu dunklen Scheibe Toast, so packt er sie beim Kopf und knallt ihn gegen den Küchenschrank, daß es kracht.

Wieviel kann man schon falsch machen, wenn man Kornflakes in eine Schüssel schüttet und Milch darüber gießt? Der Berta fällt es schwer. Wenn sie die Milch über die Kornflakes gießt, strengt sie sich so an, daß sie die Flasche mit beiden Händen krampfhaft festhält und sich mit gekrümmtem Rücken tief über den Teller beugt, so daß ihre Haare fast in der Milch hängen. Das macht den Papa wieder rasend. »Beheime, Kalike«, schreit er sie an. »Bist ein Schlamassel. Hast zwei linke Händ.«

Die Mutti bleibt bei ihren Eiweckerln mit Marmelade und dem Bohnenkaffee, der durch Melittafilter tropft und den sie mit Bärenmilch zum Frühstück genießt, wenn Ruhe in der Küche ist.

27.

Die besten Schülerinnen in meiner Klasse haben sich Stellungen im Büro gesichert und freuen sich, daß sie im September bereits Geld verdienen werden.

Meine Banknachbarin ist schlank und schön geworden und hat einen festen Freund, der sie jeden Tag von der Schule in seinem Volkswagen abholt. Die Christine hat auch einen festen Freund, den sie im Schwimmbad kennengelernt hat. Die meisten von uns gehen jetzt nach der Schule ihre eigenen Wege, und es kommt nur noch selten vor, daß wir außerhalb des Klassenzimmers ein paar Stunden gemeinsam verbringen. Es macht einen richtig wehmütig, zu begreifen, daß mit den Pflichten der Schulzeit auch die Freuden vorüber sind, und daß man sich bald nicht mehr täglich sehen wird.

Unsere Klasse 3 g der Riemerschmid ist zum letzten Mal vor der Zeugnisverteilung zusammen, als wir an einem sonnigen Juli Vormittag vom Tal mit der Trambahn in die Maximilianstraße fahren, um das neuerbaute Nationaltheater, das im Krieg ausgebombt wurde, zu besichtigen.

Wie herrlich München ist, besonders an diesem Tag, wo die Sonne von einem wolkenlosen Himmel strahlt und wir unsere schönsten Sommerkleider angezogen haben. Vielleicht bin ich die Einzige, die die Stadt mit den Augen einer, die sich von all dem hier trennen wird, betrachtet. Die anderen bleiben ja da und werden es jeden Tag wiedersehen, wenn sie zur Arbeit fahren oder wenn sie am Wochenende ins Kino gehen oder zur Isar zum Baden.

Am 22. Juli wird mir mein Abschlußzeugnis überreicht. Mein Bekenntnis ist nicht darin erwähnt und unter den Personalien steht nur die kurze Bemerkung, daß die sehr höfliche Schülerin aufmerksam mitgearbeitet hat.

Großes habe ich nicht geleistet, aber so lange ich mich nie wieder um Soll und Haben und Zinssätze und Hypotheken kümmern muß, sind meine Fähigkeiten als Bürokraft nicht zu unterschätzen. Das findet der Papa jedenfalls und er sagt, Hauptsache, daß ich gesund bin und außer den paar Vierern ist das Zeugnis ganz gut.

28.

Unsere Koffer sind gepackt, und der Papa bringt sie am Abend vor der Abreise nach Italien zum Hauptbahnhof, wo er sie abgibt, damit wir uns am folgenden Morgen nicht um das Gepäck kümmern müssen.

Im Hotel Silver in Milano Marittima sind zwei Doppelzimmer reserviert. Anscheinend war die Mutti im vorigen Jahr gar nicht so begeistert vom Hotel Arcadia. Der Papa hat uns einen herrlichen Urlaub gewünscht und ist zu Hause geblieben.
Als uns der Oberkellner am ersten Tag durch den Speisesaal zu unserem alten Platz führt, muß ich an den Patrick denken, von dem zu

Weihnachten aus Toronto noch ein Brief gekommen war und seitdem nichts mehr. Und so sitze ich in Gedanken versunken am Tisch, als die Mutti mich mit dem Ellbogen anschubst.

»Schau mal wer grade reingekommen ist. Das nenne ich einen tollen Mann.«
Die Mutti hat einen guten Geschmack, das muß ich ihr lassen. »Das ist bestimmt ein Italiener«, flüstert die Mutti. »Schau wie er angezogen ist.«

Ganz in weiß gekleidet, braungebrannt, blitzende Zähne, schwarze Haare, braune Augen, Durchschnittsgröße, vielleicht Mitte 30, erinnert er an den französischen Filmschauspieler Robert Hossein, für den ich neuerdings entbrannt bin und dessen Bild und Filmprogramme in meinem Koffer im Hotelzimmer verstaut sind. Neben diesem duften Mannsbild steht ein kleines blondes Mädchen und sagt »Papa«.

Nach drei Tagen des Anbetens von der Ferne, in denen zwischen der Berta und mir nichts anderes gesprochen wird als »Mei, ist die süß«, und »Mei, ist der hübsch«, und »Mei, sowas Goldiges«, kommt er am Nachmittag im Garten zum Tisch, wo die Mutti und ich uns bei Zigaretten und Coca Cola unterhalten, und bittet in ziemlich gutem Deutsch um ein Streichholz. Man stellt sich vor. Er heißt Viktor und wohnt in Rom. Seine Tochter heißt Donatella und ist vier Jahre alt, und eigentlich lebt er nur für die Donatella, denn ohne die Donatella hätte sein Leben überhaupt keinen Sinn, und haben wir je in unserem Leben so eine schöne Puppe gesehen wie seine Tochter, und hier steigert er sich von bella und bellissima ins molto und ultima bella rein.

Die Mutti fragt, ob er eine Frau dabei hat. Seine Frau arbeitet, sagt er, und jedes Wochenende kommt sie von Rom nach Milano Marittima auf Besuch.

»Nu, siehst du Laura, solche Männer gibt es auch«, sagt die Mutti. »Die Frau plagt sich ab in der Hitze in Rom und der Mann sitzt beim Cappuccino am Meer.« Da ist er für die Mutti schon nichts wert. Sie nennt ihn einen Playboy.

Nur eines muß man ihm lassen. So ein Vater wie dieser kommt selten vor. Das ist zu bewundern, sagt die Mutti, daß sich ein Vater so um sein Kind kümmert. Und es ist gerade diese Fürsorge um sein Kind, der zärtliche Umgang und die Freundschaft und Liebe zwischen den beiden, die mich zu ihm ziehen wie ein Magnet.

Ich beobachte ihn beim Frühstück, wenn er der Tochter beim Brotaufstreichen hilft und ihr den Kakao einschenkt, wenn er ihr beim Mittag- und Abendessen die Salatblätter und das Fleisch klein schneidet, wenn er die glänzenden Kerne aus einem dreieckigen Stück Wassermelone mit der Gabel rausangelt, und all das tut, ohne seine Augen von ihr abzuwenden, indem er ihr seine ungeteilte Aufmerksamkeit schenkt und ihr zuhört, als ob sie die interessanteste Tischnachbarin wäre, und für ihn ist sie es anscheinend tatsächlich. Es scheint, daß ihn, so lange seine Tochter in seiner Nähe ist, nichts so sehr interessiert wie sie, und mich interessiert im ganzen Hotel und Umgebung nichts mehr als er.

Die Berta hat sich mit ihrem begeisterten Geschrei von dem schönsten Kind der Welt, dem herrlichsten Geschöpf der Erde und der Vollkommenheit des Aussehens und guten Geschmacks der Italiener im allgemeinen beim Viktor beliebt gemacht, so daß er öfters am Strand in seinen engen Badehosen bei uns unterm Schirm steht, während sein blondes Engelskind im Sand hockt und sich mit dem deutschen Eimer und Schaufel bester Qualität von der Friede beschäftigt. Wenn einem so ein italienischer Gott die Sonne verstellt, sind es doch wieder mal die schönsten Ferien, die man je erlebt hat auf dieser herrlichen Halbinsel an der Adria.

Seine Frau ist für zwei Tage angekommen. Die Mutti sagt, sie paßt nicht zu ihm. Während sie da ist, benimmt er sich etwas zurückhaltend und, obwohl sie mir leid tut, bin ich froh, als er nach dem Sonntag wieder alleine ist. Wie ein Liebespaar sind sie mir nicht gerade erschienen.

Der Viktor erzählt mir, daß er seiner Frau dankbar ist, denn wo hätte er sonst so ein Kind herbekommen. Als sein Unschuldsengel auf die Welt kam, hat er den ganzen Tag geweint vor Glück und nie im Leben hätte er es für möglich gehalten, sagt er, daß er jemals so ein überwältigendes Gefühl der Liebe empfinden könnte, wie er es für sein Kind tut, und daß sein Leben vorher nutzlos und verschwendet war, und wie er so lange ohne dieses Engelsgeschöpf existiert hat, begreift er nicht.

Wie gibt es sowas, daß ein Mann so aufrichtig über seine Gefühle spricht? Ich dachte immer, Männer wären nicht imstande, sich derartig hinzugeben, geschweige denn, ihr Innerstes bloßzulegen. So geliebt zu werden, das muß das Schönste auf Erden sein. Kein Wunder, daß die Donatella den ganzen Tag lächelt und glücklich ist.

Der zweite Sonntag ist vorbei. Am Abend, wenn wir nicht in die Stadt spazieren, spielen die Mutti und ich Rommé im Garten und rauchen Zigaretten. Am Nachmittag sitzen wir zusammen im Strandcafé und trinken Cappuccino und rauchen Zigaretten. Und wenn der Viktor in der Nähe ist, klopft mein Herz.

Die Berta spielt Kicker neben den Strandkabinen, und kommt ein Hübscher daher, gewährt sie ihm Zulaß zum Tisch, steht aber ein Häßlicher oder ihr aus irgend einem Grunde Unsympathischer da, so wird er angeschrien, warum er sie so blöd anstarrt, und er soll sich gefälligst schleichen, sonst haut sie ihm eine runter, und einem hat sie tatsächlich eine gefotzt, wie sie sich ausdrückt, nach Käthi-Art, und es kam sogar zu einem Ringkampf. »Dich wird man nochmal totschlagen«, sagt die Mutti. »Schämst dich gar nicht, mit jedem zu streiten, was?«

Eigentlich streitet sich die Berta ausschließlich mit den deutschen Urlaubern. Die Italiener regen sich nicht so schnell auf, die lachen sie eher aus, aber die Deutschen nennen sie ein freches Luder, und was erlaubt sie sich eigentlich, wollen sie wissen, und wer denkt sie, daß sie überhaupt ist, daß sie ihr Maul so aufreißen kann?

Nach dem dritten Besuch von seiner Frau, hat mich der Viktor nachts am Strand in seine Arme genommen und geküßt und es war genau so wie ich es mir vorgestellt hatte. Beim Küssen und Umarmen allein bleibt es kaum, und viel fehlt nicht, da liege ich schon erwartungsvoll auf dem flachen Teil eines im Sand liegenden Ruderbootes, dem »du sollst dich hüten« von der Mutti bedrohlich nahe. Es ist zu spät, ich kann nicht zurück, da steht er auf, dreht mir den Rücken zu und sagt, zum Meer hingewandt, daß ich ihm zu schade bin für sowas.

Ich weiß nicht, was überwiegt, ob es der Schmerz der Verschmähung ist oder das Gefühl der Erleichterung. Jungfrau bin ich noch. Und als ich ein paar Abende nach meiner bereitwilligen Hingabe, abgelehnt und ausgeträumt, am Strand den Viktor hinter einem

Schirm in einer zärtlichen Umarmung entdecke, mit einem jungen Mann, ist es aus mit der Liebelei, doch das, was ich für ihn empfinde, verringert sich wenig und vergessen werde ich ihn nicht.

ENGLAND

Der Papa sagt, nur mit Swissair fliegen. Der Papa sagt, das ist die sicherste, die pünktlichste und die sauberste Fluggesellschaft, und so fliegen die Mutti und ich von München Riem über Zürich nach London. Die Mutti sagt beim steilen Aufwärts in die Lüfte, ich soll keine Angst vor dem Fliegen haben, Fliegen ist sicherer als der Straßenverkehr, und wenn schon mal eine Maschine abstürzt, ist das ein schneller Tod, ruckzuck, man ist weg und spürt es gar nicht.

In London fahren wir mit Taxi zur Victoria Station und dort warten wir auf den Zug nach Brighton. Wie sich die Mutti schon auskennt! Sogar mit dem verrückten Geld weiß sie sich zu helfen.

»Warte, Laura, bis du erst mal ein Wimpy versuchst, das ist was ganz spezielles.«
»Ein Wimpy, Mutti? Was ist denn ein Wimpy?«
»Ich werd's dir schon sagen. Ein Wimpy ist ein Fleischpflanzl, kannst es auch mit einem Spiegelei drauf haben, und das liegt in einer Semmel und das schmeckt einmalig.«
»Sag mal, Mutti, daß du gleich überall zurechtkommst.«
»Nu, was denkst du? Bin doch schon im Jahre 45 gleich nach der Befreiung überall rumgefahren mit dem Zug. Da hab ich mir auch helfen müssen. Wenn man muß, dann muß man.«

Von London nach Brighton ist es nur eine Stunde Zugfahrt. Die Mutti erklärt mir, daß der rote Doppeldecker, der vor dem Bahnhof in Brighton steht, direkt zum Fairlie Place College fährt, aber da wir Gepäck haben, nehmen wir uns ein Taxi und werden nach kurzer Fahrt in der Surrenden Road vor einem efeubewachsenen Haus im viktorianischen Stil abgesetzt.

In England ist alles umgekehrt. Die Mutti zeigt mir, daß der Bus, der mich in die Stadt und zum Palace Pier bringt, auf der Straßenseite abfährt, wo er eigentlich ankommen müßte, und daß er mich dort zurückbringt, wo er mich eigentlich abholen sollte.
Hinter der Haltestelle, wo man den Bus in die Stadt erwischt,

liegt das Whittingham College for Boys und dort ist der Leo einquartiert, die einzige bekannte Seele im fremden Land.

Als die Mutti im Frühjahr hier war, lernte sie bereits eine der im Fairlie Place College ansässigen Schülerinnen kennen, die reizende und charmante Suzie aus Brüssel, ein jüdisches Mädchen. »Mit ihr sollst du dich befreunden«, rät mir die Mutti.

»Welcome to Brighton. Willkommen, seien Sie herzlich willkommen, Frau Stöger«, krächzt es hinter uns, wo eine kleine, dünne Frau ohne Kinn mit einem zerknitterten Hals und einem Dackel unter dem Arm im Türrahmen steht.
»Das ist die Mrs. Cartland«, sagt die Mutti, »die Leiterin, der gehört das alles. Komm, gehn wir rein.«

»How do you do? Haben Sie eine gute Reise gehabt?« Die Frau spricht fließend englisch und deutsch, zu mir englisch, zur Mutti deutsch. Die Mutti soll mir das Haus erst mal zeigen und mittlerweile wird man mein Gepäck in den Orange Room befördern, das letzte Zimmer und das einzige im 3. Stock unterm Dach, das kleinste zwar, aber das gemütlichste, versichert sie mir.

Links von der Eingangshalle ist Mrs. Cartlands Apartment und Office und gleich daneben der Livingroom. Die Rückseite des Hauses, vom Garten an drei Seiten durch Glaswände abgetrennt, enthält das sogenannte Conservatory, ursprünglich als Treibhaus gedacht, voller Wärme und Sonnenlicht, wo man nach Belieben rauchen kann.

Daneben ist der Diningroom und ein Klassenzimmer, und geht man den schmalen Korridor entlang, kommt man in die Küche, wo eine Schweizerin regiert. Rechts neben dem Eingang führen breite Treppen zu den Zimmern der Fairlie-Place-College-Schülerinnen, die es zum Studium des Englischen aus allen Ländern der Erde nach Brighton in Sussex zieht.

Mit einem hohen Erkerfenster zur Straße hin haben wir den Blue Room und gegenüber, direkt über dem Garten, auf der linken Seite den White Room, auf der rechten den Yellow und den Rose Room, durch Bad und Duschraum getrennt. Gegenüber dem White Room auf der Straßenseite befindet sich ein zweites Badezimmer mit Duschen und daneben ist der Green Room. Geht man dahinter die steilen Treppen hinauf, kommt man zum letzten, dem Orange Room mit einem Ausblick vom kleinen Fensterchen auf das Whittingham College. Ein enger Waschraum ist auch da oben.

Die größten und schönsten Zimmer mit vier Betten sind der White Room und der Blue Room, doch hat der White Room den kleinen Nachteil, daß sich direkt daneben das Zimmer der Hausmutter, einer Miss Sylvester, befindet. Möglicherweise bietet der Orange Room in seiner Abgeschiedenheit einen gewissen Vorteil.

Zum Unterricht werden der Livingroom, das Conservatory und das so bezeichnete Klassenzimmer benützt. In einem zweiten Gebäude, etwa 50 Schritte auf gepflastertem Fußweg vom Haupteingang entfernt, befindet sich die Secretarial School, wo 30 hohe, schwarze Royal Typewriters auf niedrigen Schultischen thronen.

Im Orange Room hilft mir die Mutti beim Kofferauspacken und Einordnen, viel Platz ist nicht da, aber wenigstens sind meine zwei Zimmergenossinnen noch nicht eingetroffen, so daß mir einigermaßen Freiheit gewährt ist.

Mein Bett steht unter dem Fenster, ein anderes an der hinteren Wand, ein drittes an der schrägen Wand, meinem gegenüber. Neben der Zimmertüre ist ein Schrank zum Teilen für drei, und wenn man von einem Bett aufsteht und sich umdreht, so plumpst man in das andere Bett. Es ist eng und gemütlich.

Die Mutti verabschiedet sich unten im Freien vor der Haustüre. »Bleib gesund und mach's gut«, sagt sie mit Tränen in den Augen, »und schreib«, und drückt mich an sich und küßt mich auf beide Backen, dreimal, zum erstenmal so, als ob sie mich lieb hätte.

Mir sitzt ein Kloß im Hals, als der Bus das dunkelrote Kostüm und die schwarze Krokodiltasche mitsamt Mutti verschluckt, und ich winke so lange, bis er um die Ecke am Ende der Straße verschwunden ist. Über Nacht bleibt die Mutti im Royal Hotel beim Palace Pier, und morgen wird sie wieder in Deutschland sein.

Zurück im Orange Room, mit schwerem Herzen, entdecke ich eine geschminkte Frau, die vor zwei ledernen Koffern neben dem hinteren Bett steht. Farideh ist ihr Name, persische Offizierstochter aus Teheran, 20 Jahre alt, eben eingetroffen. Ich komme mir vor wie eine Sechsjährige.

Sie hat keinen Platz für ihre Sachen. In Teheran hat sie mit ihrer Schwester drei Zimmer in einem glänzenden Palast bewohnt, und wie sie es in diesem Kerker aushalten soll, ist ihr ein Rätsel. Zu meinem Entsetzen lösen sich zwei enorme schwarze Kugeln von ihren Augenwimpern.

In dem Moment erscheint die geschminkte Schwester Fahimeh mit der bärtigen, greisenhaften Hausmutter, die sie die Treppen raufgeschleppt hat. Wandelt der Heilige Petrus als Engländerin auf Erden, so hat er sich hier im Fairlie Place College als Miss Sylvester niedergelassen. »English, english, girls!« Wir sollen gefälligst englisch sprechen, da sie persisch noch nicht gelernt hat, und zwar deutlich und zur Sache, denn sie hat viel zu tun, und wir sind nicht die Einzigen, um die sie sich zu kümmern hat. Unsinn duldet sie auf keinen Fall und ob sie noch einmal hier heraufkommen wird, ist zu bezweifeln, da sie zu alt ist, so viele Treppen zu steigen.

Sie zeigt uns einen Schrank im Gang, in welchen die Farideh ihre Kleider hängen kann, von denen sie viel zu viele mitgebracht hat, denn ein Hotel ist der Betrieb hier nicht, sondern eine Finishing School. Und, girl, hast du nicht die Regeln gelesen? Das letzte fragt sie, indem sie mit dem rechten Zeigefingerknöchel auf ein Stück Papier klopft und sich mit dem linken Ohr zur geschminkten Farideh hinneigt. Die sagt, daß sie keine Ahnung von Regeln hat, und daß ihr Dienstmädchen in Teheran die Koffer einpackte. Die Miss Sylvester schüttelt nur das weiße Haupt und wackelt die Treppen runter.

Kaum ist sie außer Hörweite, da schwillt das Persische auf und nieder wie die Wellen im Ozean. Ab und zu wird mir ein mitleidiger Blick zugeworfen und paar Brocken in Englisch, woraus ich mitbekomme, daß die um ein Jahr jüngere geschminkte Fahimeh ihre maßgebende geschminkte Schwester Farideh vergöttert. Nach vielem Hin und Her geht sie traurig zurück in den Blue Room, wo sie mit drei anderen, die kein Persisch sprechen, untergebracht ist.

Die geschminkte Farideh, die mittlerweile ein altmodisches Flannelnachthemd angezogen und einen breiten Vergrößerungsspiegel mit Beleuchtung auf ihrem Nachttisch aufgestellt hat, belehrt mich sofort, daß ich nicht »Persisch» sagen soll, sondern »Farsi«, so nennt man ihre Sprache und nicht anders. Das gesagt, zerrt sie ihre

Augenlider mit Daumen und Zeigefinger auseinander und fängt an, mit einem Q-Tip in der Schleimhaut zu bohren.

Das einzig Gute an unserer elenden Kammer, dem Orange Room, findet sie, ist die Lage. Alle Schlafzimmer haben Rauchverbot, aber hier stört uns kein Mensch. Sie steckt eine Winston in den Mund, starrt mich paar Sekunden nachdenklich an, wischt mit Kleenex und weißer Krem die Farben vom Gesicht ab, und als die Zigarette ein Stummel ist, legt sie sich schlafen und wünscht mir eine gute Nacht.

Brighton, 10. September 1964

Liebe Mutti und lieber Papa,

Ich habe Heimweh.

Den Orange Room teile ich mit einem 20-jährigen Mädchen aus Teheran, deren Vater ein mit Orden ausgezeichneter Offizier ist und den Schah persönlich kennt. Sie kam am selben Tag an wie ich, heißt Farideh und ist sehr erwachsen. Ihre Schwester ist auch hier. Sie ist ein Jahr jünger, heißt Fahimeh und alles was ihre Schwester will, macht sie wie ein Sklave. Am nächsten Tag bekamen wir eine Dicke mit Sommersprossen ins Zimmer, die Edith aus Frankreich.

Das Zimmer ist winzig, aber wir haben Ruhe da oben. Unsere Hausmutter, die Miss Sylvester, schafft es nicht, die Treppen zu uns raufzuklettern. Sie sagt, wir sollen »good girls« sein und ihr keine Sorgen bereiten.

Wenn die wüßte, was bei uns los ist. Kaum hat sich die Edith aus Frankreich in der Früh den Schlaf aus den Augen gerieben, steckt sie sich eine Zigarette in den Mundwinkel, rollt die Nylons über die dicken Waden und zieht paar Schlucke Whisky von einer großen Flasche. Sie sagt, sie wollte nicht hierherkommen, in dieses Gefängnis, wie sie es nennt, aber ihre Eltern wollten sie los werden. Sie ist 18 und sieht aus wie eine alte Frau.

Mit dem Badezimmer kommen wir aus, denn die Farideh aus Teheran wäscht sich kurz und schminkt sich lang, und die Edith aus Frankreich wäscht sich erst nach dem Frühstück.

Ich schreibe diesen Brief in der Conservatory, wo der Qualm vom Zigarettenrauch wie ein dicker Nebel in der Luft hängt. Hier versammeln wir uns immer nach dem Abendessen.

Die hochnäsigsten Weiber sind die Französinnen. Wir haben drei von diesen Exemplaren, die Geraldine, die Bernadette und die Säuferin Edith, die in meinem Zimmer wohnt. Die hat mir gleich am zweiten Tag klar gemacht, daß sie keine Juden mag. Zuerst, als ich sagte, ich bin aus Deutschland, hat sie ihr Gesicht verzogen und verachtungsvoll »Boche» ausgespien, so wie ein Pfui.»Eine dreckige Deutsche» hat sie mich genannt. Ich bin aber jüdisch, habe ich ihr erklärt, da mußte ich mir anhören, daß die Juden geizig sind, und daß sowas bekannt ist. Dabei ist der Papa keine Spur von geizig, aber das hat sie mir nicht geglaubt.

Die Geraldine aus Frankreich hat einen Busen so groß wie Grapefrüchte. Sie sagt, die von den anderen Mädchen sind nur Zitronen und Orangen. Sie ist groß und schlank, hat tolle Beine, grüne Augen und kurze, schwarze Haare und ist der Liebling der Mrs. Cartland.

Beim ersten Mittagessen saß sie am Tisch gegenüber von der Cartland und hat betont, rohe Menschen schneiden die Salatblätter mit einem Messer. In Frankreich ist man zivilisiert und benützt beim Salatessen nur die Gabel zur Verkleinerung. Da hat die Mrs. Cartland aufgehört zu kauen, hat die Geraldine schweigend angestarrt, und schließlich verkündete sie, daß von jetzt ab, die Geraldine, als Vertreterin des französischen Volkes, den Salat zu Tische mischen und verteilen wird.
Dann haben wir noch die Bernadette aus Frankreich. Die sieht alt aus und ist auch nur 18. Sie hat Sommersprossen und rote Haare und flucht ununterbrochen.

Am ersten Nachmittag mußten wir uns alle im Livingroom versammeln. Dort thronte die Miss Sylvester mit einer Liste in der Hand und den Füßen in der Luft im Sessel, und bombardierte uns mit Fragen, ob wir die notwendigen Sachen mitgebracht hatten. Die Bernadette aus Frankreich unterbrach mit »übrigens, Seife habe ich keine dabei.«
»Und warum nicht, wenn man fragen darf?« wollte Miss Sylvester wissen.
»Sie dürfen fragen«, antwortete die Bernadette mit einem breiten

Grinsen, »ich brauche keine Seife, weil ich mich nicht wasche.« Was das heißen solle, hat sich die Miss Sylvester gleich aufgeregt, daß ihre drei abstehenden Haare vom Muttermal am Kinn gezittert haben, und die Bernadette hat noch mehr gegrinst und bekanntgegeben, sie habe sich noch nie gewaschen, weil ihr das zu lästig ist. Dann hat sie uns alle im Kreis angeschaut, als ob sie erwartete, daß wir Beifall klatschen. Habt Ihr schon mal so etwas Unverschämtes gehört?

Brighton, 18. September 1964

Liebe Mutti und lieber Papa,

Danke für die Karte vom Flughafen. Die Friede ist bestimmt glücklich, daß sie ihre Mutti wieder zu Hause hat. Ich denke oft an Euch.

Letzte Woche habe ich den Leo Fingerhut auf der Bushaltestelle getroffen. Wir haben den Nachmittag in einem Café verbracht. Hier gibt es die besten Omeletts mit Pilzen. Du hast doch nie Pilze gekocht, Mutti, nur die Pilzsuppe von Knorr.

Während ich mit dem Leo im Café saß, kamen einige vom Fairlie Place rein, und der Leo hat sich Hals über Kopf in die Christina aus Venezuela verliebt. Die Christina sieht ganz süß aus, hat blaue Augen, blonde Locken und Grübchen, und ihre Augen sind immer halb geschlossen, weil sie dauernd lacht. Sie hat sich über den Leo lustig gemacht. Der Ärmste. Die Christina ist 17, sieht aber älter aus. Alle sehen älter aus als ich. Sie hat eine rauhe Stimme und spricht Englisch, Italienisch, Spanisch und Französisch. So ein Glück.

Die Christina schwärmt von ihrer Heimatstadt Caracas. Sie sagt, dort hat sie einen Berg voll Schnee und einen Strand mit weißem Sand und blauen Wellen und vom Gipfel kann sie direkt zum Meer runter Schilaufen. Ihr Vater soll ein Playboy sein.

Die Christina aus Venezuela ist mit der Nadia aus Mailand befreundet. Nadia aus Mailand ist die Jüngste, erst sechzehn, aber benimmt sich wie eine Erwachsene und sieht aus wie mindestens Ende Dreißig. Sie trägt einen Verlobungsring, stellt Euch sowas vor. Kein Wunder bei so einer Schönheit. Ihr Verlobter wohnt in Paris und ist schon 28. Er wird sie hier besuchen. Die Nadia spricht außer dem herrlichen Italienisch, ein perfektes Französisch und ein ziemlich gutes Englisch. Sie hat lange Fingernägel und gepflegte Hände und schlanke Beine, und ihre Mutter, die aussieht wie eine Gräfin, kennt meinen Schwarm, den Charles Aznavour, und der soll ein berüchtigter Frauenheld sein.

Mit dem Geld kenne ich mich schon aus. Freitags gibt mir Mrs. Cartland das Taschengeld. Manche haben ein Konto auf der Barclays Bank. Die Suzie aus Brüssel hat gesagt, das ist praktischer, falls man Geld zugeschickt bekommt. Für Freundschaften hat die Suzie keine Zeit, da sie jeden Samstag und Sonntag mit einem älteren Mann im Bett liegt. Es ist eine heiße Liebe und weder ihre Eltern noch Mrs. Cartland haben eine Ahnung davon. Am Morgen nimmt sie den Bus in die Stadt und am Abend kommt sie zurück.

Brighton, 25. September 1964
Liebe Mutti und lieber Papa,

Im Living Room vom Fairlie Place steht ein Klavier, und die Mrs. Cartland kennt eine gute Klavierlehrerin in Hove, nur 20 Minuten mit dem Bus von hier entfernt. Die Suzie spielt so schön, jetzt tut es mir wirklich leid, daß ich aufgehört habe.

Ich lege Euch mein erstes Certificate im Maschinenschreiben bei mit 25 Wörtern in der Minute. Ich muß mich daran gewöhnen, daß auf den englischen Schreibmaschinen das »z» und das »y» nicht auf demselben Platz sind wie auf den deutschen. Mit Übung wird das noch klappen, sagt die Lehrerin.

Die Frau Cartland will, daß ich nur englisch spreche, und sieht es gar nicht gern, wenn ich mich mit den deutschen Mädchen unterhalte. Wir sind 30 Mädchen, die hier im Haus wohnen. Zum Secretarial Course kommen einige Engländerinnen aus Brighton und Hove dazu.

Für unsere Englisch-Klassen haben wir drei Lehrerinnen. Davon ist die grauhaarige Miss Markham vielleicht die wichtigste, da sie immer zum Mittagessen bleibt. Bei ihr haben wir Lesen, Grammatik und Aufsatz. Ihre Zähne sind bräunlich und so vorstehend, daß sie ihren Mund nicht zumachen kann. Ihre Stimme zittert, und manchmal läuft ihr die Spucke runter. Ihr Busen ist so gewaltig, daß er beim Essen auf dem Tisch ruhen muß. Sie ist die netteste von den Lehrkräften. Jeden Donnerstag gibt es Blumenkohl, ihr Lieblingsessen, und sie hat mir das Wort für Blumenkohl beigebracht, ein ganz komisches, nämlich cauliflower.

Die Engländer sind in allem kompliziert. Für Gurken haben sie zwei Wörter, eins für eingemachte Gurken, das sind pickles, und eins für die großen grünen Gurken, aus denen die Mutti Gurkensalat macht, das sind cucumbers.

Bei den Mahlzeiten zeigt uns Mrs. Markham bedächtig lächelnd, als wäre sie geistig behindert, wie sie ihr Fleisch, die Kartoffeln und das Gemüse nacheinander mit Hilfe eines Messers auf den Rücken der Gabel schiebt und das Ganze erfolgreich zwischen die Zähne steckt. Mit Reis und Nudeln ist sowas ein Kunststück, mit Kartoffelbrei und Erbsen ein Kinderspiel. Einmal in der Woche gibt es zu Mittag als Nachspeise einen gelben Kuchen mit einer warmen Vanillesoße.

Jeden Freitag wird nach dem Mittagessen und manchmal nach dem Abendessen ein Schokoladenpudding mit Birnen und Schlagsahne serviert. Am Nachmittag um 4 Uhr gibt es Tee und Cucumber Sandwiches (Brotschnitten mit grünen Gurken) oder Kuchen oder Toast und Marmelade. Also verhungern tu ich hier bestimmt nicht. Die Engländer trinken schwarzen Tee mit Milch. Daran muß ich mich noch gewöhnen.
Das Einzige, was mir nicht schmeckt, sind die Brussel Sprouts, grüne Minikrautköpfe, die nach Weihrauch riechen.

Brighton, 8. Oktober 1964
Liebe Mutti und lieber Papa,

Vielen Dank für die zwei Pfund. Ich lege ein Certificate im Maschinenschreiben für 30 Wörter in der Minute bei. Tausend Dank für die Erlaubnis zum Klavierunterricht.

Gestern, beim Mittagessen, ist Mrs. Cartland mit einem Hackmesser an unseren Stühlen vorbeigegangen und hat es über unsere Rücken quer entlanggestrichen, damit wir lernen, gerade bei Tisch zu sitzen, wie es sich für junge Damen gehört. Sie will sich nicht blamieren, wenn sie uns im Februar dem Bürgermeister von Brighton vorstellt. Jeden Dienstag nachmittag üben wir: wie man die Hand reicht, wie man vor der Königin Elisabeth knickst, wie man den Tee einschenkt, und wie man in ein Auto ein- und aus ihm aussteigt. Dazu benützen wir vier Stühle und etwas Phantasie.

Jeden Montag nachmittag fahren wir mit dem Bus zu einer Turnhalle für Health and Beauty. Übersetzt bedeutet das Gesundheits- und Schönheitspflege, aber es ist nur Gymnastik.

Letzten Sonntag hat der Leo mir einen Brief für die Christina aus Venezuela gegeben, und die hat sich nur totgelacht darüber.

Ich habe mich mit einem Mädchen aus Äthiopien angefreundet. Sie heißt Gladys Debbas, vom Green Room, ist blond und hat riesige grüne Augen. Letztes Jahr war sie noch steckerldürr. Ich habe es erst geglaubt, als sie mir ein altes Photo zeigte. Hier in England hat sie ganz schön zugenommen, und wenn man sie jetzt sieht, kann man sich kaum vorstellen, daß sie einmal schlank war. Deshalb ist sie sehr traurig und weint oft, denn sie macht sich große Sorgen, was ihr Vater sagen wird, wenn er sie als fette Nudel wiedersieht. Ihre Mutter ist vor paar Jahren gestorben.

Ihr Vater ist sehr streng und ein Richter dazu und es ist ihm viel an ihrem Aussehen gelegen. Daran erinnert Mrs. Cartland die Gladys fast täglich, so daß sie eine Wut auf die Mrs. Cartland hat und sie mit verkniffenen Lippen verflucht.

Die Gladys hat Sehnsucht nach ihrem Zuhause in Addis Abeba. Sie sagt, dort führte sie das schönste Leben in Reichtum und Glanz und jetzt muß sie sich von der Mrs. Cartland schikanieren lassen, nur, damit sie Englisch lernen kann.

Die Gladys spricht Italienisch und Französisch und schimpft leidenschaftlich in diesen Sprachen. Mir tut sie leid, weil sie sich beim Essen nicht beherrschen kann, wobei ihre Tischmanieren, trotz der guten Erziehung in Äthiopien, einiges zu wünschen übrig lassen, was Mrs. Cartland wiederum mehr Grund zum Kritisieren gibt. Die Gladys klagt, daß, egal wie sehr sie sich auch anstrengt, Mrs. Cartland immer etwas an ihr rumzunörgeln hat.

Letzten Samstag war ich mit der Gladys am Palace Pier und habe zum erstenmal Fisch und Chips probiert. Es schmeckte prima und war billig.

Papa, die Luft hier ist frisch, Sauerstoff so viel Du willst. Leider kräuseln sich meine Haare von der Feuchtigkeit.

Der Leo rennt der Christina nach, und die will nichts von ihm wissen und amüsiert sich nur über ihn.

Brighton, 20. Oktober 1964

Liebe Mutti und lieber Papa,

Herzlichen Dank für die zwei Pfund. Ich lege ein Certificate im Maschinenschreiben für 35 Wörter in der Minute bei.

Meine Klavierlehrerin war entsetzt als ich ihr »Für Elise« vorspielte. Die Begleitung mit der linken Hand war viel zu langsam. Der Herr Beethoven würde sich im Grab umdrehen, hat sie mir versichert.

Stellt Euch vor, ich bin eine Nonne in einem Theaterstück, das wir einstudieren. Die anderen sind auch Nonnen, wir sind alle Nonnen, sogar die behaarte Carmela aus Israel ist eine Nonne. Die Bernadette aus Frankreich hat gesagt, daß die Carmela aus Israel einen Kamm braucht, um ihre Haare am Busen zu kämmen. Wer weiß was die gemeine Bernadette über mich redet.

Das netteste Mädchen im Fairlie Place ist die Shahnaz aus Teheran. Sie ist mit der Farideh und Fahimeh befreundet und schon seit zwei Jahren hier im College. Sie hat immer ein Lächeln auf dem Gesicht und redet über keinen und jeder mag sie gern. Seit 16 ist sie verlobt und nächstes Jahr, wenn sie 18 wird, soll sie heiraten. Sie ist im White Room, dem schönsten Zimmer im Haus, und der Liebling der Miss Sylvester.

Außer der Shahnaz aus Teheran ist nur eine da, die länger hier ist. Drei Jahre ist sie schon hier und spricht immer noch kein Englisch. Die paar Wörter, die sie kann, versteht kein Mensch. Es ist eine Chinesin mit einem Mondgesicht und ich sehe sie eigentlich nur beim Essen. Sie trägt schwarze Röcke und weiße Blusen und wie alt sie ist, weiß niemand, aber aussehen tut sie wie eine Frau.

Brighton, 2. November 1964

Liebe Mutti und lieber Papa,

Vielen Dank für die zwei Pfund und den lieben Brief.

Meinen Sommermantel kann ich nicht mehr tragen, da das Wetter ziemlich kalt und naß geworden ist. Letzten Montag, als wir von Health and Beauty zurückkamen, war es schon dunkel, und oh, welche Wonne, als wir in der vom Zigarettenrauch warmen Conservatory saßen.

Besuch war da für die Nadia aus Mailand. Ihr Verlobter aus Paris war angekommen. Ein richtiger Aristokrat mit einem Spazierstock. Er hat einen Gehfehler, aber man merkt es kaum. Er trug Hut und Mantel und sah älter aus als 28. Die Nadia tat nicht sehr verliebt und seufzte erleichtert auf, als er nach zwei Tagen abreiste. Aber Weihnachten wird sie mit ihm und seiner Familie in Paris verbringen. Sie hat gesagt, es graust ihr davor, weil sie dort Schnecken essen muß.

Jeder schnorrt hier Zigaretten und am meisten schnorrt die Bernadette aus Frankreich. Die fragt gar nicht erst, die nimmt sich einfach eine aus der Packung raus und sagt ganz übertrieben, thank you darling, und lacht unverschämt. Die Einzigen, die nicht rauchen, sind die Miss Sylvester, die Miss Markham mit den rausgesetzten Zähnen, und die junge Lehrerin für Moderne Literatur. Die ist schwanger und hat immer rote Augen. Sie ist so streng wie die Frau Richter von der Riemerschmid. Das Buch, das wir im Unterricht lesen, heißt »Lord of the Flies«, übersetzt »Herr der Fliegen«, von William Golding. In dieser Klasse ist die gescheite Eva aus Deutschland, die am besten Englisch spricht.

Mrs. Cartland hat vorgeschlagen, daß ich für die Weihnachtsferien in England bleiben soll. Sie kennt eine jüdische Familie in Hove, bei der ich wohnen kann. Was denkt Ihr darüber? Die haben ein Friseurgeschäft gleich um die Ecke von ihrer Wohnung.

Fast alle Schülerinnen bleiben in England über Weihnachten. Die drei Mädchen aus Thailand fahren nach Bournemouth, einige gehen nach Oxford, die Farideh und die Fahimeh und die Shahnaz haben einen Platz in Kensington Park in London und haben mich sogar für ein Wochenende eingeladen. Die Carmela aus Israel bleibt auch in

London. Ein paar haben sich mit Engländerinnen von der Secretarial
School befreundet und sind zu denen eingeladen.

Brighton, 14. November 1964

Liebe Mutti und lieber Papa,

Vielen Dank für Euren Brief.

Nach meiner nächsten Klavierstunde in Hove werde ich beim Friseurladen vorbeigehen und mich vorstellen.

Letzten Samstag fand ein Tanzabend bei uns im College statt, zu
welchem Mrs. Cartland junge Männer von der Sussex Universität
eingeladen hatte.

Wir saßen in einem Häuflein zusammen auf der einen Seite vom
Dining Room, und als die jungen Studenten reinkamen setzten die
sich auf die andere Seite und wir starrten uns an bis Mrs. Cartland,
ohne Hündlein unterm Arm, einen jungen Engländer quer durch
den Saal führte, und ihn vor die Geraldine aus Frankreich hinstellte.
Dann ging sie zurück zur anderen Seite und holte sich einen zweiten, den sie vor die Christina aus Venezuela hinstellte. Als sie sich
einen dritten aussuchte und ihn zur Carmela aus Israel hinüberführ-
te, standen die anderen endlich auf und kamen zu uns rüber und ein
dünner Engländer bat mich zum Tanz.

Mrs. Cartland und Miss Sylvester haben zugeschaut, und wir kamen
uns alle blöd vor und waren froh, als es vorbei war.

Beim Abschied ehrten die Studenten das Fairlie Place College mit
einer Einladung von ihrer Universität zu einer Vorstellung von »Die
Gondoliers«, einer Oper von Gilbert und Sullivan, die in zwei
Wochen stattfinden soll. Die Bernadette aus Frankreich hat gesagt,
das fehlt noch, daß man sie in eine Oper schleppt. Sie hat einem, der
mit ihr tanzte, ins Ohr geflüstert, daß sie falsche Zähne hat, und der
Miss Sylvester hat sie mitgeteilt, daß sie sich für keine Männer interessiert, Frauen sind ihr viel lieber, und daß die Miss Sylvester genau
ihr Typ ist.

Brighton, 26. November 1964

Liebe Mutti und lieber Papa,

Vielen Dank für Euren Brief.

Die Bernadette aus Frankreich ist nicht so schlimm wie ich anfangs dachte. Sie bringt mir jeden Morgen im Speisesaal beim Frühstück ihr weiches Ei, weil sie keine Eier ißt und lächelt mich an wie eine Mutter ihr Kind.

Letzte Woche habe ich das Ehepaar in Hove kennengelernt. Ich ging in den Friseursalon und gleich hat man mir angeboten, meine Haare während der Weihnachtsferien grade zu machen. Stellt Euch vor, ich werde grade Haare haben.

Ich werde mein eigenes Zimmer bekommen und fernsehen kann ich so viel ich will und man braucht mich nur einmal zum Babysitting für die zwei Enkelkinder, die am Boxing Day mit Tochter und Schwiegersohn zu Besuch kommen. Boxing Day nennt man hier den Tag nach dem ersten Weihnachtsfeiertag. Was das bedeuten soll, weiß ich nicht, vielleicht zeigen sie Boxkämpfe im Fernsehen.

Ich habe den Film »My Fair Lady« gesehen und kein Wort von Eliza Doolittle verstanden, bis die Audrey Hepburn ein korrektes Englisch gelernt hatte. Ich kann mich erinnern, daß Ihr das Theaterstück in München gesehen habt.

Wir gehen fast jeden Sonntag Nachmittag ins Kino. Beim Eintritt fragt kein Mensch, wie alt ich bin. Man geht rein, kauft sich einen Long Dog mit Senf, das ist eine Wurst so lang wie mein Arm, was zu trinken, sitzt vier Stunden und sieht zwei Filme für dasselbe Geld wie einen und man raucht Zigaretten. So sauber wie in München sind die Kinos natürlich hier nicht. Der Boden ist verklebt und die Sitze sind befleckt, dafür werden jede Woche neue Filme gespielt; alles kann man eben nicht haben.

Brighton, 2. Dezember 1964

Happy Birthday, Papa!

Brighton, 11. Dezember 1964
Liebe Mutti und lieber Papa,

Vielen Dank für den lieben Brief. Ich habe mein erstes Examen in Englisch als Fremdsprache bestanden und schicke Euch mein Certificate der Ersten Stufe von der Royal Society of Arts. Nächste Woche mache ich mein Lower Cambridge Examen.

»Die Gondoliers« auf der Universität von Sussex war eine notdürftig zusammengestellte Oper, aber die Musik war munter.

Die Gladys ist untröstlich, weil ihr Vater sie für Weihnachten nicht nach Hause kommen läßt. Sie sagt, sie stirbt vor Heimweh.

Die Gladys denkt, daß Mrs. Cartland an ihren Vater in Addis Abeba Beschwerden über sie schreibt. Sie sagt, Mrs. Cartland ist eine Säuferin, die jeden Abend betrunken mit ihrem Dackel in ihren Wohnräumen am Boden liegt. Gladys sagt, würde Mrs. Cartland am Abend rauskommen, so könnte sie nur lallen. Und sie sagt, den Dackel braucht sie, weil sie keinen Mann hat, und sie meint, ich bin naiv für mein Alter.

Hove, 1. Januar 1965
Liebe Mutti und lieber Papa,

Ein glückliches Neues Jahr.

Ich bin schon fast zwei Wochen hier. Meine Haare sind lang und schnurgerade. Ich stehe den ganzen Tag vor dem Spiegel.

Als ich am Boxing Day auf die Boxkämpfe im Fernsehen wartete, wurde mir erklärt, daß dieser Feiertag nichts mit Boxen zu tun hat, sondern mit dem Verpacken der Weihnachtsgeschenke für die Dienstleute. Eine box ist eine Schachtel.

Die Enkelkinder wollten nicht einschlafen und ich habe mich eine Nacht lang abgeplagt. Ein Glück, daß sie nur zwei Tage da waren.

Ich habe während der Weihnachtsferien mehr Englisch gelernt, als die letzten drei Monate im Fairlie Place College.
Habt Ihr meine Karte aus London erhalten? Ich bin mit der Farideh

und Fahimeh aus Teheran auf der Bond und der Regent Street Schaufensterbummeln gegangen. In einem Geschäft in der Bond Street fiel mir eine schwarze Handtasche im Fenster auf.
Das Lower Cambridge Examen hat einen ganzen Tag gedauert. Falls ich es nicht bestanden habe, kann ich es im Juni wiederholen. Die meisten machen es sowieso erst nach einem Jahr.

Vorgestern nahm ich den Bus zum Strand in Hove und stand bei der Mauer am Meer und sah den stürmischen Wellen zu bis mein Gesicht ganz feucht war. Jetzt freue ich mich wieder auf die Schule. Wir ziehen um vom Orange Room in den Blue Room.

Brighton, 8. Januar 1965

Liebe Mutti und lieber Papa,

Vielen Dank für die Karte aus Seefeld.

Hier hat es nicht geschneit. Ich habe mir bei Marks & Spencer einen rosa und einen hellblauen Pulli mit schwarzem Muster gekauft.
Die Verkäuferin hat mich gefragt, wo ich herkomme, und als ich Deutschland erwähnte, wurde sie eiskalt. Das ist mir schon paarmal passiert. Es ist besser, man sagt, man ist aus Island oder Finnland, dann wird man nicht abgelehnt.

Im Blue Room kommen wir uns vor wie in einem Palast. Ich bin immer noch mit der Farideh aus Teheran und der Edith aus Frankreich zusammen. Die Schwester von der Farideh, die geschminkte Fahimeh, ist in den White Room umgezogen. Im vierten Bett von unserem Blue Room schläft die pflichtbewußte Helena aus Kolumbien, die ausschaut wie vierzig.

Ich werde William Shakespeare studieren. Das Lower Cambridge Examen habe ich bestanden. Das Certificate wird Euch zugeschickt.

Brighton, 17. Januar 1965

Liebe Mutti und lieber Papa,

Danke für das Geld. Ich habe auf der Barclay's Bank ein Konto eröffnet und schicke Euch den Auszug mit der Kontonummer.

Wir lesen den Julius Cäsar in der Shakespeare-Klasse und jede Schülerin hat eine der handelnden Personen zugeteilt bekommen. Ich bin der Cassius. Die Lehrerin ist darauf bedacht, daß uns der Kern dieses Meisterstückes nicht entgeht. Mit Verstand sollen wir lesen, und wenn wir am Ende der Zeile eine Pause machen, regt sie sich auf und zeigt uns, wie man es richtig vorträgt. Ich glaube, sie war mal eine Schauspielerin.

Die Gladys wird immer dicker. Sie mußte sich neue Sachen kaufen, da sie aus ihren alten Röcken und Kleidern rausplatzt. Mrs. Cartland hat sich geärgert und zur Gladys gesagt, daß, wenn sie so weitermacht, ihr Vater im Armenhaus landen wird.
Nächste Woche fahren wir nach London ins Victoria und Albert Museum.

Brighton, 20. Januar 1965

Liebe Mutti und lieber Papa,

Meine Haare sind kaputt. Gespalten, zersplittert, ausgetrocknet und nicht mehr grade. Ich mußte sie ein ganzes Stück abschneiden. Zur Zeit sehe ich blöd aus.

Ich lege ein Certificate im Maschinenschreiben für 40 Wörter in der Minute bei.

Der Berta würde die Hitparade im Fernsehen hier gefallen. Der Nummer-Eins-Schlager ist »Pretty Woman«, Roy Orbison. Ganz toll.

Brighton, 1. Februar 1965

Liebe Mutti und lieber Papa,

Vielen Dank für die zwei Pfund. Die Tasche war immer noch im selben Geschäft in der Bond Street in London. Jetzt steht sie in meinem Schrank. Du wirst begeistert sein von der Qualität, Papa. Sie ist schwarz, mit einem goldenen Verschluß, der kracht, wenn man ihn zumacht.

In London hat uns Mrs. Cartland in ein chinesisches Restaurant geführt. Die Gladys hat sich mit den Fish Crackers vollgestopft und mußte sich den Rock aufmachen, damit sie atmen konnte. Die Fish

Crackers sehen aus wie Kartoffelchips, aber sie sind nicht flach, sondern etwas gewölbt, innen hohl, und schmecken eben nach Fisch.

Brighton, 15. Februar 1965

Liebe Mutti und lieber Papa,

Es ist ein Glück, daß ich mein schwarzes Samtkleid mitgenommen habe. Der Empfang beim Bürgermeister von Brighton war hochelegant.

Am besten sah die Vannee aus Thailand aus. Über ihrem türkisfarbenen, engen, langen Seidenkleid im chinesischen Stil trug sie eine Schärpe, und ihre schwarzen graden Haare glänzten im Schein der Kristallüster. Ich glaube sie war der ganze Stolz der Mrs. Cartland. Richtig exotisch sah sie aus und wie eine Abgeordnete ihres Landes.

Dagegen kam ich mir mit meinen anthrazitenen Handschuhen und den hinter die Ohren gekämmten und oben mit einer Spange zusammengerafften Haaren häßlicher vor als je. Am schlimmsten sah die Gladys aus mit ihren weißen Büstenhalterträgern, die unter dem schwarzen Kleid an den Schultern hervorlugten.

Wir stellten uns in einer Reihe an und eine nach der anderen reichte dem Bürgermeister die Hand und sagte »How do you do?« und er sagte auch »How do you do?«. Neben dem Bürgermeister stand Mrs. Cartland, sehr elegant gekleidet, von Lallen war keine Spur, und lächelte stolz, nur bei der Gladys hat sie ihr Gesicht verzogen.

Der Bürgermeister trug einen weinroten Mantel mit breiten Ärmeln, die mit Pelz besetzt waren. Der Kragen war auch mit Pelz überlegt und unter dem Doppelkinn bauschte sich ein weißes Spitzentuch. Auf der Brust lagen drei Reihen schwerer goldener Ketten, die an der linken Schulter mit einer glänzenden Atlasschleife zusammengehalten waren. Dazu kamen noch etliche Orden und Medaillen und an den Händen trug er weiße Handschuhe mit breiten Spitzen. Das hätte Dir gefallen, Papa. Es war ein Empfang für die ausländischen Studenten in Brighton. Allein von unserem College waren 14 Nationen vertreten.

Ein höflicher Mann aus Indien mit einem Bart und einem weißen Turban auf dem Kopf unterhielt sich mit mir über Deutschland, und beim Verabschieden hat er mich für nächsten Sonntag zum Essen in ein indisches Restaurant in Brighton eingeladen.

Brighton, 25. Februar 1965

Liebe Mutti und lieber Papa,

Daß Ihr alles gleich so ernst nehmt. Ich bin nicht in den Inder verliebt. Er war doch nur höflich zu mir. Außerdem hat er mir leid getan, weil er ganz alleine war. Aber ich kann mich sowieso nicht mehr mit ihm treffen, denn der Knoblauchgeruch war nicht zum Aushalten.

Ich lege Euch die Photos von dem bürgermeisterlichen Empfang bei. Gestern sind wir mit dem Zug nach Chichester gefahren.

Cambridge, 3. März 1965

Herzliche Grüße aus Cambridge.

Salisbury, 8. März 1965

Wir kommen gerade von Winchester. Gruß vom Steinkreis von Stonehenge.

Brighton, 10. März 1965

Liebe Mutti und lieber Papa,

Mrs. Cartland sagt, daß ein wichtiger Teil unserer Schulausbildung das Reisen ist, und sie will uns so viel wie möglich von dem guten alten England zeigen. Morgen fahren wir wieder nach London, und machen Ausflüge nach Ascot und Wimbledon.Für die Osterferien hat Mrs. Cartland eine Reise nach Schottland vorgeschlagen. Die Gladys möchte fahren. Mrs. Cartland hat gesagt, sie wird Euch die Einzelheiten mitteilen.

Brighton, 20. März 1965

Liebe Mutti und lieber Papa,

Danke für Euren Brief und daß Ihr mich nach Schottland fahren laßt. Elf vom College fahren, und wir werden eine Begleiterin mitbekommen, die für uns verantwortlich ist.

Wir waren im Theater in Covent Garden in London und hatten Plätze unten in der dritten Reihe. Könnt Ihr Euch vorstellen, ich sah den Laurence Harvey lebendig auf der Bühne? Er hatte ein Gipsbein und spielte den König Arthur in Camelot.
Die Kulissen wirkten echt, da hat nichts gefehlt. Sogar kleine weiße Wölkchen schwebten am blauen Himmel dahin.

Brighton, 22. März 1965

Happy Birthday, Mutti!

Oxford, 25. März 1965

Gruß aus Oxford.

Brighton, 1. April 1965

Liebe Mutti und lieber Papa,

Danke für Euren Brief. Ich habe mein zweites Examen in Englisch als Fremdsprache bestanden und schicke Euch mein Certificate der Zweiten Stufe von der Royal Society of Arts.

Ich kann meinen Sommermantel wieder tragen. Im Park beim Royal Pavillion fängt es an zu grünen. Mrs. Cartland sagt, daß wir im Mai schon baden gehen können. Ich habe mir einen rosa-weiß karierten Bikini gekauft.

Der Leo hat es endlich geschafft. Er ist alleine mit der Christina ausgegangen. Sie sagt, er ist nicht ihr Typ.

Am 12. April fahren wir am Abend von hier weg und kommen am folgenden Morgen an. Die Reise dauert 10 Stunden. Der Bus ist mit

Toiletten und Waschraum ausgestattet und heißt Luxury Coach. Soll bequem sein.

Brighton, 10. April 1965

Liebe Mutti und lieber Papa,

Tausend Dank für Euren Brief und die zehn Pfund. Ich schreibe Euch aus Schottland.

Schottland, 13. April 1965

Liebe Mutti und lieber Papa,

Es ist 6 Uhr früh. Wir sind irgendwo im Nebel ganz zerschlagen vor einer Gaststätte vom Bus ausgestiegen und bekamen Rühreier und Wurst und Biscuits an langen Tischen serviert. In einer Stunde kommen wir in Edinburgh an.

Royal Stuart Hotel
Edinburgh, 15. April 1965

Liebe Mutti und lieber Papa,

Als wir in Edinburgh einfuhren, lugte die Sonne zwischen den Wolken hervor und vom Busfenster sah ich Männer mit behaarten Beinen in dunkelblauen Kniestrümpfen und karierten Schottenröcken mit Sicherheitsnadeln und Aktentasche in der Hand zur Arbeit gehen. Daß es denen nicht kalt ist.

Unser Zimmer ist im Erdgeschoß vom Hotel. Ich teile meines mit der Gladys. Das Essen ist ganz gut, aber in der Fleischzubereitung haben die Schotten noch einiges zu lernen.

Gestern verbrachten wir den Nachmittag auf dem Schloß von Maria Stuart. Heute abend gehen wir auf eine Filmpremiere in das größte Kino in Edinburgh.

Royal Stuart Hotel
Edinburgh, 16. April 1965

Liebe Mutti und lieber Papa,

Der gestrige Film war der schönste, den ich je in meinem ganzen Leben gesehen habe. Er heißt »The Sound of Music«, das wäre in deutsch »Der Klang der Musik«. Wie der offizielle Titel in deutsch heißen wird, weiß ich nicht, aber ich sage Euch gleich, es ist die Geschichte von der Trapp Familie. Könnt Ihr Euch meine Überraschung vorstellen?

Ich sitze da im Dunkeln, auf der riesigen Leinwand läuft die Julie Andrews mit ihrem schwarzen Nonnenkleid und der gestreiften Schürze in den österreichischen Bergen rum, die Klosterglocken läuten, schon packt sie ihren Koffer und sitzt im Bus und singt, und die Ruth Leuwerick kommt mir in den Sinn. Es kam mir bekannt vor.

Aber erst als die Julie Andrews in der Eingangshalle von dem prächtigen Herrenhaus stand, und der Christopher Plummer, ein dufter Mann, schrill auf der Pfeife blies, da wußte ich mit Sicherheit, es war die Trapp Familie. Und da kamen die Kinder die Treppen runtermarschiert. Ich konnte es nicht fassen, daß die Geschichte von der Trapp Familie auf der ganzen Welt gezeigt wird.

Als ich die blühende Landschaft auf der Leinwand sah, bekam ich Heimweh, denn es erinnerte mich an Deutschland und an die Alpen, und während der Pause habe ich vor den anderen angegeben, daß ich schon in Österreich war und daß es sogar noch schöner ist als im Film und daß Deutschland genauso schön ist und ich war krank vor Sehnsucht nach Hause. Ich bringe Euch die Schallplatte mit.

Royal Stuart Hotel
Edinburgh, 17. April 1965

Liebe Mutti und lieber Papa,

Heute waren wir am Firth of Forth an der Ostküste von Schottland und haben die längste Brücke der Welt angestaunt. Danach fuhren wir zu einem Loch, aber es war so neblig, daß wir kein Loch sehen konnten.
In Edinburgh ist das Wetter sonnig und warm und wir gehen viel

spazieren auf der Princess Street, wo alle Geschäfte sind und paar Cafés. Am Abend schauen wir Fernsehen im Hotel. Außer dem Film von der Trapp Familie spielen hier nur Monster- und Gespensterfilme in den Kinos.

Brighton, 27. April 1965

Liebe Mutti und lieber Papa,

Herzlichen Dank für die Geburtstagskarte und das Geschenk. Ich habe es gleich auf die Bank gebracht.

Ausgerechnet die Säuferin Edith aus Frankreich muß denselben Geburtstag haben wie ich. Heute abend sollen wir zwei die Kerzen auf unseren Geburtstagstorten ausblasen.

Jetzt muß ich Euch etwas Wichtiges mitteilen. Ich habe jemanden kennengelernt in Edinburgh. Wir waren die ganze Zeit zusammen und er will mich heiraten.

Zum erstenmal sah ich ihn auf dem Schloß von der Maria Stuart. Von weitem sah er aus wie John F. Kennedy. Ich merkte, daß er mir durch die Räume im Schloß nachging. Wo ich war, da stand er nicht weit entfernt. Als wir später vor unserem Hotel abgesetzt wurden, wartete er vor dem Eingang und reichte mir die Hand, als ich vom Bus ausstieg. Er wohnte im selben Hotel wie wir und war mit einer Gruppe aus Südafrika hier um sich die Rugby-Fußballspiele anzuschauen.

Er heißt Denis Robbins und ist 34 Jahre alt. Er ist groß und blond mit blauen Augen, er hinkt und er hat eine rote Narbe auf der rechten Seite vom Gesicht. Und gerade deshalb liebe ich ihn, weil er hinkt und weil er eine Narbe hat.

In Durban, wo er lebt, hat er eine Farbenfabrik. Nach einer Woche hat er mich gefragt, ob ich ihn heiraten will. Er hat mir eine Schachtel Schokoladen und einen Veilchenstrauß gekauft.

Er hat gesagt, daß wir in einem großen Haus in Durban wohnen werden, und daß er mir zwei Schäferhunde zur Bewachung gibt. Er ist zur selben Zeit von Schottland abgereist wie ich und wohnt jetzt für paar Wochen im Greenpark Hotel in London, von wo er mich gleich nach meiner Rückkehr von Schottland angerufen hat. Er möchte Euch kennenlernen und ist bereit, nach Deutschland zu kommen. Übrigens, er spricht fließend Deutsch.

Nächstes Wochenende kommt er hierher mich besuchen. Er ist nicht jüdisch, er ist Methodist, und er hat gesagt, er geht nicht in die Kirche. Mrs. Cartland hat Euch wahrscheinlich schon benachrichtigt, da unsere Reisebegleiterin ihr sofort alle Einzelheiten mitteilte.

Mrs. Cartland sagt, sie macht sich Sorgen um mich, aber ich finde, ich bin alt genug, um zu wissen was ich tue. Bitte sagt ja, damit ich im Dezember heiraten kann.

IM ROYAL HOTEL

»A telephone call for Laura!«

Ich rase in das Büro von Mrs. Cartland, die mir lächelnd den Hörer
hinhält. Bestimmt ist es der Denis.
»Laura!«
»Mutti!«
»Wie geht's dir, Laura?«
»Mir geht's gut, Mutti. Ist was los?«
»Ist was los? Nichts ist los. Wir sind hier in Brighton.«
»Was? In Brighton? Wieso denn?«
»Du fragst mich wieso? Nach dem letzten Brief fragst du wieso?«

»Warum sagst du nichts, Laura? Du willst doch heiraten, oder?«
»Ja schon, aber ...«
»Nu also. Kommt dein Bräutigam nicht her am Samstag? Ruf ihn
an und sag ihm, deine Eltern sind gekommen, ihn kennenzuler-
nen.«
»Mutti, wo seid ihr denn überhaupt?«
»Im Royal Hotel. Wir sind im Royal Hotel. In einer Stunde kom-
men wir zu dir und holen dich ab. Tschau.«

Die Mutti, der Papa und ich sitzen auf Sofa und Sesseln beim Tee im
Royal Hotel.

Jemand spielt Klavier und weißbefrackte Kellner schieben ihre
Wägelchen mit weißen Cucumber Sandwiches und delikaten Tört-
chen auf und ab.

Der Papa sagt, ich schau einmalig aus und daß ich mich ganz verän-
dert habe. Die Mutti schaut mich nur traurig an. »Also kommt er
morgen von London?«
»Um ein Uhr, Mutti.«
»Nu, da bin ich schon gespannt.« Die Mutti schaut mich noch trau-
riger an, und der Papa sagt kein Wort.
»Was sagen deine Freundinnen zu deinen Heiratsplänen?«
»Meine Freundinnen?«

»Ja, die Gladys oder die Farideh. Was sagen die?«

»Die finden es alle toll, Mutti.«

»Toll. Na ja. Werden wir noch sehen.«

»Laura, weißt du, daß die Methodisten eine fanatische Sekte sind?«
Der Papa hat gesprochen.

»Nein, Papa. Der Denis hat gesagt, die Methodisten sind so ähnlich
wie die Protestanten. Er geht sowieso nicht in die Kirche.«

»Das sagen sie alle. Und du willst mir sagen, daß er Ostern und
Weihnachten nicht in die Kirche geht?« »Ich weiß nicht, Papa.«

»Laura, wie stellst du dir das alles vor? Du bist doch jüdisch. Willst
du in der Kirche knien? Er wird doch eine kirchliche Trauung ver-
langen.«

»Papa, er verlangt überhaupt nichts von mir. Er will mich nur ver-
wöhnen.«

»Schon gut, Laura. Er ist ein Krüppel, sagst du, mit einer Narbe im
Gesicht, oder?«

»Aber dafür kann er doch nichts, Papa. Schau, so sieht er aus.« Ich
zeige ihnen einen kleinen Schnappschuß in schwarzweiß. »Oj, laß
mich«, sagt die Mutti, und »Schon gut, wir werden sehen«, sagt der
Papa.

Am nächsten Tag stehe ich um Viertel vor Eins am Ende vom Bahnsteig, an dem der Zug aus London ankommt. Vielleicht hat er
sich nur mit mir die Zeit vertrieben, wahrscheinlich kommt er
gar nicht. Vielleicht wäre es besser so. Wie kann ich ihn der
Mutti und dem Papa vorstellen? Die werden bloß die Narbe
sehen und daß er ein Bein nachzieht und ein Methodist ist. Der
arme Denis. Wie kann ich ihm das antun? Hoffentlich kommt er
gar nicht. Der Zug läuft ein. Gott sei Dank, er ist nicht gekommen. Er ist da. Vom letzten Waggon ist er in Hut und Mantel
ausgestiegen. Ich kann es kaum glauben. Er hat keine Angst vor
der Mutti und dem Papa.

Mit Taxi fahren wir zum Royal Hotel. Zwischen uns auf dem Rücksitz ist ein kleiner Abstand. Er sagt, er findet mich verändert.

Dort, wo wir gestern Tee getrunken haben, warten die Mutti und
der Papa. Der Denis legt Hut und Mantel ab, nimmt Platz im Sessel
und stellt seinen Stock daneben hin. Die Mutti und der Papa schau-
en auf den Stock. Der Papa sitzt auf dem Sofa zur rechten Seite, die
Mutti im Sessel gegenüber vom Denis und ich im Sessel zur linken
Seite vom Denis.

Muttis Augen bohren durch ihn hindurch. Wäre er ein verurteilter Kindermörder, könnte ihr Blick nicht strenger sein.

Der Papa fragt sehr leise: »Herr Robbins, darf ich einen Blick in Ihren Paß werfen?« Und Denis greift in seine Brusttasche und schaut mich an. Und ich sage nichts. Und der Papa blättert aufmerksam im Paß und fragt: »Herr Robbins, von woher stammen Ihre Großeltern? Und Ihr Großvater, Herr Robbins, was war Ihr Großvater von Beruf? Und Ihr Vater, Herr Robbins? – Und Ihre Mutter lebt, Herr Robbins?« Der Papa notiert sich die Adresse des Altersheims, im dem die Mutter vom Denis wohnt.

»So, im Altersheim ist die Mutter. Und warum, wenn ich so frei sein darf, zu fragen?« Der Papa begreift nicht, wie man eine Mutter ins Altersheim einliefern kann. Das zeigt schlechten Charakter, sagt er zum Denis. Und der Papa kann es nicht zulassen, daß seine Tochter einen Mann mit schlechtem Charakter heiratet, einen Mann, der seine Mutter im Stich gelassen hat.

Nein, sagt der Papa, er wird es nicht erlauben, daß seine Tochter und der Herr Robbins heiraten. Daß ich zu jung bin, meint der Papa, daß der Herr Robbins zu alt ist, daß Südafrika zu weit weg ist und unsere Bekanntschaft zu kurz; und die ganze Zeit geht es doch nur darum, daß der Denis nicht jüdisch ist. Mein Herz hämmert. Herr Robbins soll mir nach Kanada Briefe schreiben, wenn er will, sagt der Papa, und wenn wir uns nach zwei Jahren immer noch lieben, dann kann man weiter darüber reden.

Draußen vor dem Hotel sagt der Denis zu mir, daß die Mutti und der Papa mich bange gemacht haben, daß er auf mich warten wird und mir schreiben wird, aber daß er jetzt nach London zurückfährt, weil er es hier keine Minute länger aushalten kann. Und er steigt in ein Taxi ein und ist weg.

Der Papa sitzt auf dem Sofa mit der Brille in der Hand und weint. Die Mutti steht im Ladies Room über eine Toilettenschüssel gebeugt und bricht, und mit jedem Stoß des Übergebens schreit sie, als würde man sie ermorden. Da zerreiße ich das Foto vom Denis und verspreche der Mutti und dem Papa, daß es aus ist. Am übernächsten Tag reisen sie wieder ab.

Brighton, 8. Mai 1965

Alles Gute zum Muttertag.

Stratford-upon-Avon, 15. Mai 1965

Das ist das Shakespeare-Haus. Richtig eingeengt fühlt man sich da drin. Die Menschen waren damals viel kleiner. Wir sind am Avon gerudert. Heute abend sehen wir »Ein Mittsommernachtstraum«.

Coventry, 16. Mai 1965

Wir sind auf der Rückreise von Stratford-upon-Avon. Diese Kathedrale wurde in einem deutschen Bombenangriff im Zweiten Weltkrieg vollkommen zerstört, und Ihr seht, sie ist wieder neu aufgebaut. Es war peinlich für uns Mädchen aus Deutschland.

Brighton, 24. Mai 1965

Liebe Mutti und lieber Papa,

Ich lege ein Certificate im Maschinenschreiben für 45 Wörter in der Minute bei.

Heute hat mich der Denis aus London angerufen. Er hat gesagt, er hat mir zwei Briefe geschrieben. Ich habe aber keine erhalten. Die Gladys vermutet, daß Mrs. Cartland meine Post vom Denis abgefangen hat. Wißt Ihr etwas davon?

Brighton, 4. Juni 1965

Liebe Mutti und lieber Papa,

Die zwei Pfund habe ich erhalten.
Danke für die Briefe vom Denis. Ich hätte sein Bild nicht zerreißen sollen. Nur Euch zuliebe habe ich es getan.

263

Brighton, 11. Juni 1965
Liebe Mutti und lieber Papa,

Ich lege das Certificate der Dritten Stufe von der Royal Society of Arts bei. In einer Woche mache ich das Proficiency Examen. Der Denis ist zurück in Südafrika.

Hier ist es so heiß, daß man zum Strand gehen kann. Die Christina aus Venezuela sieht reizend im Bikini aus, aber vom Leo will sie nichts wissen, und der sitzt in seiner schwarzen Badehose verzweifelt auf den spitzen Steinen am Strand rum und beobachtet sie von weitem.

Mir hat er anvertraut, daß er für seine Eltern tot wäre, wenn er ein christliches Mädchen heiraten würde. Ich für Euch wahrscheinlich auch, wenn ich den Denis heirate, oder? Mir tut es ehrlich leid, daß ich jüdisch bin. Ich hasse es, jüdisch zu sein, damit Ihr's nur wißt.

Brighton, 20. Juni 1965
Liebe Mutti und lieber Papa,

Das Proficiency Examen war schwer. Ich kann mir nicht vorstellen, daß ich es bestanden habe. Das Ergebnis wird mir in München schriftlich zugestellt, aber es kann sein, daß ich es vor der Abreise nach Kanada noch gar nicht bekomme.

Ich bin so froh, daß wir noch einmal nach Italien fahren. Es sind ja meine letzten Ferien mit Euch.

Brighton, 25. Juni 1965
Liebe Mutti und lieber Papa,

Heute habe ich meine Flugkarte abgeholt.
Ich lege das letzte Certificate im Maschinenschreiben für 50 Wörter in der Minute bei. Zu mehr werde ich es auf diesen alten Klapperkästen nicht bringen, sagt die Lehrerin.

Die Vannee aus Thailand bekam ein Paket von zu Hause mit allem möglichen Eßzeug, und als ich ihr beim Auspacken zusah, hat sie mir ein großes Stück von einer gewürzten Wurst in den Mund gesteckt. Eine Stunde lang stand ich im Badezimmer und spülte und gurgelte. Die Thailänderinnen lieben scharfe Sachen. Sogar auf die Orangen schütten sie sich Salz drauf und sagen, daß das Salz erst den vollen Geschmack der Frucht rausbringt.

Die Farideh und die Fahimeh aus Teheran werden nächstes Jahr in London wohnen. Die Shahnaz wird heiraten. Ein paar von den Mädchen bleiben hier, auch die Gladys, obwohl sie nicht will.
Mrs. Cartland hat gesagt, sie kann die Gladys nicht fett nach Addis Abeba zurückschicken, sowas will sie ihrem Vater nicht antun. Die Gladys hat ihrem Vater geschrieben, daß Mrs. Cartland eine Säuferin ist, aber ihr Vater hat es ihr nicht geglaubt.

ABSCHIED

1.

In München kommt mir alles fremd vor. Die Friede sagt, ich schau ganz anders aus. Die Mutti reicht mir einen dicken Briefumschlag mit südafrikanischen Briefmarken drauf und erwähnt so nebenbei, daß ich nach der Rückkehr aus Italien einen Termin für die Untersuchung beim kanadischen Arzt habe.

Eine Woche später rufen mich der Papa und die Mutti in die Küche. Ich soll die Türe zumachen und mich hinsetzen. Sie haben mir etwas mitzuteilen.

Ein 28-jähriger Rechtsanwalt jüdischen Glaubens auf Europa Tour ist aus Chicago angekommen. Er ist ein Sohn von Bekannten von Bekannten von der Tante Jaga in New York. Sobald er bei uns anrufen wird, soll ich ihn zum Abendessen einladen. Meine ganze Zukunft könnte davon abhängen, ich soll mich schön anziehen, das eierschalenfarbene Kleid mit den Trägern, das stehe mir am besten.

Und tatsächlich ruft der Mensch bereits am nächsten Nachmittag an und spricht englisch mit mir. Gerne würde er vorbeikommen. Er ist in der Nähe vom Hofbräuhaus. Wie kommt man in die Borstei von dort, und haben wir zufällig Pumpernickel zu Hause? Er liebt nämlich Pumpernickel. Eine Stunde später klingelt es an der Wohnungstüre und im Hausgang steht ein lässiger, braungebrannter Typ mit einem Rucksack über der Schulter.

Ich bin froh, daß die Berta mit uns im Eßzimmer sitzt, denn obwohl die Mutti zu ihr gesagt hat, sie soll ihren Mund nicht aufmachen, weil sowieso nichts als Blödsinn rauskommt, unterhält der Typ sich gut mit ihr und es wird viel gelacht. Er hat Trauerränder unter den Fingernägeln, und er stopft sich mit Pumpernickel, Streichleberwurst und Pressack voll, als ob er seit Monaten nichts gegessen hätte.

»Stell dir vor«, sagt der Papa und schüttelt den Kopf, als der Typ weggegangen ist, »das soll ein Rechtsanwalt sein. Hast du seine dreckigen Nägel gesehen?« fragt er die Mutti. »Sowas schickt uns die Jaga. Ein Rechtsanwalt. Ein Rechtsanwalt trägt einen Anzug, nicht zerrissene Hosen. Das ist nichts für dich, Laura.«

2.

Die Zeit zu Hause vergeht viel zu schnell. Wir fahren nach Italien, aber nicht nach Milano Marittima, sondern nach Riccione. Die Mutti hat gesagt, daß ihr Bruder Pinje, unser Onkel Paul, auf einer Europareise ist und sich in Riccione im Grand Hotel für ein paar Tage ausruhen wird. Die Frau und Kinder hat er zu Hause gelassen. Nur seinen Filmapparat hat er mitgenommen, und die Mutti hat gesagt, er will uns filmen, damit er in Los Angeles rumzeigen kann, was für schöne Nichten er hat, und vielleicht wird ein Regisseur in Hollywood uns noch entdecken. Der Paul kann alles, sagt die Mutti, er weiß sich überall zu helfen.

Der Strand in Riccione ist genau so schön wie der in Milano Marittima. Dieses Jahr wohnen wir sogar in einem Hotel direkt am Meer.

Für die Strandkabine und das Fleckchen Sand mit Schirm und zwei Liegestühlen hat der Paolo, ein dürrer deutschsprachiger Italiener mit einer Haut wie Leder und einer Nase wie der Großglockner, die Lire von der Mutti kassiert. Um fünf Uhr früh ist er schon am Strand beim Kehren und Schirmaufstellen und Vorbereiten für die sich erholenden Menschenmassen, und er wird jeden Tag vor meinem Hotelfenster pfeifen, damit ich den Sonnenaufgang nicht verpasse.
Ich schwimme allein, wenn die Sonne auf der Seite von Jugoslawien aus dem Wasser taucht und zitternd in den Himmel steigt, und nur der Paolo, mit seinem Strohhut am Kopf, steht lang und dünn wie ein Pfahl im Sand. Es ist ruhig und friedlich, und nachher setze ich mich zu ihm, wo er seinen Platz für den ganzen Sommer hat, und gebe ihm eine von meinen Benson & Hedges, die gleichen, die der Denis in Schottland geraucht hat.
Das Bewundernswerteste an den Urlaubern ist ihre Bräune. Man vergleicht sich, man fragt, wie lang man schon da ist. Man hält die Arme nebeneinander um zu sehen, wer bräuner ist. Man will braun in den Regen zurückkommen, um beneidet zu werden. Je bräuner, desto besser. Die käseweißen Neuankömmlinge müssen sich mitleidige Musterungen gefallen lassen. Der ganze Strand riecht nach Sonnenöl. Am besten ist es, man schnappt erst ein bißchen Sonne,

bevor man hierherkommt, um einen Vorsprung zu gewinnen. Am schnellsten und leichtesten wird man braun, wenn man auf der Luftmatratze im Wasser liegt.

Ich habe meinen Busen verbrannt. Der Paolo weint, sobald er mich im englischen Bikini von weitem sieht und fleht mich an, ich soll seine Lieblinge zudecken, weil er es nicht aushalten kann, daß ich die gesunden Äpfel, an denen sich sein Auge täglich erfreut hat, roh und in Hautfetzen am Strand rumtrage.

3.

Der Onkel Paul ist angekommen. Die Mutti sagt, wir sollen uns schön anziehen und wir nehmen uns ein Taxi zum Grand Hotel, wo der Onkel Paul in Shortshosen mit seinem Filmapparat an einem runden Tisch auf der hohen Terrasse sitzt. Seine Füße berühren den Boden kaum, und als er vom Stuhl runterhüpft, reicht er mir bis zur Nase.

Er macht ein großes Getue mit den Kinderlein, wie er uns in seinem übertriebenen und sehr prononcierten Deutsch nennt, und sagt, »Ja, auf Deutschland, da freue ich mich schon.«
Sein nächstes Reiseziel ist Venedig, dann Wien, Budapest, Prag, und von dort wird er einen Sprung nach München machen, denn zum Humplmayer muß er unbedingt essen gehen.

Eigentlich haben sich die Mutti und ihr Bruder, der Pinje, wie sie ihn nennt, nicht viel zu sagen, und das Gespräch beschränkt sich auf »Nu, was sagst du, Hela« und »Nu, was sagst du, Pinje« und »Ja, so ist es« und »Ja, das ist das Leben« und »Nu, Kinder, sagts doch etwas« und »Nu, Pinje, was machst?« und »Nu, Hela, was gibt's?«

Es ist kaum mehr zum Aushalten, da schreit der Onkel Paul auf einmal »Laura, komm, wir mieten ein Boot und ich werde einen Film machen, ja? Du auch, Berta, komm, gehn wir.« Die schüchterne Friede hat er nicht beachtet, und die Friede hat sowieso Angst vor den Wellen.

Der Onkel Paul kann nicht schwimmen. Das sagt er mir erst, als ich so weit gerudert bin, daß der Strand nur noch ein heller Streifen mit bunten Punkten ist. Einen Schwimmreifen haben wir nicht dabei.

Der Onkel Paul sitzt der Berta und mir gegenüber mit gespreizten Beinen in einer weißen schlotternden Badehose und filmt den Himmel, die Wellen und meinen Busen. Das wird eine Nahaufnahme, sagt er, und er hat Freunde in Hollywood, sagt er.

»Sag mal, Onkel Paul, hast du keine Angst, daß das Boot umkippt?« fragt die Berta.

»Angst? Ertrinken werd ich nicht. Macht euch keine Sorgen. Ich war schon in einer schlimmeren Lage. Was redet ihr? Mich hat man sogar im Krieg nicht geschnappt.«

»Wieso, Onkel Paul? Warst du nicht im Lager?«

»Einen Tag war ich im Lager. Das war nichts für mich. Bin gleich abgehauen.«

»Aber Onkel Paul...«

»Zu Fuß bin ich gegangen neben einem Feld im Schnee, mit einer Kugel hier.« Er zeigt auf seine Brust. »Da kommt ein Lastwagen angefahren, hinter mir. Halt!« Das Boot schaukelt, so laut schreit der Onkel. »Halt! Und ich stehe, stramm, verstehst, wie ein Soldat.«

»Onkel Paul, bitte, das Boot, bleib sitzen.«

»Stramm steh ich und der Soldat brüllt mich an, was bist du, ein Jude? Ich, hab ich gesagt, ein Jude? Ich bin ein Pooole. Das hab ich auf Hochdeutsch gesagt. Steig ein, so hat er mir befohlen, und hat mich bis an die Grenze von Ungarn mitgenommen. Und weißt, was er gesagt hat, als ich ausgestiegen bin? Ich weiß doch, daß du ein Jude bist, das hat er gesagt, aber bist ein kluger Jude, und deshalb laß ich dich laufen. Versteht ihr, Kinderlein, da soll ich Angst haben vor ein bißchen Wasser?«

Drei Tage bleibt der Onkel Paul in Riccione. Die Mutti sagt, er übertreibt, und ich brauch nicht alles so zu glauben, wie er es erzählt. Aber es stimmt, daß er nicht im Lager war. In Budapest, wo er sich in seine zukünftige Frau, die schöne Hedi, verliebte, hat er arische Papiere besorgt, und sich und ihr das Leben gerettet.

In Los Angeles heißt die Hedi Viola, und aus dem ehemaligen polnischen Pinje ist Paul of California geworden, der die Kasinos in Las Vegas mit Krawatten und Schürzen für die Kartenverteiler an den Spieltischen versorgt. Ein gutes Geschäft, sagt die Mutti.

Als ich schwarz bin von der Sonne, kommt der Papa angereist und sagt, zuviel Sonne ist gefährlich, und ich soll nicht so übertreiben.

Der Urlaub geht zu Ende, und den Paolo würde ich gerne nächsten Sommer wiedersehen, aber da werde ich nicht mehr hier sein.

4.

Die Friede kommt in die sechste Klasse Volksschule und die Berta geht in eine Privatschule, da sie im vorigen Jahr die Probezeit in der Riemerschmid nicht bestanden hat.

Für mich ist die Schule zu Ende. Das Certificate für das bestandene Proficiency Examen habe ich mit der Post erhalten.

Einen Platz zum Wohnen hat die Tante mir schon besorgt, ein Zimmer in der Wohnung von einem Herrn und einer Frau Ostrovsky in der Birnam Street in Montreal, gleich in der Nähe von der Tante und vom Onkel, für 40 Dollar Miete im Monat.

Es geht zur ärztlichen Untersuchung. Nichts ist erniedrigender, als splitternackt vor einem grauhaarigen Mann zu stehen, der mit einem Gummifinger in meinem Arschloch rumsucht.

Ich kann auswandern, sagt er, als er fertig ist, und schaut mir beim Ankleiden zu. Sein Deutsch ist schrecklich. Ich will nicht weg. Die Formulare sind ausgefüllt, das ärztliche Zeugnis ist unterschrieben und am Polizeirevier in Moosach knallt der Beamte einen Stempel auf eine Urkunde und schreit »Abgemeldet«.

Zu mir sagt er leise, »Ja liebes Fräulein, warum denn ausgerechnet nach Kanada? Da schneit's doch nur. Sie sind doch ein Münchner Kindl, bleibn S' doch da.« Am liebsten würde ich heulen. Und am liebsten würde ich dableiben. Zu spät. Ich muß fort.

Der Papa hat mir versprochen, er wird sich zusammenreißen und der Friede nichts tun. Die Berta hat mir versprochen, die Friede zu beschützen, aber ich glaube es ihr nicht. Die Mutti hat die Käthi für die nächsten zwei Wochen engagiert, da sie mich nach Montreal begleiten wird.

Am Flughafen Riem gibt es ein Durcheinander, weil mein Koffer zu viel wiegt. Wir müssen ihn aufmachen und die schweren Stiefel und ein Paar Schuhe rausnehmen. Der Papa kann sie mir nachschicken.

Das Letzte, das der Papa mir beim Abschied einprägt, ist, ich soll mich nicht vergiften in der Fremde, und wenn ich eine Dose Öl-sardinen öffne, dann muß ich alle Sardinen sofort rausnehmen und in einer zugedeckten Glasschüssel im Kühlschrank aufbewahren. Nicht in der Dose lassen, das ist gefährlich.

Und so verlasse ich Deutschland, und ich starre aus dem Fenster der Swissair Maschine bis der letzte Flecken von meinem Geburts- und Heimatland verschwunden ist.

EPILOG

1968

Die Sommerreisesaison hat begonnen. Ich fliege zu einem Begräbnis. Das Flugzeug der TWA ist vollbesetzt. Warum schauen mich die anderen alle so an? Wissen die vielleicht, daß der Papa tot ist? Vielleicht kommen die auch alle zur Beerdigung nach München. Ich will nicht, daß man mich anstarrt. Ich hätte das schwarze Kleid erst in München anziehen sollen. Aber wer weiß, wieviel Zeit mir bleiben wird. Die Beerdigung soll gleich nach meiner Ankunft stattfinden.

Der letzte Brief vom Papa liegt in meiner Handtasche, voller Empörung über den Mord an Bobby Kennedy im Ambassador Hotel in Los Angeles, wo vor fünf Monaten im rotsamten tapezierten Lautrec Room meine Hochzeit stattgefunden hatte. »Wieder geschossen«, hat der Papa festgestellt, und »was für ein Land ist das Amerika?«

150 Gäste auf meiner Hochzeit, keine bekannten Gesichter aus Deutschland, außer meiner Familie, keiner, der mir irgend etwas bedeutet hätte. Ein kleines Häuflein KZler war anwesend, drei Dutzend Menschen, welche die Mutti und der Papa noch vor dem Krieg in Polen und gleich nach der Befreiung in Deutschland gekannt hatten. Mich hatten sie zum letztenmal als Kleinkind gesehen, bevor sie nach Amerika ausgewandert waren. Die machten Stimmung, es wurde doch noch eine traditionelle Hochzeit daraus, trotz all der amerikanisierten Juden von der Seite des Bräutigams.

Und der Papa hat die Tanten aus New York und Montreal geküßt und hat gesungen und getanzt und jetzt ist er tot, liegt im Sarg irgendwo in München. Als er zur Hochzeit kam, war sein Haarkränzchen weiß geworden, stand im Kontrast zum dunklen Anzug und ließ ihn älter erscheinen als ich ihn in Erinnerung hatte.

Die Berta und die Friede waren Brautjungfern in rosaroten langen Kleidern, die Friede unbeholfen, traurig und tränenüberströmt und überzeugt davon, daß sie mich nie mehr wiedersehen würde. Die Beruhigungstabletten halfen wenig. Sie litt unter Zwangsneurosen und Verfolgungswahn und befand sich in ärztlicher Behandlung in München.

»Alles eure Schuld«, fuhr ich die Mutti und den Papa ein paar Tage vor der Hochzeit an. »Ich wußte, es würde so kommen.« Ich war außer mir. »Immer aufregen, immer schreien, immer schlagen, so erzieht man doch kein Kind. Und die Friede besonders, die sowieso schon so verängstigt ist. Wie habt ihr euch das vorgestellt?«

Der Papa sagte, daß ich das alles nicht verstehe und bloß ruhig sein soll. Mit der Friede würde man schon fertig werden. Das ganze hätte etwas mit ihrer Periode zu tun, wenn sie die bekommt, werde eine Normalisierung eintreten, so die Meinung der Spezialisten.

»Die sollen doch mal mit mir reden, denen werd ich schon was erzählen. Es ist eure Schuld, daß die Friede leidet. Wenn ich doch bloß nicht von zu Hause weggegangen wäre, ich hätte es verhüten können, das weiß ich.«

Der Papa fand, daß ich nichts verhindern hätte können, und daß Friedes Problem einen medizinischen und keinen psychologischen Grund hat.

So war es vor der Hochzeit, und gleich danach bin ich nach Acapulco geflogen mit meinem neuen Mann, dem jüdischen Rechtsanwalt, der mich als neuverheiratete Frau innerhalb dreißig Sekunden im Hotelzimmer entjungfert hat.

Weg von der Friede, von der Berta und der Mutti und dem Papa. Ein neues Leben fing an in einem bescheidenen Zweizimmerapartment in einer nicht so besonderen Gegend in Los Angeles. Aber der übliche türkisfarbene Swimmingpool und die paar Palmen waren da.

Dann kamen die Briefe von der Friede vom Max-Planck-Institut in München. Nach einigen Monaten Aufenthalt durfte sie hie und da ein Wochenende zu Hause verbringen. Sie wollte nur zur Mutti. Vor dem Papa hatte sie Angst. Ich plante für die Zukunft, würde die Friede zu mir nehmen, malte mir das in rosigen Farben aus.

Der Anruf aus Deutschland. Der Papa ist mit dem BMW in einen Baum reingeknallt, tot, die Friede liegt schwer verletzt im Harlachinger Krankenhaus.

Das war an einem Montag, dem 17. Juni, Tag der deutschen Einheit. Das deutsche Konsulat in Los Angeles war geschlossen. Ich brauchte ein Visum und konnte erst zwei Tage später abfliegen. Bei Juden soll man schnell begraben, aber man wartet auf die Tochter aus Amerika.

In München Riem stehen die Berta und der treue Leo am Flughafen. Die Friede lebt noch, aber sie ist nicht bei Bewußtsein. München ist voller Staub und Lärm und Löcher, die U-Bahn wird gebaut.

Die Berta erzählt. Die Friede war am Wochenende zu Hause gewesen. Sollte am Montag zurück. Die Mutti hat verschlafen. Da hat der Papa nicht warten wollen und hat die Friede zum Sauerstoffatmen und Links-Rechts-Marschieren in den Perlacher Forst gefahren. Von dort auf dem Weg zum Max-Planck-Institut sind sie verunglückt. Die Polizei hat der Mutti die blutbefleckte Brille vom Papa nach Hause gebracht.

Die Borstei steht unverändert da, eine Oase am Rande der Groß-stadt. In der Wohnung wimmelt es von Menschen, unterdrückte Stimmen, die Mutti grauhaarig, jemand packt den Kragen an mei-nem amerikanischen Kleid aus Polyester, eine scharfe Schere öffnet die Naht, ein Zerren, ein Riß, ein jüdischer Brauch. Mir ist, als ob man mir die Haut aufgeschlitzt hätte. Alle Spiegel sind mit weißen Leintüchern verhängt, auch ein jüdischer Brauch. Schau dich nicht im Spiegel an, wenn dein Vater gestorben ist.

Der jüdische Friedhof ist schwarz von Menschen. In der Mitte der Aussegnungshalle der braune Sarg mit einem schwarzen Tuch drauf. Ein paar Leute stehen bei den Fenstern und starren. Ein guter Freund vom Papa hat die Leiche angeschaut. Es ist der Majer Steger, der hier liegt.

Die Mutti kommt auf mich zu und flüstert, ich soll mich auf den Sarg werfen und den Papa um Verzeihung bitten. Das muß man tun. Ich kann es aber nicht. Ich kann mich auf keinen Sarg werfen. Ich bitte nicht um Verzeihung. Nicht heucheln vor dem Tod. Muß mich doch an den Sarg lehnen, so tun, als ob, alle schaun mich an. Lügnerin.

Der graubärtige Rabbiner Grünberg hält eine Ansprache in Jid-disch. Ich hasse ihn und sein Gefasel. Im Regen gehen wir in einer

Prozession einen langen Weg zum Grab. Vor der Menschenschlange und am Ende des Trauerzuges klimpern die Münzen in Blechbüchsen, eine Sammlung bei den Armen für die Armen, an die man in dieser Stunde denken soll, auch ein jüdischer Brauch. Der Sarg poltert in die tiefe Grube, die Mutti schreit auf. Man führt sie weg.

Im Wohnzimmer sitzen wir Schiva auf Stühlchen, Menschen kommen und gehen, sie bringen uns hartgekochte Eier und trockene Semmeln, ein jüdischer Brauch. Die Überlebenden sollen das Leid des Verlustes sieben Tage lang körperlich spüren. Kein Leichenschmaus. Die Berta macht da nicht mit, die liegt mit einer Pralinenschachtel im Bett im Kinderzimmer.

Ein weiterer Cousin von der Mutti, der Ende 44 aus einem Massengrab mit einer Kugel in der Brust geflüchtet war, und in Belgien lebt, meint, die Berta sollte man zum Krüppel schlagen.

Der Leo fährt mich zur Friede ins Krankenhaus. Ihr Gesicht ist weiß und makellos. Zwei Gipsbeine, wie ein auf den Kopf gestelltes A, stehen vom Bett in die Höhe, festgehalten von zwei Schlingen, die von einem Gerät an der Decke hängen. Sie liegt bewegungslos. Jeder Knochen in ihren Oberschenkeln ist zerschmettert.

Die Mutti kann den Anblick nicht ertragen, sie geht nicht an Friedes Bett im Krankenhaus. Die Mutti bittet mich, ich soll mit dem Arzt sprechen. Die Mutti sagt, sie kann keinen Krüppel im Rollstuhl rumfahren, das kann sie nicht. Die Friede wird nie mehr normal gehen können, sagt die Mutti. Die Mutti will keinen Krüppel als Kind haben. Bitte, ich soll mit dem Arzt sprechen, ihn bitten, keine Maßnahmen zu treffen, die das Kind am Leben erhalten würden. Sterben lassen. Ja. Ich habe noch keine Kinder, ich weiß nicht wie das ist, wenn man ein Kind liebt. Ich weiß noch nicht, was Mutterliebe ist.

Der Arzt im blitzenden Korridor vom Krankenhaus ist entsetzt. Wie wage ich es, ihm so etwas zuzumuten? Seine Aufgabe ist es, Menschenleben zu retten so lange noch Hoffnung besteht. Umsonst hat er den hippokratischen Eid nicht geleistet. Was fällt mir denn ein? Ich beleidige ihn und seinen Beruf. Er will kein Wort davon hören. Diese Unterhaltung hat überhaupt nicht stattgefunden, niemals. In mir schreit es: Du Heiliger! Vor 1945 hättest du in deinem weißen Kittel mich in die Gaskammer gesteckt und heute schwörst du beim hippokratischen Eid!

Zehn Tage nach Papas Tod, ein Telefonanruf früh am Morgen. Im Korridor schreit die Mutti. Die Friede wird ihren 14. Geburtstag nicht mehr erleben. Ganz allein ist sie gestorben.

Im Krankenhaus reicht man mir ihre blutige Wäsche in einem Plastikbeutel. Den Totenschein hole ich mit dem Leo ab. Die Friede wird neben dem Papa beerdigt. Diesmal scheint die Sonne. Ihre Freundinnen sind gekommen und ihre Lehrkräfte von der Leipziger Schule.

Und die Mutti?

Ich weiß nicht, was in der Mutti vorgegangen ist.

Die Berta ist drei Tage später nach Jugoslawien abgereist, auf Ferien, und ich bin bei der Mutti geblieben. Zwei Wochen lang hat sie kein Wort mit mir gesprochen. Alles Bürokratische, das mit einem Tod verbunden ist, habe ich mit ihr erledigt und sechs Wochen später flog ich zurück zu meiner Ehe und in mein neues Land, das niemals meine Heimat sein wird.

Ein Jahr später heiratete die Mutti einen frommen Witwer aus derselben Stadt, aus der der Papa stammte. Sie lebt in Belgien.

Die Berta änderte ihren Namen gesetzlich und heißt Barbara. Sie blieb allein. Im Jahre 1986 wanderte sie aus Deutschland aus und lebt in Los Angeles.

Und ich habe zwei Töchter. Die haben mir das Lieben beigebracht.

Erläuterungen der jiddischen und bayerischen Ausdrücke

altitschg(e)	Verniedlichungs-, Koseform für ›alt‹
Angsen	Schweiß
Babtsche	Großmutter
Beheime	Tier, Vieh
Bonkes	Blutsauger
Erez Israel	Land Israel
gfluckat	liederlich, von Flucka: liederliches Weib (bayerisch)
geharget	erschlagen
geloibt zi Gott	Gott sei gelobt
Gepure Schlugn	Opfer bringen
Gewiere	eine besondere Art, eine Geschicklichkeit
Git Schabbes	einen guten Schabbat
Gonif	Dieb
Gorgel	Hals
Gote	eigentlich: Goje(te) nichtjüdische Frau reifen Alters (abfällig)
Goj, Gojim	nichtjüdischer Mann, Nichtjuden
grubeln	bohren
Haggadah	das Buch der Geschichte von der Flucht aus Ägypten, mit Liedern und Gebeten
Hanukkah	Fest der Wiedereinweihung des Tempels bei Judas Maccabäus 165 v. Ch. und am 25. Tag des Monats Kislev im Jahre 3830 seit der Schöpfung
Hatikva	»Hoffnung«, israelische Nationalhymne
Ivrit	Hebräisch
Jecke	Deutscher (abfällig)
Jeckeland	Deutschland
Jeckes	Deutsche
Jeckete	deutsche Frau
Jom Kippur	Tag der Versöhnung
Kalike	Krüppel
Kinderloch	Kinderlein
klärt, hinklärt	nachdenkt, vor sich hingrübelt
Lag-ba-Omer	der jüngste der jüdischen Feiertage, spät

	im Frühling, am 18. Tag des Monats Iyar. Er soll an den Kampf des jüdischen Volkes gegen die dunklen Mächte der Unterdrückung erinnern. An diesem Fest ist es Sitte, ins Freie zu gehen
Lauruschka	Kosename für Laura
Letzgo	Papas Art zu sagen: kommt, los, wir gehen. Vom englischen »let's go»
Makronen	Kokosnußplätzchen, die man am Passahfest ißt
Madrich(a)(im)	Führer, -in, -innen
Madscharin	Magyarin, Ungarin
Mamme	Mutter
Mamser	Bastard, Bankert
Maos Zur	Hanukkahlied
Matze	Matzah, ungegärtes Brot
Menorah	Kerzenleuchter
Meschuris	Dienstmädchen
Mesusah	Pergamentrolle, in einem Behälter am Türpfosten befestigt
mies	häßlich
Mot	Trampel
Naches	Freude
Neveile	totes Tier, totes Vieh, Auswurf
nu	nun
oj	oh, ach
Ojzerl	Schatzi
Palmach (Lied)	Gruppe jüdischer Widerstandskämpfer gegen die britische Kontrolle im Palästina der 40er Jahre, ihr Lied
Parnuße	Verdienst für ein gutes Leben
Pessach	Passahfest zur Erinnerung an die Flucht der Israeliten aus Ägypten
pienknie wyglonda	sieht schön aus, ist hübsch (das polnische »pienknie wyglada«)
Pi Ex	PX: Geschäft für U.S. Militärpersonal
Pipick	Magen
pischen, pischt	pieseln oder weinen, weint
Pleitze	Rücken
Pontele	Scheide
Pysk	Maul
Riboinischiloilom	Gott im Himmel

Rosh Hashanah	jüdisches Neujahr, die Hohen Feiertage
Schabbat	Freitag abend bis Samstag abend – Ruhetag
Schatzus	weibliche Schamhaare
Scheigitz	Junge oder junger Mann, der nichtjüdisch ist (abfällig)
scheines Meidl	schönes Mädchen
Schepatz	Teppichklopfer
Schikse	nichtjüdisches Mädchen oder Frau (abfällig)
Schiva	die vorgeschriebene Trauerzeit von sieben Tagen
Schkuzim	Strolche, Gangster
Schlamassel	unbeholfener Mensch, ein Tolpatsch
schmeckst weg	siehst schön aus
Schoas	Furz, kleiner Bub (bayerisch)
schoin	schon, gut also
Seder	zeremonielles Festmahl am ersten und zweiten Abend des Passahfestes
Sonim	Feinde
Tam	Anmut, Chic
Thora	Bibel, das Alte Testament
Tscholent	Eintopf von Kartoffeln, Bohnen, Graupen und Fleisch, der 12-20 Stunden langsam kocht
Umein	Amen
unbetamt	ungeschickt
Vakazie	Ferien, Urlaub
verschleppte Krenk	der gewisse Tod, jemand, der unverbesserlich ist, etwas Unheilbares
Zickerbobbes	weiße Bohnen

Inhalt

FREISING	5
DIE BORSTEI	31
IN DER UNTEREN HAUPTSTRASSE	62
DIE TANTE FANNY	78
DIE KÄTHI	84
DAS ENDE DER VOLKSSCHULE	142
ZUR MITTLEREN REIFE	178
ENGLAND	236
IM ROYAL HOTEL	260
ABSCHIED	266
EPILOG	272
ERLÄUTERUNGEN	278

With thanks to Peter

2. Auflage Januar 1998
© Peter Kirchheim Verlag München 1996
© Laura Waco
Alle Rechte vorbehalten
Umschlag: Klaus Detjen
Satz aus der Garamond im Verlag
Druck und Bindung: Pustet, Regensburg
Printed in Germany
ISBN 3-87410-073-1